Textsoziologie

Peter V. Zima

Textsoziologie
Eine kritische Einführung in die Diskurssemiotik

2. Auflage

 J.B. METZLER

Peter V. Zima
Institut für Allgemeine und
Vergleichende Literaturwissenschaft
Universität Klagenfurt
Klagenfurt, Österreich

ISBN 978-3-476-05815-7   ISBN 978-3-476-05816-4 (eBook)
https://doi.org/10.1007/978-3-476-05816-4

Die Deutsche Nationalbibliothek verzeichnet diese Publikation in der Deutschen Nationalbibliografie; detaillierte bibliografische Daten sind im Internet über http://dnb.d-nb.de abrufbar.

© Der/die Herausgeber bzw. der/die Autor(en), exklusiv lizenziert durch Springer-Verlag GmbH, DE, ein Teil von Springer Nature 1980, 2021
Das Werk einschließlich aller seiner Teile ist urheberrechtlich geschützt. Jede Verwertung, die nicht ausdrücklich vom Urheberrechtsgesetz zugelassen ist, bedarf der vorherigen Zustimmung der Verlage. Das gilt insbesondere für Vervielfältigungen, Bearbeitungen, Übersetzungen, Mikroverfilmungen und die Einspeicherung und Verarbeitung in elektronischen Systemen.
Die Wiedergabe von allgemein beschreibenden Bezeichnungen, Marken, Unternehmensnamen etc. in diesem Werk bedeutet nicht, dass diese frei durch jedermann benutzt werden dürfen. Die Berechtigung zur Benutzung unterliegt, auch ohne gesonderten Hinweis hierzu, den Regeln des Markenrechts. Die Rechte des jeweiligen Zeicheninhabers sind zu beachten.
Der Verlag, die Autoren und die Herausgeber gehen davon aus, dass die Angaben und Informationen in diesem Werk zum Zeitpunkt der Veröffentlichung vollständig und korrekt sind. Weder der Verlag, noch die Autoren oder die Herausgeber übernehmen, ausdrücklich oder implizit, Gewähr für den Inhalt des Werkes, etwaige Fehler oder Äußerungen. Der Verlag bleibt im Hinblick auf geografische Zuordnungen und Gebietsbezeichnungen in veröffentlichten Karten und Institutionsadressen neutral.

Umschlagabbildung: © kseniyaomega / stock.adobe.com

Planung/Lektorat: Ferdinand Pöhlmann
J.B. Metzler ist ein Imprint der eingetragenen Gesellschaft Springer-Verlag GmbH, DE und ist ein Teil von Springer Nature.
Die Anschrift der Gesellschaft ist: Heidelberger Platz 3, 14197 Berlin, Germany

In memoriam Erich Köhler und Olivier Revault d'Allonnes

Vorwort zur zweiten Auflage

Warum „Textsoziologie" und nicht „Literatursoziologie"? Auf diese Frage reagiert das vorliegende Buch mit zwei Antworten: weil Literatur hier primär als Sprache oder Text und nicht als „sinnliches Scheinen der Idee" (Hegel) oder „Widerspiegelung" der Wirklichkeit (Lukács) aufgefasst wird und: weil Philosophie und Wissenschaft ebenfalls Texte sind, die im gesellschaftlichen Kontext verstanden und erklärt werden sollten.

Zur ersten Antwort hat sich vor langer Zeit bereits der russische Formalist Jurij Tynjanov geäußert, als er schrieb: *„Das außerliterarische Leben steht vor allem durch sein sprachliches Moment in Korrelation zur Literatur."* (Tynjanov, in: Striedter 1969, 1971, S. 453)

Wie eine Art Leitmotiv durchzieht dieser programmatische Satz die textsoziologischen Analysen in diesem Buch. Literatur wird nicht metaphorisch als „Spiegel der Gesellschaft" und der in ihr stattfindenden Handlungen oder Ereignisse aufgefasst, sondern als empirisch beobachtbare Auseinandersetzung mit den auf sie einwirkenden religiösen, ideologischen, philosophischen und wissenschaftlichen Sprachen. Diese artikulieren stets individuelle und kollektive Interessen, auf die Literatur zustimmend-nachahmend oder kritisch-ironisch antwortet.

Um das Gesagte ein wenig zu konkretisieren, seien die beiden Modellanalysen im fünften Kapitel kurz kommentiert: Marcel Proust und Robert Musil. Während Proust in einem bildungsbürgerlichen Milieu aufwächst, das enge Beziehungen zur Pariser Mußeklasse (einer Synthese aus Adel und Großbürgertum) unterhält, beschreibt Musil die großbürgerliche Wiener Gesellschaft der zerfallenden Donaumonarchie.

Die Sprachform, mit der sich Proust sowohl auf biografischer Ebene als auch in seinem Roman *A la Recherche temps perdu (Auf der Suche nach der verlorenen Zeit)* auseinandersetzt, ist die mondäne Konversation der Salongesellschaft, von der er zunächst als Causeur fasziniert ist, die er später jedoch als Schriftsteller scharf kritisiert. Als Alternative entdeckt er das literarische Schreiben, das er der Konversation als mündlicher Rede und als Gruppensprache der Mußeklasse (*leisure class*, Veblen) entgegensetzt. Aus diesem Gegensatz geht schließlich seine Vorstellung von einem neuen Roman hervor, der das anekdotische, lineare Erzählen der Konversation (und des traditionellen Romans) meidet und es durch eine essayistische Schreibweise ersetzt: durch einen *roman-essai*.

Aus theoretischen und methodologischen Gründen mag es sinnvoll sein, darauf hinzuweisen, dass die Konversation als Gruppensprache oder Soziolekt der mondänen Gesellschaft (der Mußeklasse) nicht nur die Struktur von Prousts Roman erklärt, sondern auch die der Konversationsdramen Oscar Wildes oder Hugo von Hofmannsthals, von denen im Folgenden nicht die Rede sein wird. Sie sind in dem hier entworfenen Zusammenhang deshalb von Bedeutung, weil auch in ihnen die kritische Auseinandersetzung mit der mondänen Konversation (vor allem bei Hofmannsthal) die dramatische Handlung, die analog zum anekdotischen, handlungsorientierten Erzählen aufzufassen ist, verzögert, ja in Frage stellt. Die Konversation wird tendenziell zum Selbstzweck, und diese Entwicklung führt zum Bruch mit dem traditionellen Drama als vorwärtsdrängender Handlung. (Vgl. Zima 2011, S. 108–125.) Dadurch wird das sich selbst reflektierende Konversationsdrama Prousts essayistischem, fragmentarischem Roman vergleichbar, der alles andere ist als ein dramatischer Handlungsablauf.

In dieser Hinsicht ist er Musil, R. großem Roman *Der Mann ohne Eigenschaften* verwandt, der aus ganz anderen Gründen als essayistischer Roman bezeichnet werden kann. Er ist in *permanenter Auseinandersetzung mit ideologischen Diskursen* entstanden, die vor dem Ersten Weltkrieg die gesellschaftliche und sprachliche Situation in Österreich-Ungarn beherrschten: Liberalismus, Klerikalismus, Sozialismus und Vorboten des Faschismus. Musil selbst notiert in seinen Aufzeichnungen: „Der christl, der sozial, der völk. Ideenkreis kommt zu Wort." (Musil GW 5, S. 1937) (Vgl. Kap. 6.)

Alle diese Diskurse erzählen etwas und verkünden erzählend Wahrheiten. Musils Reaktion auf diese Wahrheiten lautet: „Wir wollen uns nichts mehr erzählen lassen." (GW 8, S. 1412) Tatsächlich geht auch sein Roman aus einem kritischen Verzicht auf das anekdotische, ideologische Erzählen hervor. Er ist wie Proust, M. Roman eine Aneinanderreihung essayistischer Episoden, in denen das Nachdenken über Gesellschaft, Sprache, Roman und Essay immer wieder die Handlung unterbricht, ja so nebensächlich werden lässt, dass sich der Roman in Fragmenten auflöst. Dies ist nicht als seine Schwäche zu werten, sondern als Konsequenz aus seiner Ideologiekritik, die eine Alternative zum ideologischen Erzählen sucht.

Dieser Befund führt zum Anfang der Betrachtung zurück und zur zweiten Antwort auf die Frage: Warum Textsoziologie? Nicht nur literarische Werke, auch Ideologien und Theorien sind Texte, die im Rahmen einer gesellschaftlichen und sprachlichen Situation auf andere Texte mit Zustimmung oder Ablehnung reagieren. Aus dieser Erkenntnis, die hier nur am Rande und vor allem im letzten Kapitel (Diskurskritik) eine Rolle spielt, sind Bücher wie *Ideologie und Theorie. Eine Diskurskritik* (Zima 1989), *Was ist Theorie?* (Zima 2004, 2017) und *Soziologische Theoriebildung* (Zima 2020) hervorgegangen. Ihnen allen sind die beiden komplementären Fragen gemeinsam: In welchen gesellschaftlichen und sprachlichen Situationen entstehen Ideologien oder wissenschaftliche Theorien und: wie sind sie als Erzählungen strukturiert?

Beide Fragen können anhand von Erfahrungen mit literaturwissenschaftlichen und vor allem literatursoziologischen Untersuchungen leichter beantwortet werden als unabhängig von ihnen. Denn auch in den Kultur- und Sozialwissenschaften gehen Diskurse aus Gruppensprachen oder Soziolekten hervor und reagieren oft polemisch auf konkurrierende Sprachen. So hat sich beispielsweise in der *Soziologischen Theoriebildung* (vgl. Kap. 9 im vorliegenden Buch) gezeigt, dass der italienische Soziologe Vilfredo Pareto auf das lineare und emanzipatorische Geschichtsverständnis von Marx und Engels mit einer nietzscheanischen Erzählung der „ewigen Wiederkehr des Gleichen" reagiert: Die vom Proletariat der Marxisten angestrebte „klassenlose Gesellschaft" ist reine Utopie, weil die soziale Entwicklung in Wirklichkeit einer zirkulären Bewegung folgt, in der eine neue Elite eine schon verbrauchte von der Macht verdrängt. Etwas Neues ist nicht in Sicht.

Auch zeitgenössische Denker konkurrieren als Erzähler: Während sich Niklas Luhmann über die „erloschenen Vulkane des Marxismus" (Luhmann 1984, 1987, S. 13) freut und die gesellschaftliche Entwicklung ausgehend vom semantischen Gegensatz *System/Umwelt* als Differenzierungsprozess erzählt, erzählt sie Jürgen Habermas, indem er einen semantischen Gegensatz zwischen den Systemen Geld und Macht einerseits und der Lebenswelt andererseits postuliert, so dass der „Kampf um die Lebenswelt" zum zentralen Ereignis seines soziologischen Romans wird.

In der Textsoziologie geht es *nicht* darum, Wissenschaft als Literatur zu lesen oder sie gar auf Literatur zu reduzieren. Es gilt vielmehr, *alle Denk- und Wissensformen ins Sprachliche zu übertragen,* um herauszufinden, welche *Interessen* sie artikulieren und weshalb sie zustimmend, kritisch oder gar polemisch aufeinander reagieren.

Es gilt auch zu erfahren, *wie sie in einem permanenten Dialog miteinander entstehen.* Denn kein Soziolekt, kein Diskurs ist isoliert, sondern stets als ein dialogisches Ineinander von alten und neuen Texten zu verstehen. In diesem Sinne ist Roland Barthes' Bemerkung zu verstehen: „Jeder Text ist ein *Intertext.*" („Tout texte est un *intertexte.*") (Barthes, in: Rabau 2002, S. 59) Dass dies nicht nur auf die Literatur zutrifft, sondern auch auf Ideologien und Theorien, sollten weiter oben die Beispiele aus der Soziologie (Philosophie) zeigen.

Literatur

Barthes, R.: Théorie du texte et intertextualité, in: S. Rabau (Hrsg.), *Intertextualité*, Paris, Flammarion, 2002.
Luhmann, N.: *Soziale Systeme. Grundriß einer allgemeinen Theorie*, Frankfurt, Suhrkamp, 1984, 1987.
Musil, R.: *Gesammelte Werke*, Bd. 5 (Hrsg. A. Frisé), Reinbek, Rowohlt, 1978.
Tynjanov, J.: Über die literarische Evolution, in: J. Striedter (Hrsg.), *Russischer Formalismus*, München, Fink-UTB, 1969, 1971.
Zima, P. V.: *Ideologie und Theorie. Eine Diskurskritik*, Tübingen, Francke, 1989.

Zima, P. V.: *Komparatistik. Einführung in die Vergleichende Literaturwissenschaft*, Tübingen, Francke-UTB, 1992, 2011 (2., erw. Aufl.).

Zima, P. V.: *Was ist Theorie? Theoriebegriff und Dialogische Theorie in den Kultur- und Sozialwissenschaften*, Francke-UTB, 2004, 2017 (2., erw. Aufl.).

Zima, P. V.: *Soziologische Theoriebildung. Ein Handbuch auf dialogischer Basis*, Tübingen, Narr-Francke-Attempto-UTB, 2020.

Inhaltsverzeichnis

1 Text und Kontext: Programmatische Bemerkungen 1
   1   Literatursoziologie. 1
   2   Kritik des Metatextes. 2
   3   Exkurs zu Bachtin 3
   4   Rationalismus 4
   5   Diskurskritik 5
   6   Fiktionalität 9
   7   Ambivalenz 13
       Literatur. 14

2 Der „wertfreie" Diskurs der empirischen Literatursoziologie 17
   1   Definition des Objektbereichs 17
   2   Zwei Ideologeme 19
   3   Wertfreiheit: Theorie und Praxis 22
   4   Wertfreiheit und Vermittlung durch den Tauschwert. 26
   5   Zweckrationalität vs. Wertrationalität 28
       Literatur. 30

3 Dialektische Theorien und Textsoziologie. 33
   1   Hegels Erbe 33
   2   Lukács' Dialektik zwischen Wesen und Erscheinung:
       Totalität und Typus. 36
   3   Weltanschauung und Totalität bei Lucien Goldmann 39
   4   Von Althusser zu Macherey: Kritik der Hegelschen Teleologie 41
   5   Entwürfe einer Textsoziologie. 43
       a) Gattungssystem und narrative Syntax 44
       b) Semantische Strukturen. 47
       c) Der Doppelcharakter des Textes 50
       Literatur. 52

4 Gesellschaft als Text 55
   1   Die soziolinguistische Situation: zwei Modelle 55
   2   Soziolekte und Diskurse 60
   3   Intertextualität 67
       Literatur. 70

5 Die Institutionalisierung literarischer Sprachen ... 73
1 Sprache als vermittelnde Instanz ... 73
2 System, Feld, Institution ... 74
3 Marinetti und das Manifest ... 77
4 Robbe-Grillet, Sollers und „Tel Quel" ... 79
5 Marcel Proust und die Institutionalisierung des modernistischen Romans in der „Recherche" ... 80
6 Institutionalisierung einer Autonomieästhetik in der Postmoderne: Calvino ... 82
7 Jenseits des Romans: Jürgen Beckers experimentelle „Prosa" ... 85
Literatur ... 88

6 Textsoziologische Modelle: Proust, Musil ... 91
1 Ambivalenz und Marktgesetz in der Sprache ... 91
   a) Ambivalenz im Karneval: Intertextualität bei Bachtin ... 92
   b) Text und Markt ... 94
   c) Ambivalenz und Philosophie: Von Nietzsche zu Musil ... 97
2 Zu Marcel Prousts „A la recherche du temps perdu" ... 100
   a) Die soziolinguistische Situation ... 101
   b) Ambivalenz und Intertextualität ... 104
   c) Ambivalenz und Erzählstrukturen ... 106
   d) Paradigmatisches Schreiben: Vom gesprochenen zum geschriebenen Wort ... 110
3 Zu Robert Musils „Der Mann ohne Eigenschaften" ... 115
   a) Die soziolinguistische Situation: Ideologie und Tauschwert ... 116
   b) Die Verdoppelung der Wirklichkeit: Text und Intertext ... 121
   c) Die Krise des Romans ... 124
   d) An der Schwelle des Unbewussten: Musils „Essayismus" ... 127
Literatur ... 132

7 Textsoziologie und Psychoanalyse: Gesellschaft und Psyche bei Marcel Proust ... 135
1 Methodenfragen ... 135
2 Mondäner Narzissmus und Konversation ... 140
3 Von der Psychoanalyse zur Textsoziologie ... 146
Literatur ... 149

8 Bemerkungen zur Romansoziologie ... 151
1 Vom Besonderen zum Allgemeinen ... 151
2 Exkurs zu Kafka und Hesse ... 154
3 Zur Entwicklung des französischen Romans ... 160
Literatur ... 163

9 Diskurskritik 165
   1   Theorie und Fiktion 165
   2   Diskursanalyse als Ideologiekritik. 170
        a) Kritik eines formalen Ansatzes 170
        b) Zur ideologiekritischen Analyse theoretischer Diskurse 173
   3   Adornos Kritische Theorie als Anti-Diskurs? 181
        a) Liberalismus und Kritische Theorie. 181
        b) Partikularität und Essay 182
        c) Essay, Modell, Parataxis: Das Paradox einer
           nichttheoretischen Theorie 183
   4   Dialogizität als Alternative 185
   Literatur. 190

Personenregister 193

Text und Kontext: Programmatische Bemerkungen

1 Literatursoziologie

Die bisherigen literatursoziologischen Strömungen, sowohl die empirischen als auch die dialektischen, gingen in vielen Fällen von den tradierten Prämissen der Philologien aus. Es ist erstaunlich zu beobachten, wie groß das Vertrauen marxistischer Forscher in das lexikalische Repertoire des philologischen Diskurses ist: Begriffe wie Kunstwerk, Schöpfung, Stil, Roman werden einer Theorie einverleibt, die sich einerseits auf Marxens Kritik der bürgerlichen Verhältnisse beruft, andererseits aber des ideologischen Charakters einer bestimmten Terminologie und ihrer Sprachäußerungen nicht gewahr wird.

Sicherlich wäre es trivial, das Problem der Diskursanalyse und der Diskurskritik auf deren lexikalische Dimension einengen zu wollen und zu behaupten, in jeder neuen Wortschöpfung keime eine neue (revolutionäre) Ideologie. Der Leerlauf terminologischer Innovation, den manche moderne Textwissenschaften ratlosen Leserinnen und Lesern vor Augen führen, zeugt von der Unmöglichkeit, die sprachliche Situation durch einfache Neologismen zu revolutionieren. Die Komplexität einer diskursiven Struktur ist nicht auf deren lexikalische Grundlage reduzierbar.

Dennoch haben Autoren wie Louis Althusser und Michel Pêcheux, der sich auf Althusser beruft, Recht, wenn sie behaupten, dass *in einem bestimmten Kontext* ein neues Wort zugleich einen ideologischen Bruch mit der Vergangenheit bezeichnen *kann* (z. Z. etwa Wörter wie *Gender, klimaneutral* oder *barrierefrei*). Nur wenn eine sprachlich-ideologische Situation und die sie strukturierenden Gegensätze und Gegensatzpaare auf dem Spiel stehen, kann dem von Pêcheux zitierten Satz Althussers zugestimmt werden: „Der gesamte Klassenkampf kann manchmal auf die Auseinandersetzung zwischen Wörtern zurückgeführt werden." (Pêcheux 1975, S. 194) Man mag in diesem Zusammenhang an das Wort „Klassenjustiz" denken.

Das Wahrheitsmoment von Pêcheux' Satz besteht in der Erkenntnis, dass die Sprache selbst ideologisch vermittelt ist und dass es weder in der Wissenschaft noch in der Literatur *längere* wertneutrale Sprachäußerungen oder Diskurse gibt. Diese Erkenntnis ist innerhalb der Literatursoziologie relativ neu: Während die empirischen Methoden auf die *Textstruktur* verzichten, um sie, der Arbeitsteilung gehorchend, der Philologie und der Literaturkritik zu überlassen (siehe Kap. 2), haben Marxisten es sich angewöhnt, so über Literatur zu sprechen, als wäre sie kein Text, kein verbales Zeichensystem, sondern schlicht „Kunst".

Eine solche Haltung hat zwei Folgen: 1) Die Textstruktur (die manche Empiriker gewissenhaft ausklammern) wird bestenfalls intuitiv und mit Hilfe überlieferter philologischer Kategorien und Begriffe untersucht, schlimmstenfalls gar nicht wahrgenommen. 2) Der wissenschaftliche, theoretische Metatext wird nicht hinterfragt, sondern spontan „benutzt", wobei sein historischer und ideologischer Stellenwert verdeckt bleibt.

2 Kritik des Metatextes

Der dialektischen Literatursoziologie fehlt eine kritische Texttheorie, die in der Lage wäre, sowohl den fiktionalen Text *als auch die theoretischen Metatexte* im sozio-historischen und soziolinguistischen Kontext zu beschreiben und zu kritisieren. Die Dialektik hat es bisher einer mehr oder weniger formalen Linguistik oder Semiotik (Zellig Harris) überlassen, sich Gedanken über Diskurstypen zu machen und Werturteile als sprachliche Strukturen zu erfassen. Den Argumenten des Kritischen Rationalismus, der auf der Ebene des Metatextes den Vorwurf verlauten ließ, dialektische Literaturtheorien hätten ihre Begriffe nicht (schlecht) definiert, hatte außer der Kritischen Theorie kein dialektisches Denken etwas entgegenzusetzen. Erst unter dem Einfluss der Semiotik haben einige Verfechter des Althusserschen Marxismus beschlossen, die sprachlichen (diskursiven) Grundlagen von Ideologien zu erforschen (vgl. Althusser 1976 und Pêcheux 1975).

Die Kritische Theorie war ihrem Selbstverständnis nach, vor allem nach dem Erscheinen der *Dialektik der Aufklärung* (Amsterdam, 1947), schon immer Sprach- und Diskurskritik gewesen. Das Fehlen einer ihr verwandten kritischen Semiotik (Texttheorie) hinderte sie nicht daran, den ideologischen Motivationen der definierenden und klassifizierenden Rede des Rationalismus nachzugehen. Nicht zufällig untersucht Theodor W. Adorno in seinem Buch über den *Jargon der Eigentlichkeit* das belastete Vokabular von Heideggers Existenzialismus und dessen Verbreitung in einer besonderen soziolinguistischen Situation (der der fünfziger Jahre).

Eines der wesentlichen Argumente Adornos, das auch in der vorliegenden Arbeit eine wichtige Rolle spielt, hebt die *Historizität des Sprachsystems* hervor, die von der ontologischen Rede verschleiert wird. Darin trifft sie sich (nicht zufällig) mit dem Kritischen Rationalismus, der die historische Wandelbarkeit der Begriffe nicht wahrhaben will. Über den „Jargon" schreibt Adorno: „Was die Worte mehr sagen als sie sagen, wird ihnen ein für allemal als Ausdruck zugeschanzt, Dialektik abgebrochen; die von Wort und Sache ebenso wie die innersprachliche zwischen den Einzelworten und ihrer Relation." (Adorno 1964, S. 14)

3 Exkurs zu Bachtin

Die historische Bedingtheit lexikalischer Einheiten sowie die ideologische Bedeutung einzelner Aussagen („slovo", „utterance", „énoncé") haben unabhängig von der Kritischen Theorie auch M. Bachtin, V. N. Vološinov und P. N. Medvedev erkannt. In mancher Hinsicht gehen ihre Arbeiten über den Rahmen von Adornos Sprachkritik hinaus, weil sie sich unmittelbar mit den ahistorischen Kategorien der synchronen Linguistik Saussures auseinandersetzen und dabei die Möglichkeit einer dialektischen Semiotik ins Augen fassen. Sie stimmen mit der Kritischen Theorie überein, wenn es gilt, die literarische Produktion im soziolinguistischen Zusammenhang zu beschreiben und zu erklären, wobei es den russischen/sowjetischen Autoren darum zu tun ist, die gesellschaftliche Struktur als sprachliche Erscheinung zu erfassen (vgl. Kap. 4), während W. Benjamin, M. Horkheimer und Th. W. Adorno eher der Frage nachgehen, wie sich gesellschaftliche Widersprüche im literarischen Text (etwa in Georges oder Mörikes Lyrik) niederschlagen.

Beide Ansätze verbindet schließlich der Wunsch nach einer kritischen Theorie transphrastischer (diskursiver) Strukturen, die in der Lage wäre, den ideologischen Stellenwert philosophischer, literarischer oder politischer Texte auf sprachlicher Ebene zu bestimmen und im Rahmen der fortschreitenden gesellschaftlichen Institutionalisierung zu erklären. Freilich haben weder die Mitglieder der Bachtin-Gruppe noch die Begründer der Kritischen Theorie eine Diskursanalyse im Sinne der Greimasschen Semiotik konzipieren können. Wie schon der Titel von Bachtins/Vološinovs Buch *Marxismus und Sprachphilosophie* (Berlin, 1975) verrät, handelt es *sich auch bei den linguistisch ausgerichteten und von der Auseinandersetzung mit Saussure geprägten sowjetischen Entwürfen* eher um Sprachphilosophie als um Semiotik oder Textlinguistik.

Dennoch sind diese Ansätze für die heutige Diskussion in höchstem Grade relevant, weil sie Fragen aufwerfen, denen Wissenschaftler, die dialektischen Theorien ein semiotisches Instrumentarium an die Hand geben wollen, auch in Zukunft werden nachgehen müssen. Denn künftig kommt es darauf an, die vergangenen Versäumnisse und Auslassungen der empirischen und der marxistischen Literatursoziologien zu korrigieren und die Textstruktur selbst als *fait social* (Durkheim) aufzufassen.

4 Rationalismus

Die Darstellung des theoretischen (begrifflichen) Diskurses als einer ideologischen Konstruktion ist heute noch keine Selbstverständlichkeit: Der logische Positivismus (Logical Positivism [vgl. Ayer 1967]) englischer Provenienz und der Kritische Rationalismus Poppers haben wesentlich dazu beigetragen, dass wissenschaftliche Argumentation und gesellschaftliche Interessen voneinander abgekoppelt wurden, wobei Physik und formale Logik als ideale Erkenntnismodelle fungierten. Dabei spielte der Begriff der *Intersubjektivität* (der „intersubjektiven Testbarkeit"), dem mittlerweile sogar in hermeneutischen Texten Stadtrechte zuteil werden, eine wichtige Rolle (vgl. Habermas 1973, S. 389–390). Er nährte die rationalistische Illusion, atomisierte Individuen könnten von ihren sozialen (kollektiven) Interessen abstrahieren und einen Universalkonsens über „richtige" Aussagen erzielen.

Indessen scheint ein solcher Konsens im Bereich der Sozial- und Kulturwissenschaften, wo nach Althusser jedes Wortzeichen Träger von Ideologien sein *kann*, nicht erreichbar. In einer soziolinguistischen Situation, die von rivalisierenden Gruppeninteressen und einer wachsenden semantischen Ambivalenz geprägt ist, ist der rationalistische Wunsch nach einer einheitlichen Terminologie und nach einheitlichen Argumentationskriterien nicht erhört worden. Im Gegenteil: Die diskursive und lexikalische Zersplitterung hat in letzter Zeit gerade in der Literaturwissenschaft und in der Soziologie eher zugenommen. Dieser traurigen Tatsache ist nicht mit einem rationalistischen Verdikt über unklares Denken, Mangel an „gutem Willen" und Ideologiegebundenheit der Theoreme zu begegnen.

Eher wäre zu fragen, wie sich ideologische Einheiten (Ideologeme) in diskursiven Strukturen niederschlagen und dort neue semantische Differenzen zeitigen. Die Tatsache, dass ein theoretischer Diskurs Wertfreiheit (Ideologiefreiheit) anstrebt, bedeutet keineswegs, dass er sich dem Zugriff der Ideologiekritik auf semantischer, syntaktischer und lexikalischer Ebene entzieht: Eine genetisch-historische Kritik des *Wertfreiheit*-Begriffes (der in der empirischen Literatursoziologie zentral ist) könnte seine Verwandtschaft mit dem ebenfalls Weberschen und nicht weniger wichtigen Begriff der *Zweckrationalität* nachweisen. In einer Gesellschaft, in der wachsende Ambivalenz alle wertenden Dichotomien als fragwürdig und willkürlich („ideologisch" im Sinne des Kritischen Rationalismus) erscheinen lässt und zu einer akuten Krise des Wertsystems führt, entspricht das Ideal der Wertfreiheit dem utilitaristischen Streben, alle praktischen und theoretischen Zielsetzungen im Hinblick auf Zweckrationalität, d. h. auf technische Verwertbarkeit zu definieren.

Mit Recht fragt Habermas in *Technik und Wissenschaft als „Ideologie"*: „Muß die Rationalität von Wissenschaft und Technik, statt auf invariante Regeln der Logik und des erfolgskontrollierten Handelns zurückgeführt zu werden, nicht schon ein inhaltliches, historisch entstandenes und also vergängliches Apriori in sich aufgenommen haben?" (Habermas 1974, S. 52) Dieser Frage, die man mit Marcuse bejahen kann, wären folgende Überlegungen anzuschließen: Wie kommt es, dass gerade im Zeitalter des globalen Kapitalismus *Wertfreiheit* und *Zweckrationalität* (Technizismus) das wertrationale Denken verdrängen und ihm seinen wissenschaftlichen, rationalen Charakter absprechen? – Diese Frage kann nicht mit dem schlichten Hinweis auf die wachsende Bedeutung der Technik beantwortet werden; selbst nicht im Zusammenhang mit einer immer genauer programmierten Naturbeherrschung.

Parallel zum technischen Fortschritt verläuft die Zerstörung des gesellschaftlichen (bürgerlich-liberalen) Wertsystems durch die Vermittlungsmechanismen des Marktes: Die Vermittlung durch den Tauschwert, die in der Frührenaissance zur Geltung kommt (vgl. Kap. 6), führt zu Beginn der monopolitischen Ära zu einer ungeahnten Steigerung der Ambivalenz, der alle Werte und alle wertenden Gegensätze zum Opfer fallen. In diesem Zusammenhang kann sich das Streben nach Wertneutralität als neuer technologischer Wert/Unwert bewähren, als szientistischer Mythos, der die alten Wertsetzungen verdrängt und sie durch den technischen Fortschritt als dem einzigen Kriterium der Moderne ersetzt. Dass es sich letztlich trotz aller Maßnahmen gegen den Klimawandel um einen Fortschritt zur Katastrophe, zum kollektiven Tod handeln könnte, ist zahlreichen Kritikern des szientistischen Mythos aufgefallen.

5 Diskurskritik

Im Verlauf der Auseinandersetzungen zwischen Kritischem Rationalismus und Hermeneutik hat sich in hermeneutischen Texten ein Kriterium herauskristallisiert, nach dem die Mängel szientistischer Methoden beurteilt werden: das reflexive Vermögen der Theorie. Nicht zufällig insistiert Habermas in *Erkenntnis und Interesse* und in *Theorie und Praxis* auf der reflexiven Einstellung der Psychoanalyse, in der er eine Alternative zum Szientismus erblickt (siehe Habermas 1972, S. 33–37).

In die gleiche Kerbe wie Habermas schlägt Rüdiger Bubner, wenn er auf den Begriff der Reflexion rekurriert, um die Hermeneutik gegen einen formallogisch ausgerichteten Rationalismus abzugrenzen: „Es kommt nur darauf an, die wirkenden Probleme so gut wie möglich in einer Reflexion auf die konkrete Bedingtheit zu erkennen und sie so ihrer beirrenden Funktion zu berauben. Dies gelingt jedoch nur einer hermeneutischen Reflexion und nicht einer Perfektion methodischen Einführens [...]." (Bubner 1974, S. 106)

Habermas und Bubner mögen mit ihrem Plädoyer für reflexives, seine eigene Bedingtheit erkennendes Denken noch so Recht haben: Solange der Begriff der Reflexion nicht auf diskursiver Ebene präzisiert wird, bleibt er eine der idealistischen Philosophie verhaftete Metapher. Karl-Otto Apel, den Habermas in diesem Zusammenhang zitiert (Habermas 1973, S. 369), kommt der Sache näher, wenn er bemerkt, dass Reflexion nicht der Ausarbeitung hierarchisch geordneter Metasprachen gleichzusetzen ist. Die Metasprache, wie sie beispielsweise von Tarski definiert wird, hat keineswegs zur Aufgabe, die semantisch-ideologischen Prämissen der Objektsprache bloßzulegen und in Frage zu stellen (dadurch unterscheidet sie sich von Bachtins Begriff des Metadiskurses), sondern das begriffliche Instrumentarium der wissenschaftlichen Objektsprache zu verfeinern und zu hierarchisieren (vgl. Tarski 1952, 1972, S. 23).

Die metasprachliche Tätigkeit zahlreicher analytischer („kritisch-rationaler") Ansätze erschöpft sich im Definieren und Klassifizieren von Begriffen, Theoremen und Theorien, die nicht nach ihren Ideologemen, sondern (in einem hierarchischen Kontext, etwa bei Stegmüller) nach ihrem „Status" befragt werden. So meint z. B. Gerhard Pasternack in seiner *Theoriebildung in der Literaturwissenschaft*, diesem Fach könne am besten mit einem Versuch geholfen werden, seine Theorien statusmäßig zu ordnen und seine Begriffe als konvertible semantische Einheiten zu definieren:

> [...] Eine theorieorientierte Aneignung von Theoremen zum Interpretationspluralismus setzt einen höheren Grad der Theoretisierung dieses Faches voraus, der die Differenzierung der unterschiedlichen Theorien nach ihrem Status und eine hierarchische Organisation von Theorieelementen erlaubt und der einen Begriffsapparat umfaßt, der eine theoriespezifische Übersetzung oder Übernahme von Grundbegriffen und zentralen Kategorien ermöglicht. (Pasternack 1975, S. 154)

Aus semiotisch-dialektischer Sicht ist der Vorschlag, die Metasprache als ein klassifizierendes und hierarchisierendes Instrument aufzufassen, selbst ein Ideologem, das die in der *Dialektik der Aufklärung* kritisierten Bemühungen des Rationalismus fortsetzt, Naturbeherrschung und soziale Herrschaft auf diskursiver Ebene zu vervollkommen. Die Konvertibilität einzelner Begriffe und Theoreme, die aus verschiedenen Theorien stammen, ist nicht möglich, solange die semantische Komponente der Sprache diese zu einem ideologischen Instrument macht (vgl. Pêcheux 1975). Der funktionalistische Begriff der „gesellschaftlichen Schicht", der über den *dualistischen Diskurs* des Marxismus hinausweisen soll, ist nicht in den dialektischen der „Klasse" übersetzbar, weil soziale Gegensätze der Übersetzung im Wege stehen: jeder Versuch, den Weg zu ebnen, trägt erheblich zur *Verwaltung der Gegensätze bei,* mit der die Kritische Theorie sich ausführlich befasst hat (vgl. Adorno 1975).

a) Der Begriff der Reflexion meint nicht den Rekurs auf Metasprachen, sondern das Eingedenken der semantisch-ideologischen Grundlage der diskursiven Struktur. b) Zugleich bezieht er sich auf die Tatsache, dass in den Sozialwissenschaften (anders als in den Naturwissenschaften) der *Diskurs als semantisch-narrative Struktur* seine eigenen Objekte nicht ohne ideologisches Engagement konstruiert. c) Daher ist es sinnvoll, im Bereich der Sozialwissenschaften von einer Teilidentität zwischen Subjekt und Objekt im Sinne von Anthony Giddens' *double hermeneutic* zu sprechen (vgl. Giddens 1976, 1986).

Mit dem ersten dieser drei Gedanken befasst sich Algirdas J. Greimas ausführlich in seinem Aufsatz „Der wissenschaftliche Diskurs in den Sozialwissenschaften"; den zweiten verteidigt Luis J. Prieto überzeugend in seinem Buch *Pertinence et pratique. Essai de sémiologie;* der dritte ist ein Gemeinplatz der Dialektik und wird ausführlich von Lucien Goldmann erörtert.

(Zu a) Anders als in naturwissenschaftlichen Beschreibungen und Beweisführungen, die selten ideologisch motiviert sind, verweisen semantische und syntaktische Verfahren im sozialwissenschaftlichen Diskurs auf die ideologische Tätigkeit und Intentionalität eines Subjekts, wobei es gleichgültig ist, ob dieses explizit aufgeführt wird oder nicht.

Benveniste definiert den Diskursbegriff als transphrastische – *semantisch-syntaktische und narrative* – Struktur folgendermaßen: „Jede Aussage, die einen Sprecher und einen Hörer voraussetzt und beim ersten die Absicht, den anderen in irgendeiner Weise zu beeinflussen." (Benveniste 1966, S. 242)

In der wissenschaftlich-theoretischen Reflexion kommt es darauf an, dass das sprechende Subjekt sich über seine semantisch-syntaktische Tätigkeit im Klaren ist und deren ideologischen Stellenwert richtig einschätzt; dass es erkennt, in welchem Maße es sich selbst als Subjekt mit Hilfe der diskursiven Verfahren konstituiert, wobei vorauszusetzen ist, dass bestimmte kollektive Werte und Ideologien dem sprechenden (individuellen oder kollektiven) Subjekt vorgegeben sind.

Auf dieses Problem geht im Gegensatz zu Benveniste, der das Subjekt für gegeben hält, Greimas ein: „Die beiden letzten Überlegungen, welche dahin gehen, dem Diskurs als Ort der Konstruktion seines Subjekts und einziger Quelle unseres Wissens über dieses – und sei es auch nur teilweise – Kredit zu verschaffen, werden zur Begründung des Gesichtspunkts herangezogen, unter dem der spezifische Status des wissenschaftlichen Diskurses zu untersuchen sei." (Greimas, in: Zima, Hrsg. 1977, S. 80)

Durch sein „taxonomisches Tun" („faire taxinomique"), durch seine Unterscheidungen, Definitionen, Selektionen und Klassifizierungen löst sich der Diskurs von der Gesamtsprache (der „langue") ab und nimmt durch seine syntaktische, anaphorisierende Anordnung subjektive Gestalt an. Dabei sind die vom werdenden (sich konstituierenden) Subjekt durchgeführten semantischen Selektionen und Definitionen ideologisch nicht neutral: Es ist nicht gleichgültig, welcher Begriff der Umgangssprache *gewählt* und als „wissenschaftlicher" Begriff definiert wird; es ist nicht gleichgültig, von welchen globalen semantischen Gegensätzen (Relevanzkriterien: vgl. Zima 2020, S. 49–54) die Argumentation ausgeht, denn ihr Ablauf wird von diesen Gegensätzen gesteuert. Eine semantische Dichotomie wie *Realismus/Naturalismus* bringt einen ganz anderen Diskurs hervor als der Gegensatz *Innovation/Automatisierung* (im Sinne der russischen Formalisten). Auf syntaktischer Ebene führt sie zur Aufstellung ganz anderer Akteure und Aktanten (im Sinne von Greimas):

> Der Begriff des Aktanten ersetzt vor allem in der Semiotik der Literatur den Begriff der Person sowie den der ‚dramatis persona' (V. Propp), denn er bezieht sich nicht nur auf menschliche Wesen, sondern auch auf Tiere, Gegenstände und Begriffe. Übrigens bleibt der Begriff der Person (personnage) zweideutig, da er sich teilweise mit dem des Akteurs (acteur) deckt, der als ein Zusammenwirken (syncrétisme) von Aktanten aufgefasst werden kann und als eine Figur oder Leerstelle definiert wird, in die sowohl syntaktische als auch semantische Formen eingehen. (Greimas, Courtés 1979, S. 3)

So stellt beispielsweise Georg Lukács, der mit der Dichotomie *Naturalismus/ Realismus* arbeitet (der paradigmatisch die Gegensatzpaare *abstrakt/konkret, zufällig/typisch* etc. entsprechen) Thomas Mann und Franz Kafka als „Akteure", als „Subjekt" und „Antisubjekt", einander gegenüber und entscheidet dadurch vorab den Ausgang seiner Argumentation (Im letzten Kapitel dieses Buches wird zu zeigen sein, wie sehr Greimas' Aktantenmodell selbst ideologisch bedingt ist und wie die Kritische Theorie versucht, das Modell als solches sowie den narrativen, syntaktischen Ablauf des theoretischen Diskurses in Frage zu stellen).

(Zu b) Die semantischen und syntaktischen Verfahren eines sozialwissenschaftlichen (soziologischen, literaturwissenschaftlichen, anthropologischen) Diskurses sind nicht nur für die Bildung der subjektiven Instanz verantwortlich, die Ideologien und kollektive Interessen vertritt, sondern auch für die *Objektkonstruktion*. Dieser Gedanke, den Luis J. Prieto als erster im semiotischen Kontext vorgebracht hat, ist von großer Bedeutung, weil er die Illusion „objektiver Beschreibung" im Sinne der Naturwissenschaften in den Sozialwissenschaften zerstört.

Nach Prieto ist es nicht möglich, in den *Sozialwissenschaften (sciences de l'homme)* die Gegenstände von einem bestimmten Standpunkt aus zu betrachten oder zu beschreiben, weil hier der Gegenstand selbst vom Standort (vom Diskurs) *konstituiert* wird und mit diesem identisch ist. (An dieser Stelle wäre es sinnvoller von einer „Teilidentität zwischen Subjekt und Objekt" zu sprechen, um einem diskursiven Solipsismus vorzubeugen.) Prieto beruft sich auf Saussure, der sich folgendermaßen zur Erkenntnistheorie der Linguistik äußert:

> Il nous est interdit en linguistique [...] de parler ,*d'une chose*' à différents points de vue [...] parce que c'est le point de vue qui (y) fait la chose. („In der Linguistik dürfen wir [...] nicht von ,*einem Ding*' sprechen, als wäre es von verschiedenen Standpunkten aus darstellbar [...], denn [hier] ist es der Standpunkt, der zugleich den Gegenstand ausmacht.") (Prieto 1975, S. 78)

Die definierende, klassifizierende, einschließende und ausschließende Tätigkeit des Diskurses, der mit neuen Begriffen und neuen Klassen eine neue *Relevanz (pertinence)* einführt, schafft seine eigenen Gegenstände (seine inneren Referenten, Greimas). Die erkennbare Wirklichkeit wäre demnach nichts anderes als die Gesamtheit diskursiver Strukturen oder (im dogmatischen Sinne) ein einziger „wahrer" Diskurs, der die Pluralität nicht wahrhaben will und sich *der* Realität gleichsetzt: der „identifizierende" Diskurs, würde die „Kritische Theorie" sagen. – „Diese ,totale' Wirklichkeit", schreibt Prieto, „auf die sich der Empirismus beruft, wenn er die Welt des Diskurses definiert und die er einer jeden Erkenntniskonstruktion zugrunde legt, ist jedoch, wie es scheint, nichts als die logische Summe der diskursiven Welten (des univers du discours), auf die sich alle Erkenntnis bezieht, zu der das Subjekt fähig ist." (Prieto 1975, S. 94)

(Zu c) Es ist zweifellos richtig, dass in den Sozialwissenschaften die Diskurse ihre eigenen Gegenstände konstruieren (etwa die *Postmoderne*), und Prieto hat wahrscheinlich Recht mit seiner Behauptung, Marxens *Das Kapital* führe eine neue Relevanz ein und bringe dadurch seinen eigenen Gegenstand (die Produktionsverhältnisse im Kapitalismus) hervor (vgl. Prieto 1975, S. 156–157). Ergänzend könnte man anmerken, dass die funktionalistische Soziologie den Begriff des *Proletariats* nicht kennt und konsequent leugnen muss, dass es den

Referenten gibt. Ähnliches ließe sich über den *Mehrwert*-Begriff aussagen, der von zahlreichen nichtmarxistischen Ökonomen – etwa von Vilfredo Pareto – abgelehnt wird.

Dennoch scheint die Behauptung, der zufolge die Sozialwissenschaften ihre eigenen Objekte hervorbringen, einseitig zu sein, weil sie übersieht, dass sich Objektkonstruktionen in der Soziologie, der Geschichts- oder Literaturwissenschaft häufig auf einen von allen anerkannten Referenten beziehen und in diesem Sinne mehr oder weniger *nachvollziehbare* Rekonstruktionen sind. Prietos Ansatz birgt die Gefahr eines umgekehrten Hegelianismus: Auch diesmal sind Subjekt und Objekt identisch, aber nicht deshalb, weil die Wirklichkeit (das Objekt) mit dem Subjekt identifiziert wird, sondern weil jedes Subjekt sein eigenes Objekt produziert.

Wäre das der Fall, gäbe es keine Möglichkeit *interdiskursiver Überprüfbarkeit* und Übereinstimmung, sondern lediglich eine Vielzahl „hermetischer Sprachspiele". Überprüfbarkeit ist jedoch keine Utopie: Psychoanalytische, semiotische und soziologische Theorien können auf einen fiktionalen Text angewandt und ihre Ergebnisse miteinander verglichen werden. Allerdings ist nicht alles vergleichbar, und längst nicht alle Begriffe einer Theorie können entsprechenden Begriffen einer anderen Theorie gegenübergestellt werden. Prietos Semiotik (Semiologie) beispielsweise kennt den *Isotopie*-Begriff nicht, ebenso wenig wie manche ökonomischen Theorien den *Mehrwert*-Begriff kennen.

Der interdiskursive Konsens, der verschiedene Theorien miteinander verbinden kann, weist darauf hin, dass der Gegenstand nicht *nur* ein Produkt der vom Subjekt gesteuerten diskursiven Verfahren ist. Er ist zugleich Gegenstand *für andere* und hat folglich objektive, dialogische Existenz, die vom (skeptischen) Subjekt selbst wahrgenommen wird. Die Identität zwischen Subjekt und Objekt, zwischen ideologischer Erkenntnis und (re-)konstruierter Wirklichkeit ist daher nur eine Teilidentität, die erklärt, weshalb das Subjekt, solange es denkt und den Dialog mit anderen sucht, mit sich selbst nicht identisch ist. Dies ist einer der wichtigsten Gedanken der Dialektik, für den in verschiedenen historischen Zusammenhängen Lucien Goldmann und Michail M. Bachtin eintraten (vgl. Goldmann 1970; H. Günther 1981 und Zima 1973; 2017).

6 Fiktionalität

Da im Folgenden von fiktionalen (=literarischen) Texten die Rede sein wird sowie von ästhetischen Theorien, die diese Texte zum Gegenstand haben, ist es nicht unwichtig zu wissen, welcher Stellenwert der Fiktion in dem oben skizzierten Kontext zukommt. Fiktionalität ist eine Texteigenschaft, die von konkurrierenden theoretischen Diskursen verschieden definiert wird. Ihre Darstellung und Definition hängt (wie die der „Kunst") häufig von einem ideologischen *parti pris* für Autonomie, Heteronomie oder andere ästhetische Kriterien ab.

Man hat versucht, Fiktionalität semantisch, pragmatisch und historisch zu beschreiben und zu begreifen, wobei normative Ästhetiken häufig die Wandelbarkeit der ästhetischen Norm übersahen und dazu neigten, den Gegensatz *fiktional/nicht-fiktional* zu hypostasieren. Zunächst muss angenommen werden, dass Begriffe wie Kunst, Literatur und Fiktion (ebenso wie „Wissenschaft", „Theorie", „Ideologie") einen historischen Ursprung haben und nur als gesellschaftliche Fakten funktional oder dysfunktional erklärt werden können. Dichotomien wie *literarisch/nicht-literarisch* oder *fiktional/nicht-fiktional* hat es in feudalen Gesellschaften in dieser Form nicht gegeben; es gibt sie in vielen südamerikanischen und afrikanischen Gesellschaften bis heute nicht. Mit der Entstehung der Kunstautonomie im sozialen und historischen Kontext haben sich Pierre Bourdieu in *Les Règles de l'art* (1992) und Niklas Luhmann in *Die Kunst der Gesellschaft* (1995) ausführlich befasst.

In diesem Zusammenhang sind auch die in dem Sammelband *Autonomie der Kunst. Zur Genese und Kritik einer bürgerlichen Kategorie* (1972) erschienenen Aufsätze von Bedeutung. Sie stellen die historische Entwicklung des Autonomiegedankens dar und lassen klar erkennen, dass weder „Autonomie" noch „Kunst" ungenetisch als „ewige Kategorien" verstanden werden können. Beide werden in einem bestimmten semantisch-ideologischen Kontext und vom Standort einer besonderen Relevanz (*pertinence,* Prieto) definiert. Wichtig ist vor allem Michael Müllers Hinweis in diesem Band, dass die in der höfischen Gesellschaft der Frührenaissance entstehende autonome Kunst nicht schlicht als „bürgerlich" eingestuft werden sollte:

> Obschon sich die autonome Setzung der Kunst in der ideologischen Sphäre eines höfisch-humanistischen Bewußtseins auf der Basis frühkapitalistischer Produktionsweise vollzog, darf die einem solchen Bewußtsein entstammende Einstellung der Kunst im engeren Sinne nicht als antikapitalistisch, wohl aber, hier bezogen auf die Klasse der Kleinbürger, freilich auch mit Einschränkungen auf Sekten etc., als antibürgerlich interpretiert werden. (M. Müller 1972, S. 27)

Jurij Lotman holt noch weiter aus, wenn er in seinem Aufsatz „Text und Funktion" auf die historische und sozio-kulturelle Bedingtheit des *Text*begriffes eingeht. Auch die Frage, was ein Text sei, ist nicht vorab geklärt, sondern kann nur im gesellschaftlichen Kontext (im Zusammenhang mit einer besonderen ideologiebildenden *Relevanz*) beantwortet werden, wo sie zugleich an die Frage nach der Fiktionalität des Textes geknüpft wird. Von der pragmatischen und historischen Funktion der Schrift ausgehend, weist Lotman überzeugend nach, dass eine rein immanente (semantische) Definition des Textes und der Fiktionalität nicht ausreichend ist, weil eine Nachricht X, die im kulturellen Kontext A als Text gelesen wird, im Kontext B ihre Bedeutung radikal ändern kann, oder gar zum Nicht-Text wird: „So beginnt man bei der Entstehung der schriftlichen Kultur die Realisation einer Nachricht, die in phonologischen Einheiten übermittelt wird, als Nicht-Realisation aufzufassen." (Lotman 1977, S. 150)

Über die Fiktionalität einer Nachricht wird in bestimmten kulturellen Zusammenhängen im Rahmen der Dichotomie *mündlich/schriftlich* entschieden, und Lotman zeigt, dass sowohl mündliche als auch schriftliche Formen der Kommunikation die Bezeichnung „fiktional" („nicht-fiktional") rechtfertigen können: „Die Äußerungen ‚Er ist ein wirklicher Dichter, man druckt ihn' und ‚Er ist ein wirklicher Dichter, man druckt ihn nicht' sind in gleicher Weise möglich." (Lotman 1977, S. 152) Deshalb ist Ann Shukmans Hinweis berechtigt, dass die Beziehung zwischen Text und Kontext nicht ausschließlich im linguistischen Rahmen behandelt werden kann: „Dieser Text kann mit rein linguistischen Mitteln untersucht werden, aber das ‚literarische Werk', das sowohl den Text als auch den Außentext (extra-text) umfasst, ist außerhalb des linguistischen Bereichs angesiedelt." (Shukman 1977, S. 64) Erst eine Kultursemiotik vermag zu erklären, weshalb sich die Funktion ein und desselben Werkes unablässig ändert.

Im gegenwärtigen Entwicklungsstadium ist die Dichotomie *mündlich/schriftlich* für die Definition des Fiktionalen kaum mehr relevant, und die meisten Literaturtheorien bemühen sich um eine semantisch-historische (pragmatische) Beschreibung dieses Phänomens. So verschiedene Autoren wie Umberto Eco, Theodor W. Adorno, Jan Mukařovský, Roland Barthes und Julia Kristeva neigen zu der Ansicht, dass der fiktionale (literarische) Text durch seine konnotativen Verfahren die denotative Dimension der Wortzeichen schwächt und dadurch seine referenzielle Funktion in Frage stellt. Der Signifikant wird dem Signifikat, dem logisch verwendbaren Begriff gegenüber gestärkt: „Darin übertrifft die moderne poetische Sprache jede klassische (theatralische oder romaneske) *mimesis:* sie greift nicht nur die Denotation (Setzung des Objekts), sondern auch den Sinn (Setzung des aussagenden Subjekts) an." (Kristeva 1979, S. 67) Obwohl er von einem anderen Mimesis-Begriff ausgeht, meint Adorno Ähnliches, wenn er schreibt: „Die neue Kunst bemüht sich um die Verwandlung der kommunikativen Sprache in eine mimetische." (Adorno 1970, S. 171)

Die Gegensätze *begrifflich/nichtbegrifflich* und *kommunikativ/nicht-kommunikativ,* die nicht nur bei Eco und in den Arbeiten des Prager Linguistischen Zirkels eine wichtige Rolle spielen, sollten nicht in einem rein linguistischen Kontext gedeutet werden. Ihnen kommt, wie ich schon in der *Kritik der Literatursoziologie* gezeigt habe, eine ideologiekritische Bedeutung zu: Indem der fiktionale Text das kommunikative und theoretische Streben nach begrifflicher Monosemie in Frage stellt, entzieht er sich dem Zugriff begrifflicher (ideologischer, philosophischer) Diskurse. Seine kritische Autonomie der ideologischen Rede gegenüber verdankt er demnach in erster Linie seinen konnotativen Verfahren, die seine Signifikanten stärken und ihn als nichtbegriffliche, mimetische (Adorno) Konstruktion ausweisen.

Es ist bezeichnend, dass nicht nur Adorno im fiktionalen Widerstand gegen die Monosemierungsverfahren der begrifflichen (kommunikativen) Rede das ideologiekritische Moment der Literatur erblickt. In einem ganz anderen Zusammenhang weist Julia Kristeva auf die Zerstörung der Ideologie durch die poetische Praxis hin: „Gleichzeitig gehen *mimesis* und poetische Sprache mehr als nur eine innerideologische Debatte ein: Sie stellen das Prinzip des Ideologischen selbst ‚in Frage', wenn sie die *Einigkeit* des Thetischen (die Voraussetzung für Sinn und Bedeutung ist) auseinanderfalten und so dessen Theologisierung überschreiten." (Kristeva 1979, S. 70) Die Poly*phonie* als Bedingung der Ideologiekritik, wie sie z. B. Bachtin und Kristeva auffassen, wird von Adorno nicht thematisiert; seine Darstellung des Essays aber, den er als offene (dialogische) Struktur denkt, lässt auf eine Verwandtschaft mit Bachtins Modell schließen, die im letzten Kapitel diskutiert wird.

Der Diskurs einer gesellschaftskritischen Theorie stimmt (wie sich im letzten Kapitel zeigen wird) darin mit dem fiktionalen Text überein, dass er einige seiner mimetischen, „essayistischen" Verfahren und seine Polyphonie übernimmt. Polyphonie als pluridiskursive Anordnung und Reflexivität sind – wie Robert Musils *Der Mann ohne Eigenschaften* zeigt – eng miteinander verflochten. Nur der Diskurs, der Mehrstimmigkeit und diskursive Konkurrenz zulässt und dadurch der wachsenden semantisch-ideologischen Ambivalenz Rechnung trägt, wird seiner sprachlichen Relativität und seiner sozio-historischen Bedingtheit inne.

Den negativen, „privativen" Definitionen der Fiktionalität (Adornos, Mukařovskýs, Jakobsons, Ecos [siehe: Eco 1972, S. 154]), die in der ästhetischen Verwendung der Sprache eine Abweichung vom kommunikativen „Normalfall" feststellen, ist der Gedanke an die Besonderheit des Ästhetischen und der fiktionalen Schreibweise gemeinsam. Neben ihnen nimmt sich Eugenio Coserius Behauptung, der fiktionale Text stelle die allgemeinste Verwendung der Sprache dar und solle als linguistischer „Universalfall" verstanden werden, als fruchtbare Häresie aus. In seinen „Thesen zum Thema Sprache und Dichtung" äußert sich Coseriu folgendermaßen zum Problem der „dichterischen Sprache": „Somit erscheint die dichterische Sprache nicht als ein Sprachgebrauch unter anderen, sondern als Sprache schlechthin, als Verwirklichung aller sprachlichen Möglichkeiten." (Coseriu 1971, S. 184)

Coserius Betrachtungsweise ist besonders fruchtbar, weil sie den Gedanken der *Tel-Quel*-Gruppe (vor allem Kristevas) ergänzt, wonach literarische Produktion und Textproduktion allgemein als *intertextueller Vorgang* aufgefasst werden sollte, als Verarbeitung verschiedener historischer und zeitgenössischer, gesprochener und geschriebener Textsorten. Literatur wird dadurch zu einer experimentellen Praxis, in die – wie in Musils Roman – alle sprachlichen Äußerungen (theologische, wissenschaftliche, politische, fiktionale und juristische) einfließen können. (Vgl. „Intertextualités", *Poétique* Nr. 27, 1976 sowie Sophie Rabau Hrsg., *L'Intertextualité*, 2002.)

Bei näherer Betrachtung wird klar, dass diese allgemeine Definition des fiktionalen Textes, die Coseriu vorschlägt, die Darstellungen Adornos, Jakobsons, Mukařovskýs und Ecos nicht ausschließt, sondern ergänzt: 1) Es ließe sich zeigen, dass das Besondere der fiktionalen Aussage eben in ihrer *uneingeschränkten Intertextualität* zu suchen ist: darin, dass sie sich mit der Sprache um ihrer selbst willen (als Sprachexperiment) befasst und nicht aus praktischen Gründen. 2) Als ein Schreiben, das um seiner selbst willen praktiziert wird, verweist Fiktion nicht auf ein Anderes (auf Referenten), sondern vorwiegend auf sich selbst. Genau das meint Eco (nach Mukařovský und Adorno), wenn er in seiner *Einführung in die Semiotik* behauptet, die Struktur der ästhetischen Botschaft sei „autoreflexiv" (S. 154).

Coseriu ist sich der Tatsache, dass sich seine Definition mit der der Prager Schule berührt und dass er nur scheinbar eine Antithese aufstellt, durchaus bewusst: „Analog kann man die Jakobsonsche Bestimmung der dichterischen

Funktion als Funktion, die die ‚Meldung' selbst betrifft, interpretieren, d. h. als Sprachgebrauchs, in dem das Gesagte einfach als Gesagtes gilt: dies bedeutet in der Tat nichts anderes, als daß dichterisches Sprechen ein absolutes ‚Sagen' ist." (Coseriu 1971, S. 185) Das Wort „absolut" kann hier allerdings nur im soziologischen Zusammenhang gedeutet werden: Die fiktionale Schreibweise verweist auf sich selbst und ist nicht auf den ideologischen Diskurs reduzierbar; jedem ihrer konnotativen Verfahren wohnt aber gesellschaftlicher Sinn inne und gesellschaftliche Wertung.

Coserius Überlegung, „literarische Texte müssen als Modelle der Textlinguistik gelten, da sie eben die funktionell reichste Art von Texten darstellen [...]" (Coseriu 1971, S. 185), ist auch für die Textsoziologie von Bedeutung. Aus diesem Grunde werden hier die Analysen von Marcel Prousts *A la recherche du temps perdu* und Robert Musils *Der Mann ohne Eigenschaften* den diskurskritischen Bemerkungen vorgezogen. Denn Prousts und Musils Romane zeigen, wie sich grundverschiedene – mondäne, ideologische, wissenschaftliche, religiöse und fiktionale – Textarten zueinander verhalten und wie sie einander in einer ambivalenten und polyphonen Welt relativieren. Diese Reihenfolge hat noch einen weiteren Grund: Die *Diskurskritik* als neue Komponente der Kritischen Theorie (als semiotische Dimension der Ideologiekritik) soll sich an fiktionalen Texten orientieren, in denen Polyphonie praktiziert und das narrative System (das System überhaupt) einer radikalen Kritik ausgesetzt wird.

In den Texten Musils, Prousts oder Kafkas findet die Kritische Theorie im Sinne von Adorno ihre eigene diskursive Anordnung und zugleich ihre eigenen Werturteile auf fiktionaler Ebene vor: die Polyphonie, die parataktische (paradigmatische) Struktur, die Selbstreflexion und eine Kritik der kommunikativen, ideologischen Sprache. Wenn sie im Bereich der fiktionalen Schreibweise ihre Rationalität sucht und nicht etwa in der formalen Logik oder in den Naturwissenschaften, so richtet sie sich letztlich nach Adornos Maxime: „Ratio ohne Mimesis negiert sich selbst." (Adorno 1970, S. 489)

7 Ambivalenz

Ironie, Polyphonie (Pluridiskursivität), Selbstreflexion und assoziative (parataktische) Schreibweise gehen aus einer semantisch-ideologischen Ambivalenz hervor, die hier zu der intensiver werdenden Vermittlung durch den Tauschwert in Beziehung gesetzt wird. Mit Recht haben Lukács, Goldmann und Adorno die Krise des bürgerlichen Wertsystems aus dieser Vermittlung abgeleitet: Wo Gegensätze ineinander übergehen und qualitative Unterschiede letztlich als aus dem allen Größen gemeinsamen Nenner der Quantität ableitbar erscheinen, kann von einer „Umwertung aller Werte" die Rede sein.

Ambivalenz kann hier wörtlich als Zweiwertigkeit, als Zusammenführung zweier scheinbar unvereinbarer semantisch-ideologischer Werte aufgefaßt werden. Wo Qualität und Quantität, das Mächtige und das Schwache, das Erhabene und das Niedere, das Gute und das Böse zu einer Einheit verschmelzen, wird von Ambivalenz die Rede sein.

Ambivalenz ist eine gesellschaftliche und historische Erscheinung, die es lange vor der Entstehung der Marktgesellschaft gab und in zahlreichen Fällen mit der Vermittlung durch den Tauschwert nichts zu tun hat. In ihrem Buch *Retour aux Dogon* zeigt Françoise Michel-Jones, dass Ambivalenz bei Naturvölkern vorkommt und im mythischen Denken eine wichtige Rolle spielt. (Vgl. Michel-Jones 1978, Kap. 4.) Im vorliegenden Fall handelt es sich jedoch um die Ambivalenz der kapitalistischen und insbesondere der spätkapitalistischen Gesellschaft, und diese Ambivalenz hat mit den von Michel-Jones beschriebenen Erscheinungen nichts zu tun, sofern sie *historisch-genetisch* definiert wird. Eine analoge Argumentation gilt im Falle der „Diktatur": Diktaturen gab es in der Antike sowohl in Kleinasien als auch in Griechenland und in Rom; sie haben, vom historisch-genetischen Standpunkt aus betrachtet, mit den im monopolistischen Zeitalter entstandenen faschistischen Diktaturen wenig gemeinsam und können mit ihnen höchstens rein formal oder auf ethischer Ebene verglichen werden.

Die Romane Kafkas, Prousts, Musils, Hesses und Joyces reagieren besonders empfindlich auf die *semantisch-ideologische Ambivalenz,* die sich vor allem auf die narrativen Strukturen dieser Texte auswirkt. In ihnen geht aus der Ambivalenz eine kritische Schreibweise hervor, die alle mythischen (dogmatischen) Reaktionen auf die Krise des Wertsystems ironisch und parodistisch zurückweist.

Im sechsten Kapitel, einem Versuch über Prousts *A la recherche du temps perdu* und Musils *Der Mann ohne Eigenschaften,* sollen die Reaktionen des Textes auf die soziale Ambivalenz konkret untersucht werden. Dabei spielen die Fragen, wie der theoretische Diskurs auf die zunehmende Zweideutigkeit (Vermittlung) antworten soll und was er dabei von der fiktionalen Schreibweise lernen kann, eine wichtige Rolle. Denn Musils „Ironie" kann, ebenso wie Nietzsches „Heiterkeit" und Bachtins „Karneval", als ein kritisches Produkt der Ambivalenz und als Reaktion auf diese aufgefasst werden. Sie ist zugleich Selbstironie und weist den Weg, den das begriffliche Denken einschlagen könnte: den selbstironischen oder selbstreflexiven Weg, der an allen mythischen Dichotomien vorbeiführt.

Literatur

Adorno, Th. W.: *Jargon der Eigentlichkeit. Zur deutschen Ideologie*, Frankfurt, Suhrkamp, 1964.
Adorno, Th. W.: *Ästhetische Theorie. Gesammelte Werke*, Bd. 7, Frankfurt, Suhrkamp, 1970.
Adorno, Th. W.: *Gesellschaftstheorie und Kulturkritik*, Frankfurt, Suhrkamp, 1975.
Althusser, L.: Idéologie et appareils idéologiques d'Etat, in: *Positions*, Paris, Editions sociales, 1976.
Ayer, A. J.: *Language, Truth, and Logic*, London, Victor Gollancz Ltd., 1967.
Benveniste, E.: *Problèmes de linguistique générale*, Paris, Gallimard, 1966.
Bubner, R.: *Dialektik und Wissenschaft*, Frankfurt, Suhrkamp, 1973, 1974.
Coseriu, E.: Thesen zum Thema Sprache und Dichtung, in: W.-D. *Stempel* (Hrsg.), *Beiträge zur Textlinguistik*, München, Fink, 1971.
Eco, U.: *Einführung in die Semiotik*, München, Fink, UTB, 1972. (*Eco* übernimmt die Definitionen Mukařovskýs und Jakobsons, wenn er schreibt: *„So verwandelt das Werk*

ständig seine Denotationen in Konnotationen und seine Signifikate in Signifikanten anderer Signifikate." Er spricht von der „zweideutigen und autoreflexiven" Struktur der ästhetischen Botschaft. S. 154.)

Giddens, A.: *New Rules of Sociological Method. A Positive Critique of Interpretative Sociologies*, London, Hutchinson (1976), 1986.

Goldmann, L.: *Marxisme et sciences humaines*, Paris, Gallimard, 1970.

Günther, H.; Michail Bachtins Konzeption als Alternative zum Sozialistischen Realismus, in: P. V. Zima (Hrsg.), *Semiotics and Dialectics. Ideology and the Text*, Amsterdam, J. Benjamins, 1981.

Habermas, J.: *Theorie und Praxis*, Frankfurt, Suhrkamp, 1971, 1972.

Habermas, J.: *Erkenntnis und Interesse*, Frankfurt, Suhrkamp, 1968, 1973.

Habermas, J.: *Technik und Wissenschaft als „Ideologie"*, Frankfurt, Suhrkamp, 1968, 1974.

Intertextualités, Poétique, Nr. 27, 1976 (vgl. vor allem die Beiträge von L. *Jenny* und L. *Dällenbach*).

Kristeva, J.: *Die Revolution der poetischen Sprache*, Frankfurt, Suhrkamp, 1979. (Auszüge aus: *La Révolution du langage poétique*, Paris, Seuil, 1974.)

Lotman, Ju.: Text und Funktion, in: P. V. Zima (Hrsg.), *Textsemiotik als Ideologiekritik*, Frankfurt, Suhrkamp, 1977.

Michel-Jones, F.: *Retour aux Dogon*, Paris, Le Sycomore, 1978. (Die Autorin zeigt [Kap. III], dass beim Stamm der Dogon vor allem die Person der Frau als Mutter ambivalent ist.)

Müller, M.: Künstlerische und materielle Produktion. Zur Autonomie der Kunst in der italienischen Renaissance, in: *Autonomie der Kunst. Zur Genese und Kritik einer bürgerlichen Kategorie*, Frankfurt, Suhrkamp, 1972.

Pasternack, G.: *Theoriebildung in der Literaturwissenschaft*, München, Fink, UTB, 1975.

Pêcheux, M.: *Les Vérités de La Palice*, Paris, Maspero, 1975.

Prieto, L.: *Pertinence et pratique. Essai de sémiologie*, Paris, Minuit, 1975.

Rabau, S. (Hrsg.) *L'Intertextualité*, Paris, Flammarion, 2002.

Shukman, A.: *Literature and Semiotics. A Study of the Writings of Yu. M. Lotman*, Amsterdam, North Holland Publishing Co., 1977.

Tarski, A.: The Semantic Conception of Truth, in: Ders., *Semantics and the Philosophy of Language*, Chicago, University of Illinois Press, 1952, 1972.

Travaux du Cercle Linguistique de Prague, Les Thèses de 1929 (I, 1929): Vor allem die dritte These (c): „Sur la langue poétique"; jetzt in: *Le Cercle de Prague, Change* 3, Seuil, 1969.

Zima, P. V.: *Goldmann. Dialectique de l'immanence*, Paris, Editions Universitaires, 1973.

Zima, P. V. (Hrsg.): *Textsemiotik als Ideologiekritik*, Frankfurt, Suhrkamp, 1977.

Zima, P. V.: *Was ist Theorie? Theoriebegriff und Dialogische Theorie in den Kultur und Sozialwissenschaften*, Tübingen, Francke-UTB, 2017 (2. Aufl.).

Zima, P. V.: *Soziologische Theoriebildung. Ein Handbuch auf dialogischer Basis*, Tübingen, Narr-Francke-Attempto-UTB, 2020.

Der „wertfreie" Diskurs der empirischen Literatursoziologie

1 Definition des Objektbereichs

Dem engagierten Denken und seinen wertenden Unterscheidungen (semantischen Gegensätzen) opponiert die empirische Kunst- und Literatursoziologie Alphons Silbermanns, Hans Norbert Fügens, Robert Escarpits und Karl Erik Rosengrens. Ähnlich wie der Kritische Rationalismus eines Hans Albert gehen diese Autoren von Max Webers *Kriterium der Wertfreiheit* aus, um nachzuweisen, dass eine „rationale" Kunst- oder Literatursoziologie auf ästhetische Wertungen zu verzichten habe. Eine solche Vorentscheidung hat methodologische Folgen, die sich vor allem in der Definition des Objektbereichs niederschlagen.

Parallel zu der von Silbermann postulierten Trennung von Kunstsoziologie und Ästhetik (Sozialphilosophie) verläuft eine Trennungslinie, die das Kunstwerk als Struktur und als Produktionsprozess vom gesellschaftlichen Kontext isoliert. Silbermann möchte den Objektbereich der Kunstsoziologie auf die dem Kunstwerk äußeren Faktoren einengen; sie soll sich mit dem Autor, dem Publikum, dem Verlagswesen und anderen Instanzen des Kommunikationssystems befassen, nicht jedoch mit der *Struktur* des Werkes selbst: „Daher bleiben Aussagen über das Kunstwerk selbst und seine Struktur außerhalb kunstsoziologischer Betrachtungen." (Silbermann in: Bürger Hrsg. 1978, S. 193) Für Silbermann bilden das „Kunsterlebnis" und die „Kulturwirkekreise", die es herstellt, den eigentlichen Gegenstand der Kunst- und Literatursoziologie.

Die Äußerungen anderer Vertreter der empirischen Richtung sind zwar weniger radikal, berühren sich jedoch mit Silbermanns Thesen in dem wesentlichen Punkt, wo es gilt, die soziologische Methode vor ästhetischer Kontamination zu bewahren und Werturteile vom „wissenschaftlichen" Diskurs fernzuhalten. Sowohl Karl Erik Rosengren als auch Hans Norbert Fügen berufen sich auf Max Webers Postulat der Wertfreiheit, um die „Wissenschaftlichkeit" der Literatursoziologie zu begründen und sie von ästhetischer und literaturkritischer Argumentation zu scheiden.

Rosengrens Buch *Sociological Aspects of the Literary System* (Stockholm, 1968), das fast gleichzeitig mit dem hier zitierten Artikel von Silbermann erschien, verknüpft den Bruch mit der Ästhetik mit einem globalen Verzicht auf die Analyse der Werkstruktur: „Unabhängig von Barnett sind ähnliche Ansichten von beispielsweise Langenbucher (1964) und Fügen (1964) geäußert worden. Beide sperren sich gegen die von vielen (vgl. z. B. Memmi 1960) gehegte Idee, dass das oberste Ziel der Literatursoziologie ein ‚besseres Verstehen' der Kunstwerke sein sollte." (Rosengren 1968, S. 19) Im Gegensatz zu dialektischen Modellen (Lukács, Althusser, Goldmann, Adorno), die von ästhetischen Prämissen ausgehen und nach der Entstehung der Werkstruktur und deren gesellschaftlichem Stellenwert fragen, meinen die Vertreter der empirischen Richtung, die Frage nach dem sozialen Gehalt der Werke als unwissenschaftlich ausklammern zu müssen (zu können).

Ein solches methodologisches, ideologisch motiviertes Verfahren führt bei Fügen zu der fragwürdigen Unterscheidung von „künstlerisch" und „sozial", der (trotz Fügens empiristischer Abkehr von der Philosophie) einer der Lieblingsgedanken der traditionellen Ästhetik innewohnt, wonach „Kunstwerke" rein autonome Gebilde seien und nicht als gesellschaftlich vermittelte Strukturen, als Äußerungen gesellschaftlicher Interessen verstanden werden können: „Indem die Literatursoziologie das literarische Werk nicht als künstlerisches, sondern als soziales Phänomen betrachtet, fällt für sie die Möglichkeit der ästhetischen Wertung fort." (Fügen 1964, S. 41)

Eine solche Betrachtungsweise legitimiert nicht nur die traditionelle Vorstellung von einer autonomen, über den gesellschaftlichen Verhältnissen schwebenden Kunst, sondern führt auch zwangsläufig zu der sonderbaren Annahme, dass nichtfiktionale Texte (etwa historische Dokumente) der soziologischen Analyse zugänglich seien, während sich Literatur einer solchen Analyse entziehe. Ein wichtiges Problem bleibt ungelöst: Welche Kriterien entscheiden darüber, was ein „literarischer" oder „nichtliterarischer" Text ist? Gehören Montaignes *Essais* zur Literatur oder zur Philosophie? Und wie sind die Manifeste der Avantgarden einzuordnen? Die Antwort auf diese historischen und textsoziologischen Fragen, die auch Lotman aufwirft, findet Rosengren im *Schwedischen Bücherkatalog* (Rosengren 1968, S. 27), während Fügen sie in der phänomenologischen Theorie Roman Ingardens sucht.

Hier zeigt sich, dass die empirische Literatursoziologie genau das Gegenteil von dem ist, was die Textsoziologie als Diskurskritik sein will: *eine kritische Wissenschaft, die die Textstruktur zum Gegenstand hat.* Es ist nicht weiter verwunderlich, dass die empirische Literatursoziologie, etwa in M. C. Albrechts Aufsatz „Does Literature Reflect Common Values"? (vgl. Albrecht 1956) oder in Lewis Cosers *„Sociology Through Literatur"* (vgl. Coser 1963) ausschließlich den dokumentarischen, den denotativen Aspekt literarischer Texte wahrnimmt und sie dadurch auf das Nebensächliche reduziert.

Im Gegensatz dazu nimmt die Textsoziologie sich vor, Fiktionalität als soziohistorische Erscheinung zu betrachten und die Struktur einzelner Texte zu der gesellschaftlichen Entwicklung fiktionaler Schreibweisen in Beziehung zu setzen. Anders als die empirische Methode versucht sie, Fiktionalität unabhängig von der traditionellen Philologie (Wolfgang Kayser, Emil Staiger) und den idealistischen Ansätzen Ingardens im sozialen Kontext zu definieren. Zugleich stellt sie die strenge Trennung von fiktionalen und nichtfiktionalen Textsorten in Frage (die seit der surrealistischen Revolution allen Avantgarden ein Dorn im Auge ist) und versucht, als Textsoziologie auch im Bereich *theoretischer* Diskurse gesellschaftliche Interessen und Widersprüche auf der Ebene semantischer und syntaktischer Strukturen aufzuzeigen.

Auf dieser Ebene zeigt sich häufig, dass nicht irgendeinem gesellschaftlichen „Inhalt" (der zumeist eine dürftig definierte Thematik ist) soziologische Bedeutung zukommt, sondern der Art zu schreiben. Im letzten Kapitel dieses Buches wird sich zeigen, dass die Affinität zwischen Musils Roman und den Texten Adornos nicht so sehr im Bereich der eindeutigen ideologischen Aussagen (der „Inhalte") zu suchen ist, sondern in dem beiden Autoren gemeinsamen Bemühen, eine parataktische (paradigmatische) und essayistische Schreibweise zu entwickeln. Indem die empirische Literatursoziologie – ähnlich wie Pierre Bourdieu in *Les Règles de l'art* (1992) – das *Wie* des Textes (seine Struktur) ausblendet, begibt sie sich nicht nur der Möglichkeit, die fiktionale Schreibweise im sozialen Zusammenhang zu erklären, sondern verzichtet auch auf die soziologische und genetische Darstellung theoretischer Diskurse. Denn auch diese sind nicht auf einzelne, mehr oder weniger eindeutige Aussagen reduzierbar, sondern bedeuten *in ihrer strukturellen Gesamtheit als semantische und makrosyntaktische Gebilde*. Daher sollte eine Textsoziologie die empirischen Ansätze zugleich auch als diskursive (und gerade deshalb ideologische) Praktiken verstehen.

2   Zwei Ideologeme

In der Vergangenheit hat die Kritik bereits auf zwei „Ideologeme" (Pavel N. Medvedev) der empirischen Literatursoziologie hingewiesen. Sie sollen hier, um Leserinnen und Lesern die Übersicht über den Stand der Diskussion zu erleichtern, kurz zusammengefasst werden: 1) Der erste kritische Einwand betrifft das *arbeitsteilige Prinzip,* das zur Grundlage empirischer Argumentation wurde und das erklärt, weshalb traditionelle Philologie und empirische Soziologie einander ideologisch ergänzen. 2) Der zweite bezieht sich auf die Verdinglichung literarischer Texte durch die empirischen Methoden.

Mit beiden Problemen setzen sich verschiedene Arbeiten zur Literatursoziologie auseinander. In seinem Aufsatz „Zur Kritik positivistischer Literatursoziologie. Anhand von Fügens *Die Hauptrichtungen der Literatursoziologie*" (vgl. Warneken 1973) macht Bernd J. Warneken auf den konservativen Charakter der empirischen Methode Fügens aufmerksam, und Jürgen Scharfschwerdt weist in seinem Buch *Grundprobleme der Literatursoziologie* auf die Tatsache hin, dass die empirische Definition des Objektbereichs dazu angetan ist, die Positionen der traditionellen Philologien zu festigen:

Die Wirklichkeit im literarischen Werk aber sei als ‚eine in sich abgeschlossene' (S. 99) zu betrachten, die allein einem ‚werkimmanenten Richtmaß' (S. 101) folge, das gleichsam gegen jegliche ‚Unterwerfung literarischen Inhalts unter das Maß einer außerliterarischen Wirklichkeit' (S. 104) protestiere, womit von seiten der Soziologie der werkimmanenten Literaturwissenschaft der Nachkriegszeit noch in den sechziger Jahren eine Legitimierung geliefert wird, die die Germanistik selbst schon Ende der fünfziger Jahre zu problematisieren begann. (Scharfschwerdt 1977, S. 129–130)

Es ist vielleicht kein Zufall, dass ich zum selben Zeitpunkt in einem Aufsatz, der den Titel trägt „Le Texte comme objet: une critique de la sociologie empirique de la littérature" (in: *L'Homme et la société*, Nr. 43–44, 1977; [dt. Übers. in Zima 1978]) die ideologische Funktion von Fügens, Silbermanns und Rosengrens Definitionen des literatursoziologischen Objektbereichs unterstrichen und sie aus dem arbeitsteiligen Prinzip der Marktgesellschaft heraus erklärt habe. (Vgl. auch: Zima 1985, 2000.)

Hier wird verständlich, weshalb Fügen in seinen *Hauptrichtungen der Literatursoziologie* versucht, seine Argumentation mit Hilfe von Ingardens phänomenologischen Theorien abzustützen: Ingarden unterscheidet zwar das „sprachliche Kunstwerk" als „rein intentionale Gegenständlichkeit" (*Das literarische Kunstwerk*, S. 122) von Naturgegenständen, definiert jedoch – in Übereinstimmung mit Husserl – den Begriff der Intentionalität phänomenologisch und nicht als sozio-semiotischen Produktionsprozess. Zuletzt erscheint das „Werk" als Gegenstand, dessen Entstehung und gesellschaftlicher Sinn verborgen bleiben, da die Sinnzuordnung ausschließlich im Bereich der Rezeption, der „Konkretisationen" angesiedelt wird. Wie Fügen geht auch Ingarden davon aus, dass der Werkstruktur selbst kein gesellschaftlicher Sinn innewohnt und dass der fiktionale Produktionsprozess nicht als gesellschaftlicher Vorgang darstellbar ist.

Hier zeigt sich, dass die empirischen Theorien nicht nur die Ansicht der traditionellen Philologen bestätigen, die Werkstruktur sei rein immanent zu analysieren, sondern auch der Rezeptionstheorie das Wort reden, wenn es gilt, den Nachweis zu erbringen, dass dem fiktionalen Text (dessen Produktion) kein gesellschaftlicher Sinn eigen ist, da er ausschließlich dem Bereich der *Kommunikation über Literatur* (den historischen Konkretisationen) angehört. Fiktion wird zu einem reinen Vorwand der Kommunikation verdinglicht. In dem oben zitierten Aufsatz habe ich auf diese Verdinglichung hingewiesen und versucht, sie aus der Tatsache zu erklären, dass in einer vom Tauschprinzip beherrschten Gesellschaft das Arbeitsprodukt als Ware zum bloßen Vorwand kommerzieller Transaktionen wird; dabei verschwindet der Produktionsprozess aus dem Blickfeld der Subjekte.

Ähnliches behauptet Julia Kristeva in einem etwas anderen Zusammenhang: „Dieser strukturale Abschluß ist eines der wichtigsten Merkmale eines Gegenstandes, der in unserer Kultur, die es ablehnt, den diesen Gegenstand hervorbringenden Produktionsprozeß nachzuvollziehen, als Fertigprodukt (als Wirkung, Eindruck) konsumiert wird: der ‚Literatur', in der der Roman eine zentrale Stellung einnimmt." (Kristeva, in: Zima 1977, S. 194) Schon Adorno machte in seinem „Résumé über Kulturindustrie" auf diese Verdinglichung der Kunstprodukte aufmerksam (vgl. Adorno 1967, S. 63).

Indem die empirische Literatursoziologie die Frage nach der Textproduktion und nach deren gesellschaftlichem Sinn ignoriert, wird sie nicht nur zur Rechtfertigung der „werkimmanenten Interpretation", sondern bahnt auch einer Rezeptions- und Kommunikationsforschung den Weg, die im Gegenzug zu einer scheinbar überholten (marxistischen) Produktions- und Darstellungsästhetik den Forschungsbereich auf die Wirkung literarischer Werke beschränken möchte (vgl. Jauß 1970). Eine zusammenhängende und konkrete Literaturgeschichte ist jedoch nur dann möglich, wenn sowohl Produktion als auch Rezeption als sozio-semiotische, d. h. *ideologiebildende* Prozesse aufeinander bezogen werden und der Umstand berücksichtigt wird, dass der Autor zugleich Leser ist, der beim Schreiben die von ihm gelesenen Texte verarbeitet und umgestaltet (vgl. Zima 1978, 1985). Warum sollte ausschließlich den durchaus vieldeutigen Texten der Rezeption Sinn anhaften und nicht auch den gelesenen, den literarischen?

Mit Recht haben ostdeutsche Literaturwissenschaftler wie Karlheinz Barck und Manfred Naumann auf die Unmöglichkeit aufmerksam gemacht, die „Rezeption" und die gesellschaftliche Wirkung eines Textes zu verstehen, solange seine Produktion und die Produktionsverhältnisse unberücksichtigt bleiben (vgl. Naumann 1975).

Was die empirischen Methoden mit der Rezeptionstheorie eines Hans Robert Jauß und mit der werkimmanenten Interpretation verbindet, ist die ideologische Weigerung, den sozialen (wertenden) Charakter der fiktionalen Schreibweise zu erkennen und den Produktionsprozess als sozio-historischen Vorgang zu denken. Diese Weigerung erklärt sich aus der Verdinglichung und Fetischisierung der Kunstwerke, die aus einer immer intensiveren Vermittlung durch den Tauschwert (durch das Marktgesetz) ableitbar ist.

Empirische Literatursoziologie und Rezeptionsforschung verhalten sich zu literarischen Texten wie der Händler, der primär ihre Wirkung und ihre Absetzbarkeit auf dem Markt im Sinne hat: ihr „Für-Anderes-Sein". „Das Prinzip des Füranderesseins, scheinbar Widerpart des Fetischismus, ist das des Tausches und in ihm vermummt sich die Herrschaft." (Adorno 1970, S. 337) Komplementär zu diesem Satz aus der *Ästhetischen Theorie* verhält sich eine Bemerkung Adornos aus den „Thesen über die Kunstsoziologie": „Kunstsoziologie umfaßt, dem Wortsinn nach, alle Aspekte im Verhältnis von Kunst und Gesellschaft. Unmöglich, sie auf irgendeinen, etwa auf die gesellschaftliche Wirkung von Kunstwerken einzuschränken." (Adorno 1967, S. 94)

Der Versuch, Literaturgeschichte und Literaturtheorie auf den *Wirkungsbereich* fiktionaler Texte einzuengen, fällt – wie aus Adornos Thesen (1965) hervorgeht – nicht mit dem Aufstieg der Rezeptionsästhetik und Rezeptionsforschung zusammen. Vielmehr spielte die Verdinglichung des literarischen Produkts schon in den Theorien Silbermanns und Fügens (Mitte der sechziger Jahre) eine wichtige Rolle. Es ist deshalb nicht verwunderlich, dass die Kommunikations- und Rezeptionsforschung nicht nur die Begriffe der funktionalistischen Soziologie wie „Rolle", „Status", „taste leaders" etc. (vgl. Wienold 1972, S. 108) wiederentdeckt, sondern zugleich auch auf die kommunikationstheoretischen Ansätze der empirischen Literatursoziologie zurückgreift.

Wie sehr zeitgenössische Kommunikationstheorien von gesellschaftlichen Interessen abstrahieren, zeigt Robert Escarpits *Theorie générale de l'information et de la communication*. In diesem Buch werden „écriture" und „lecture" – wie in der Rezeptionsforschung – voneinander getrennt:

> Fügen wir hinzu, dass Schreiben und Umschreiben [l'écriture et la récriture] zwei voneinander unabhängige Handlungen sind. Der Verfasser und der Leser, die voneinander geschieden sind, befinden sich in zwei grundverschiedenen *historischen Situationen*, sowohl vom Standort ihrer persönlichen als auch vom Standort ihrer menschlichen und materiellen Milieugeschichte aus betrachtet. Aus diesem Grunde besetzen sie die Beziehung zwischen Signifikant und Signifikat mit verschiedenen *Konnotationen*. (Escarpit 1976, S. 127)

Der oberflächliche Charakter einer solchen Darstellung tritt zutage, sobald die *soziologische* Frage aufgeworfen wird, weshalb zu einem historischen Zeitpunkt bestimmte Texte von ganz bestimmten Gruppen gelesen werden und andere nicht. Weshalb las Brecht Villon und Adorno Proust? (Vgl. Zima 1980, Kap. 8.). Doch wohl deshalb, weil sich trotz der Entwicklung des Kultursystems (oder gerade wegen ihr) eine Interessengemeinschaft zwischen „écriture" und „lecture", zwischen Text und Metatext bildet.

3 Wertfreiheit: Theorie und Praxis

Eine Zeit lang stand der Begriff der Wertfreiheit („Wertungsfreiheit", Fügen) im Mittelpunkt der methodologischen Auseinandersetzung um die Literatursoziologie und um die Soziologie ganz allgemein. Bei ihm nimmt Fügens Polemik gegen den Marxismus ihren Anfang: „Die marxistische Literaturbetrachtung bestreitet in der theoretischen Rechtfertigung des Prinzips der Parteilichkeit und seiner praktischen Anwendung die Möglichkeit einer dem Ideal der Objektivität weitgehend angenäherten und wertungsfreien Wissenschaft." (Fügen 1964, S. 104) Auf marxistischer Seite ist häufig der Einwand zu hören, eine wertfreie Sozialwissenschaft sei nicht möglich, und Webers Theorie der Wertfreiheit sei nichts weiter als ein ideologischer Schleier, der konkrete gesellschaftliche Zielsetzungen verdecken soll.

Solche oder ähnliche Argumente wurden von Marxisten und Anhängern der Kritischen Theorie auf dem „Fünfzehnten deutschen Soziologentag" vorgebracht, der Max Webers Theorien zum Gegenstand hatte und sich ausführlich mit dem Problem der Wertfreiheit befasste. Die wesentlichen Punkte dieser Diskussion lassen sich wie folgt zusammenfassen: 1) Der Begriff der Wertfreiheit soll nicht dahingehend interpretiert werden, dass sich die wissenschaftliche Praxis aller sozialen Wertungen zu entledigen habe: Die individuelle Entscheidung des Forschers, sich mit einem *Thema* zu befassen und bestimmte Probleme als bedeutsam hervorzuheben, ist durch Werturteile bedingt. 2) Diese Werturteile sollen

3 Wertfreiheit: Theorie und Praxis

jedoch nicht in die wissenschaftliche Argumentation selbst einfließen, die eine wertfreie (neutrale) Darstellung der Objekte zum Ziel hat.

Talcott Parsons stellt diesen Vorgang mit Recht als einen Versuch dar, ein besonderes, „neutrales" Wertsystem der Wissenschaft zu schaffen und es sorgfältig – durch eine *coupure épistémologique*, würden Gaston Bachelard und Louis Althusser sagen – von den bestehenden gesellschaftlichen Wertsystemen oder Ideologien zu trennen:

> Wenn die Werte der Wissenschaft vom diffusen allgemeinen Wertekomplex getrennt werden sollen, ferner, wenn ihre trotzdem verbleibende Abhängigkeit davon sowohl in Hinsicht auf das Forschungsobjekt als auch auf den Forscher selbst berücksichtigt werden soll, und schließlich, wenn die zu untersuchenden Fakten durch *Verstehen* zugänglich sein sollen, dann muß der Erkenntnisprozeß als ganzer Gegenstand der Kontrolle durch eine allgemeine Theorie jenes *logischen* Typs sein, wie sie sich in den Naturwissenschaften entwickelt hat. (Parsons 1965, S. 52)

In dieser Hinsicht, meint Parsons, habe sich Weber der englischen „utilitaristischen" Tradition angeschlossen und sich entschieden von der Marxschen Ideologiekritik abgesetzt.

Der Versuch, ein rein wissenschaftliches Wertsystem aus dem ideologischen Kontext herauszuheben und der „wertfreien" Argumentation als entscheidendes Kriterium das Kausalitätsprinzip der formalen Logik zugrunde zu legen, stößt bei Jürgen Habermas, Max Horkheimer und Pietro Rossi auf den berechtigten Einwand, Weber fasse das soziologische Denken rein technisch (instrumental, Horkheimer) auf. Rossi spricht in diesem Zusammenhang von einer „technischen Kritik der Werte" (Rossi 1965, S. 89) und von Webers Weigerung, zu der Gültigkeit (der Rationalität) der von ihm untersuchten Wertsysteme Stellung zu nehmen. Der Einengung wissenschaftlicher Rationalität auf eine *Rationalität der Mittel* (auf die Frage, *wie* bestimmte Werte verwirklicht werden) begegnet Habermas mit dem Vorwurf, Weber gebrauche das Postulat der Wertfreiheit, „um die Sozialwissenschaften auf ein Erkenntnisinteresse einzuschränken, das sich bei der Erzeugung technisch verwertbaren Wissens bescheidet". (Habermas 1965, S. 78)

Zwei wesentliche Fragen werden nicht angeschnitten: 1) die Frage, wie bei Weber das Postulat der Wertfreiheit auf diskursiver Ebene konkret verwirklicht wird, und 2) die Frage nach der Entstehung des Begriffes der Wertfreiheit in einer bestimmten sozio-linguistischen Situation. Die empirische Literatursoziologie und ihr polemisches Verhältnis zur Ästhetik und zu der Anwendung qualitativer Kriterien innerhalb der Sozialwissenschaften können nicht verstanden werden, solange diese beiden Fragen unbeantwortet bleiben.

Die erste könnte nur in einer längeren Abhandlung befriedigend behandelt werden; eine Antwort ist im Rahmen dieses Kapitels deshalb nur als Skizze denkbar. Der Begriff der *Wertfreiheit* wird nicht nur in den beiden Aufsätzen Max Webers über „Die Objektivität sozialwissenschaftlicher und sozialpolitischer Erkenntnis" (1904) und in „Der Sinn der Wertfreiheit der soziologischen und ökonomischen Wissenschaften" (1917) ausführlich erläutert; er wird auch an einigen Stellen von Webers Hauptwerk über *Wirtschaft und Gesellschaft* erwähnt und *angewandt.* Um die Anwendungen geht es hier, denn sie zeigen, wie ein Begriff im diskursiven Kontext, auf semantischer und syntaktischer Ebene funktioniert.

In seinen Beschreibungen der „charismatischen Herrschaft" ist es Weber nicht um eine Gesellschaftskritik dieser Erscheinung zu tun, sondern um das wertfreie Verstehen ihrer Funktion. Ihm kommt es darauf an zu erfahren, wie die charismatische Autorität „tatsächlich von den charismatisch Beherrschten, den *Anhängern,* bewertet wird [...]." (Weber 1976, Bd. 1, S. 140) An anderer Stelle heißt es vom charismatischen Prinzip: „Es ist in diesem rein empirischen und wertfreien Sinn allerdings die spezifisch ‚schöpferische', revolutionäre Macht der Geschichte." (Weber 1976, Bd. 2, S. 658)

Die Tatsache, dass der Autor sich weder mit der charismatischen Führung identifiziert noch sie aus politischen oder ethischen Gründen verurteilt, begründet jedoch keinen objektiven oder wertfreien Diskurs im Sinne der Naturwissenschaften. Denn indem er bestimmte semantische Selektionen vornimmt und seine Semantik auf Gegensätze wie *Charisma/Bürokratie* sowie *Charisma/Patriarchalismus* (Traditionalismus) festlegt, konstruiert ein besonderer soziologischer Diskurs *sein* Objekt, wobei er neue *semantische Gegensätze* und neue *Klassen* (Prieto) oder *Isotopien* (Greimas) einführt.

Genau das meint Prieto, wenn er in *Pertinence et pratique* darauf aufmerksam macht, dass die postulierte neue Relevanz auf die Tätigkeit eines Subjekts zurückzuführen ist („est apportée par le sujet"), das einer bestimmten gesellschaftlichen Gruppe angehört und deren Interessen vertritt. In Webers Fall handelt es sich um das liberale Bürgertum, das sich von der international erstarkenden Konzernwirtschaft in die Enge getrieben fühlt (vgl. Zima 2020, S. 427). Dazu bemerkt Jürgen Kaube: „Denn Weber sieht den Geist liberalen Bürgertums fast nur noch in Erinnerung an seine vergangene Größe repräsentiert." (Kaube 2014, S. 328)

Webers (und später Fügens oder Rosengrens) Irrtum besteht in der Annahme, diskursive Wertfreiheit könne durch explizite Distanz zum eigenen Wertsystem gewährleistet werden. Aber die Ideologie tritt im Diskurs nicht so sehr (sicherlich nicht ausschließlich) in der Gestalt der von Fügen bemängelten „Parteilichkeit", sondern in den *semantischen Selektions- und Klassifikationsverfahren* auf. Sie entscheiden letztlich darüber wie das Aktantenmodell und der narrative (syntaktische) Ablauf eines Diskurses aussehen.

Dieser kann im Rahmen eines Exkurses zu Max Weber nicht analysiert werden (vgl. Zima 2020, S. 427–428); es ist jedoch möglich, etwas über die Aktanten (s. o.) des Weberschen Diskurses in *Wirtschaft und Gesellschaft* auszusagen. Die oben genannten semantischen Gegensätze und vor allem der Begriff des *Charismas,* zu dem Begriffe wie „Wunder", „Führer", „Offenbarung", „Anerkennung", „Vertrauen" etc. gehören, begründen ein Modell von *individuellen Aktanten,* in dem der Patriarch, der Bürokrat und der charismatische Führer miteinander um die Herrschaft (*Objekt-Aktant,* Greimas) ringen. Es fällt auf, dass vor allem der charismatische Führer immer als Individuum und nicht als Kollektiv, als kollektiver Aktant aufgefasst wird (Geht aber von Gruppen wie den Rolling Stones oder den Beatles keine charismatische Wirkung aus?).

Das hat zur Folge, dass in Webers Text Herrschaft stark *individualisiert* wird und das historische Geschehen mit Hilfe von *individuellen Aktanten* „erzählt" wird: „*Charisma*' soll eine als außeralltäglich [...] geltende Qualität einer Persönlichkeit heißen [...]." (Weber 1976, Bd. 1, S. 140) Folglich kann die „spezifisch ‚schöpferische' revolutionäre Macht", von der oben die Rede war, nur *individuellen Charakter* haben, *und das große Individuum wird zur treibenden Kraft der Geschichte.*

Sicherlich hat Weber Recht, wenn er fordert, der Soziologe solle die eigenen Werturteile nicht in die Analyse gesellschaftlicher Wertungssysteme hineintragen. Er übersieht jedoch, dass die individualistische, spätliberale Ideologie an entscheidenden Stellen seinen Diskurs steuert: nämlich dort, wo mit Hilfe bestimmter Dichotomien Begriffe klassifiziert werden und wo die semantischen Gegensätze auf die Aktantenebene des Diskurses projiziert werden. Anders als bei Marx sind bei Weber nicht Klassen (kollektive Aktanten), sondern Individuen für revolutionäre Umwälzungen verantwortlich. Dieses den Diskurs und seinen Ablauf strukturierende *Werturteil* wiegt wesentlich schwerer als eine zu geringe ideologische Distanz dem Charisma- oder dem Bürokratiebegriff gegenüber.

Ähnlich wie bei Weber wird das Kriterium der Wertfreiheit auch bei Fügen, Rosengren und Silbermann gehandhabt. Ein Autor wie Fügen glaubt, dass sein Verzicht auf den marxistischen Grundsatz der Parteilichkeit – ein Verzicht, zu dem auch die Kritische Theorie bereit ist – seine soziologischen Beschreibungen aus dem Bereich ideologischer Vorurteile hinausführt. Er übersieht wie Weber, dass bereits die Definition des Objektbereichs sowie die weiteren Selektionen und Klassifizierungen immer neue Ideologeme hervorbringen, die schließlich *erklären,* weshalb sich der empirische Ansatz Fügens mit der traditionellen Literaturtheorie so gut verträgt.

Den drei Schriftstellertypen, die Fügen im letzten Kapitel seines Buches unterscheidet, liegt eine recht zweideutige semantische Gliederung zugrunde, von der nicht ohne Weiteres angenommen werden kann, der Autor habe sie „wertfrei" aus den von ihm untersuchten Gesellschaftssystemen herausdestilliert. Wenn er beispielsweise von den Helden der gesellschaftskonformen, der gesellschaftskonträren und der gesellschaftsabgewandten Schriftsteller behauptet, sie seien jeweils: „überdurchschnittlich", „durchschnittlich" und „oft auch physisch abnorm", so drängt sich der Verdacht auf, hier werde Literatur nach bestimmten persönlichen Vorurteilen und kollektiven *idées reçues* eingeteilt – wobei zu bemerken wäre, dass jede auf Selektionen und Klassifikationen gründende Schematisierung an sich schon ideologisch ist. Kann es in den Sozialwissenschaften wertfreie Selektionen geben?

Vollends unglaubwürdig wird das Postulat der „Wertungsfreiheit", wenn Fügen meint, die Schreibweise des gesellschaftskonformen Typus als „konventionell", die des gesellschaftskonträren als „originell" und die des gesellschaftsabgewandten als „esoterisch" apostrophieren zu müssen. Sind die gesellschaftsabgewandten Helden Musils, Prousts und Hesses nicht überdurchschnittlich? Ist die Schreibweise dieser Autoren esoterisch? Welcher Theorie entnimmt Fügen die semantischen und syntaktischen Kriterien, die über den esoterischen Charakter einer Schreibweise entscheiden?

Eine textsoziologische Analyse von Fügens Buch müsste zeigen, wie sich diese semantischen Gliederungen auf den narrativen Ablauf des Diskurses auswirken. Vorerst kann nur festgestellt werden, dass der Begriff der Wertfreiheit bei Fügen eine ideologische Schimäre ist, die sich jedem Versuch, die Ideologeme einer Theorie bloßzulegen, in den Weg stellt. Man sollte sich jedoch nicht mit der Erkenntnis begnügen, dieser Begriff sei eine Maske; denn um ihn kritisch zu erfassen und um die empirische, auf Webers Soziologie aufbauende Methode besser zu verstehen, ist seine genetische Darstellung unumgänglich.

4 Wertfreiheit und Vermittlung durch den Tauschwert

Auf die Tatsache, dass Webers Soziologie aus der Krise der europäischen Gesellschaft hervorgegangen war, ist oft hingewiesen worden (vgl. Bendix 1962, S. 7–9; Kaube 2014, S. 368–369). Weber selbst war sich dieser Tatsache bewusst, und es ist sicherlich kein Zufall, wenn er sich in *Wirtschaft und Gesellschaft* und in seinen Aufsätzen zur Politik ausführlich mit den Folgen der Arbeitsteilung auseinandersetzt, die dazu führt, dass der Fachmann den Kulturmenschen (den liberalen Bürger) verdrängt:

> „Hinter allen Erörterungen der Gegenwart um die Grundlagen des Bildungswesens steckt an irgendeiner entscheidenden Stelle der durch das unaufhaltsame Umsichgreifen der Bürokratisierung aller öffentlichen und privaten Herrschaftsbeziehungen und durch die stets zunehmende Bedeutung des Fachwissens bedingte, in alle intimsten Kulturfragen eingehende Kampf des ‚Fachmenschen'-Typus gegen das alte ‚Kulturmenschentum'." (Weber 1976, Bd. 2, S. 578)

In allen Einzelheiten schildert Max Weber die Folgen der Arbeitsteilung, die zum Bruch mit einer jahrtausendelangen, vom Hellenismus bis zum liberalen Gentleman-Ideal währenden Tradition führen. Allerdings stellt er keine Beziehung her zwischen den Marktgesetzen, die die Arbeitsteilung vorantreiben, und der Krise der liberalen Werte, die der Vermittlung durch den Tauschwert zum Opfer fallen. Die Schwächung des liberalen Wertsystems ist nicht nur darauf zurückzuführen, dass der Bildungsbürger vom Fachmann abgelöst wird, sondern erklärt sich aus der Vermittlung aller ästhetischen, ethischen und kognitiven (qualitativen) Werte durch den Tauschwert, durch die Quantität. Die Vermittlung bringt eine semantische Ambivalenz hervor, in der Quantität und Qualität ineinander übergehen, in der Quantität als Qualität erscheint.

Im sechsten Kapitel, das sich mit der Ambivalenz (der Vermittlung) in Musils Roman *Der Mann ohne Eigenschaften* befasst, wird sich zeigen, dass die „Persönlichkeit" des Bildungsbürgers Paul Arnheim unglaubwürdig wird, weil sie unvereinbare Werte wie „Seele" (Kultur) und „Hochfinanz" miteinander verknüpft und sich dadurch freiwillig mit der Zweideutigkeit identifiziert, die in der spätkapitalistischen Gesellschaft den gesamten Kulturbereich erfasst hat.

4 Wertfreiheit und Vermittlung durch den Tauschwert

Wie sehr die Verbindung von Quantität und Qualität die semantische Ambivalenz begründet, zeigt ein Lieblingsgegenstand der empirischen Literatursoziologie: der *Bestseller*. Das Wort, das von seiner Zweideutigkeit lebt, bezieht sich nicht nur auf die Umsatzraten, die der Verlag mit einem bestimmten Buch erzielt, sondern suggeriert zugleich, es handle sich um ein gutes, wenn nicht sogar um das beste Buch des Monats oder des Jahres. Es verrät jedoch auch, dass diese qualitative Bezeichnung unter Umständen nur eine Begleiterscheinung des quantitativen Markterfolgs ist und dass der massive Absatz für eine Scheinqualität bürgt: Best-*seller*. Viele Kunden nehmen die Ambivalenz nicht mehr wahr und neigen dazu, bewusst oder unbewusst, das meistverkaufte Buch mit dem besten zu identifizieren, so wie sie in vielen Fällen von der Annahme ausgehen, der hohe Preis eines Artikels sei eine Gewähr für dessen Qualität.

Der Umstand, dass die empirischen Methoden es ablehnen, an die für den Markt produzierte Trivialliteratur mit ästhetischen (wertenden) Kriterien heranzugehen, lässt vermuten, dass der Begriff der Wertfreiheit im Zusammenhang mit der Ambivalenz aller Werte, d. h. deren Vermittlung durch den Tauschwert, zu erklären ist. Die Wertneutralität des Marktes, aus der die politische, religiöse und kulturelle „Toleranz" des Händlers hervorgeht, ist oft beschrieben worden. (Vgl. Goldmann 1970, S. 77–78.) Es käme darauf an zu zeigen, dass die ideologischen Werte des Pluralismus, der Toleranz und der Wertfreiheit eng miteinander zusammenhängen und aus der Wertneutralität des Marktes und dessen Vermittlungsmechanismen ableitbar sind.

Die Theorien, die sich auf sie berufen, gehen von der Gleichwertigkeit aller Werte im wissenschaftlichen Diskurs aus und von der Unmöglichkeit, bestimmte Werte anderen vorzuziehen.

> Die Tatsache — schreibt Rossi über Weber — daß in dieser Kritik keine Werturteile verwendet werden, beweist, daß sie rein wissenschaftlich ist. Mit anderen Worten, sie ist keine Stellungnahme für oder gegen bestimmte Werte, sie ist kein Vorschlag gewisser Werte, der die Verneinung oder Zurückweisung anderer Werte zur Folge hat. Es handelt sich vielmehr ausschließlich um die Bedingungen der Verwirklichung der verschiedenen Werte. (Rossi 1965, S. 89)

Die Einstellung des empirischen Literatursoziologen oder des kritischen Rationalisten den gesellschaftlichen Systemen gegenüber ist der des Handels vergleichbar, der ideologische Unterschiede wahrnimmt und versteht, sich jedoch aus kommerziellen Gründen weigert, Partei zu ergreifen. Der Tauschwert, der nur quantitative Unterscheidungen zulässt, wird zum Maß aller Dinge: sowohl auf dem Markt als auch in einer „empirischen" oder „kritisch-rationalen" Wissenschaft, die in der Quantifizierbarkeit ihr Ideal erblickt.

In diesem Zusammenhang ist es kaum verwunderlich, dass in Frankreich Vertreter der empirischen Richtung eine rein quantitative Untersuchung der Trivialliteratur befürworten und qualitative, wertende Kriterien der Ästhetik (der Philosophie) überlassen möchten. So meint beispielsweise Henri Zalamansky, der Soziologe könne nicht mit qualitativen Maßstäben an die Trivialliteratur herangehen, da er es bei dieser Textart ausschließlich mit quantitativen Problemen zu tun habe: „Es mag in der Tat legitim sein, wenn man *ein* Werk untersucht, ein *großes* Werk zu wählen – obwohl bei zeitgenössischen Werken eine Auswahl nach ästhetischen Kriterien sehr prekär scheint. Wenn es hingegen darum geht, eine Vielzahl von Werken zu analysieren, um herauszufinden, was auf das Kollektivbewusstsein einwirkt, können Kriterien ästhetischer Art nicht verwendet werden, da wir es mit einem quantitativen, nicht mit einem qualitativen Problem zu tun haben." (Zalamansky, in: Escarpit 1970, S. 127) Im Bereich der kommerzialisierten Literatur sollen demnach rein quantitative Kriterien gelten, die zugleich die des Marktes sind. Hier wird deutlich, wie sehr die empirische Literatursoziologie zu einer Replika der Marktordnung wird, die sie nach deren eigenen Maßstäben beurteilt.

Indessen ist, wie Umberto Eco in seinen Analysen der Romane Ian Flemings gezeigt hat, das Problem der Trivialliteratur nicht auf deren Quantität reduzierbar. Es zeigt sich vielmehr, dass ideologische und literarische Klischees und eine von narrativen Stereotypen lebende Schreibweise für den Markterfolg der James Bond-Romane verantwortlich sind (vgl. Eco, in: Zima, Hrsg., 1977). Sie rein wertfrei und quantitativ zu beschreiben, hieße an ihrem Massenerfolg und somit auch an ihrer Quantität vorbeizudenken.

Das Streben nach einer wertneutralen und quantifizierbaren Darstellung literarischer Texte erklärt sich – zusammen mit Webers Postulat der Wertfreiheit – aus der Krise des liberalbürgerlichen Wertsystems, dessen Wertungen immer zweideutiger und problematischer werden. Im selben Kontext ist der Niedergang der Ästhetik (der Philosophie) zu verstehen, der ebenfalls in Zalamanskys Darstellung zum Ausdruck kommt: In einer Gesellschaft, deren Mitglieder keinen Konsens über bestimmte ästhetische Grundwerte erzielen können, wird die Frage nach der Rationalität, nach der Wissenschaftlichkeit bestimmter Wertesysteme häufig als sinnlos empfunden, und Wertfreiheit erscheint als der einzige „rationale" Ausweg. Er ist kaum rationaler als das kommerzielle Vorurteil, wonach der Markt, der die Menschen und die Völker zusammenführt, auch ihre Beziehungen regelt und zu ihrer Verständigung beiträgt.

5 Zweckrationalität vs. Wertrationalität

Ein Denken, das nicht bereit ist, die Rationalität oder Irrationalität bestimmter Werte in Betracht zu ziehen und nur quantitative Unterschiede anerkennt, kann – wie Webers Soziologie – nur die Zweckrationalität der Marktgesellschaft gelten lassen, die ausschließlich nach dem *Wie* des wissenschaftlichen Diskurses, nach seinen Begriffsdefinitionen und seinem kausallogischen Ablauf fragt. Diesem Denken muss eine Wissenschaft wie die Strategie, deren Theoreme mathematisierbar und quantifizierbar sind, als völlig rational erscheinen.

Ihre irrationalen Grundlagen, aus denen ein absurder, auf die Endlösung der Menschenfrage hinarbeitender Diskurs *(mutually assured destruction)* hervorgeht, kann nur ein wertendes Denken aufdecken, das die Diskussion über die *Vernunft oder Unvernunft eines Wertes* ins Zentrum der Theoriebildung rückt. Genau das meint Max Horkheimer, wenn er zu der Möglichkeit eines polyvalenten Gebrauchs (und daher Missbrauchs) wertneutraler Theorien bemerkt:

> Ist der fremde oder eigene Auftrag gegeben, dann wird er nach den fortgeschrittensten, von ihm unabhängigen Regeln und Techniken durchgeführt. So will es die Webersche Konzeption. In der Theorie der Gesellschaft dagegen, der es um die richtige zu tun ist, spielt, was bei Weber mit dem inzwischen zum Klischee herabgesunkenen Begriff des Wertes gemeint ist, in jeden Schritt der Erkenntnis hinein. (Horkheimer 1965, S. 67)

In einem sozio-historischen Zusammenhang, in dem die Zweckrationalität der Naturwissenschaften sich zu verselbständigen droht und das Dasein der Gesellschaft in Frage stellt, sollten die Sozialwissenschaften – und allen voran die (Literatur-)Soziologie – die Beziehung zwischen Rationalität und Wertung nicht aus den Augen verlieren. Sicherlich kommt es bei literarischen Texten auf die Schreibweise (die „Form") an und nicht auf die denotative, dokumentarische Komponente ihrer Aussagen, welche die *content analysis/sociologie des contenus* zum Gegenstand hat. Diese Schreibweise ist aber in der soziolinguistischen Situation, in der sie entsteht, sinnvoll, ebenso wie die Rezeption, die als Metatext in der selben oder einer anderen Situation auf sie reagiert.

Wenn Marcel Proust am Ende seiner *Recherche* behauptet, die Kunst sei „la plus austère école de la vie" und „le vrai Jugement dernier", dann wertet er, und die Theorie muss zu seinen Wertungen, in denen die Frage nach dem richtigen Leben bis in die Anordnung der Signifikanten (etwa in *Noms de pays: le nom*) hineinreicht, explizit Stellung nehmen. Tut sie es nicht, so verschleiert sie die eigenen Werturteile, die *jedem* Diskurs zugrunde liegen, und weicht zugleich der entscheidenden kritischen Frage nach der Vernunft oder Unvernunft bestimmter künstlerischer Werte aus.

In der zeitgenössischen Literaturwissenschaft setzt sich, ähnlich wie in der empirischen Literatursoziologie, in zunehmendem Maße die Neigung durch, nicht nur die Frage nach dem gesellschaftlichen Sinn der Theorie auszuklammern, sondern auch auf die Frage nach dem Sinn und der Qualität des Textes zu verzichten. In ihr kommt das Streben nach immer größerer Zweckrationalität zum Ausdruck, nach einer immer vollkommeneren Beherrschung der *Mittel*. Selbst Max Weber hat in seiner Abhandlung über *Die rationalen und soziologischen Grundlagen der Musik* (1972) nach dem Sinn und der zunehmenden Rationalisierung europäischer Musik gefragt. Er wäre nicht auf den Gedanken gekommen, die Frage nach den gesellschaftlichen Sinnzusammenhängen aus der Kunsttheorie zu verbannen.

Insofern ist Max Benses Versuch, das Kunstwerk im Rahmen der Informationsästhetik auf dessen Technik zu reduzieren, für die moderne Entwicklung symptomatisch. In seinem Aufsatz „Die semiotische Konzeption der Ästhetik" (*LiLi*, Heft 27/8, 1977) setzt er sich – wie schon in *Aesthetica* (1965) – von den metaphysischen Ästhetiken Hegels und Heideggers ab und versucht zu zeigen, wie eine numerische, auf das Modell der Physik ausgerichtete Ästhetik die „ästhetische Information" unabhängig von gesellschaftlicher Sinngebung untersuchen kann.

Benses Verdinglichung der Kunstprodukte und seine Beschränkung der Theorie auf den Bereich der Zweckrationalität (der Technik), ist die *ultima ratio* einer szientistischen Ästhetik in der spätkapitalistischen Ära: Die gesellschaftliche Arbeit, die das Kunstwerk hervorbringt, wird nicht mehr wahrgenommen, ebenso wenig wie die kritische Intention der Kunstwerke, die wie politische Schriften oder Essays auf konkrete gesellschaftliche Verhältnisse reagieren. (Vgl. Zima 1991, 2020, S. 285–288.) Wollte man versuchen Prousts, Musils oder Kafkas Texte als ästhetische, in „materielle Mikroelemente" (Bense) zerlegbare Informationen aufzufassen, würde man sie gründlich missverstehen.

Indem die zweckrational motivierten Kunst- und Literaturtheorien die Frage nach dem gesellschaftlichen Sinn und nach der kritischen Dimension der Werke verdrängen, führen sie den Umgang mit Kunst ad absurdum. Darin gleichen sie Wirtschaftstheorien, die eine „Erweiterung des Marktes" und eine Steigerung des Konsums um jeden Preis anstreben.

Literatur

Adorno, Th. W.: Résumé über Kulturindustrie, in: Ders., *Ohne Leitbild. Parva Aesthetica*, Frankfurt, Suhrkamp, 1967.
Adorno, Th. W.: Thesen über die Kunstsoziologie, in: *Ohne Leitbild. Parva Aesthetica*, op. cit.
Adorno, Th. W.: *Ästhetische Theorie. Gesammelte Werke*, Bd. 7, Frankfurt, Suhrkamp, 1970.
Albrecht, M. C.: Does Literature Reflect Common Values?, in: *American Sociological Review*, Bd. 31, Nr. 6, 1956.
Bendix, R.: *Max Weber. An Intellectual Portrait*, London, Methuen, 1960, 1962.
Coser, L. A.: *Sociology through Literature*, Englewood Cliffs, Prentice Hall, 1963.
Eco, U.: Erzählstrukturen bei Ian Fleming, in: P. V. Zima (Hrsg.), *Textsemiotik als Ideologiekritik*, Frankfurt, Suhrkamp, 1977. (Zuerst erschienen in: J. Vogt [Hrsg.], *Der Kriminalroman*, München, Fink-UTB, 1971.)
Escarpit, R.: *Théorie générale de l'information et de la communication*, Paris, Hachette, 1976.
Escarpit, R. (Hrsg.): *Le Littéraire et le social*, Paris, Flammarion, 1970.
Fügen, H. N.: *Die Hauptrichtungen der Literatursoziologie und ihre Methoden*, Bonn, Bouvier, 1964 (5. Aufl.).
Fügen, H. N. (Hrsg.): *Wege der Literatursoziologie*, Neuwied und Berlin, Luchterhand, 1968, 1971.
Goldmann, L.: La Philosophie des Lumières, in: Ders., *Structures mentales et création culturelle*, Paris, Anthropos, 1970.
Habermas, J.: Beitrag zur „Diskussion über Wertfreiheit und Objektivität", in: *Max Weber und die Soziologie heute. Verhandlungen des 15. deutschen Soziologentages*, Tübingen, J. C. B. Mohr, 1965.
Horkheimer, M.: Beitrag zur „Diskussion über Wertfreiheit und Objektivität", in: op. cit.
Jauß, H. R.: *Literaturgeschichte als Provokation*, Frankfurt, Suhrkamp, 1970.
Kaube, J.: *Max Weber. Ein Leben zwischen den Epochen*, Berlin, Rowohlt, 2014 (3. Aufl.).
Kristeva, J.: Der geschlossene Text, in: P. V. Zima (Hrsg.), *Textsemiotik als Ideologiekritik*, op. cit.
Memmi, A.: Problèmes de la sociologie de le littérature; in: *Traité de sociologie* (Hrsg. G. Gurvitch), Paris, PUF, 1960, Bd. 2.
Naumann, M. (Hrsg.): *Gesellschaft. Literatur. Lesen*, Berlin, Aufbau Vlg., 1973, 1975.
Parsons, T.: Wertgebundenheit und Objektivität in den Sozialwissenschaften, in: *Max Weber und die Soziologie heute*, op. cit.

Rosengren, K. E.: *Sociological Aspects of the Literary System*, Stockholm, Natur och Kultur, 1968.
Rossi, P.: Beitrag zur „Diskussion über Wertfreiheit und Objektivität", in: *Max Weber und die Soziologie heute*, op. cit.
Scharfschwerdt, J.: *Grundprobleme der Literatursoziologie. Ein wissenschaftsgeschichtlicher Überblick*, Stuttgart, Kohlhammer, 1977.
Silbermann, A.: Kunstsoziologie, in: P. Bürger (Hrsg.), *Seminar: Literatur- und Kunstsoziologie*, Frankfurt, Suhrkamp, 1978. (Ursprünglich in: *Fischer-Lexikon. Soziologie* [Hrsg. R. König], 1967.)
Warneken, B. J.: Zur Kritik positivistischer Literatursoziologie. Anhand von Fügens „Die Hauptrichtungen der Literatursoziologie", in: *Grundlagen und Modellanalysen. Literaturwissenschaft und Sozialwissenschaften* 1, Stuttgart, Metzler, 1973 (2. Aufl.).
Weber, M.: *Wirtschaft und Gesellschaft. Grundriß der verstehenden Soziologie*, Tübingen, J. C. B. Mohr, 1976 (5. Aufl.).
Weber, M.: *Die rationalen und sozialen Grundlagen der Musik*, München, Fink, UTB, 1972.
Wienold, G.: *Semiotik der Literatur*, Frankfurt, Athenäum, 1972.
Zalamansky, H.: L'Etude des contenus, étape fondamentale de la sociologie de la littérature contemporaine, in: R. Escarpit (Hrsg.), *Le Littéraire et le social*, op. cit.
Zima, P. V.: Le texte comme objet: une critique de la sociologie empirique de la littérature, in: *L'Homme et la société*, Nr. 43–44, 1977. (Dt. in: P. V. Zima, *Kritik der Literatursoziologie*, Frankfurt, Suhrkamp, 1978.)
Zima, P. V.: *L'Ambivalence romanesque. Proust, Kafka, Musil*, Paris, L'Harmattan, 2002 (2., erw. Aufl.).
Zima, P. V.: *Literarische Ästhetik. Methoden und Modelle der Literaturwissenschaft*, Tübingen, Narr-Francke-Attempto-UTB (1991), 2020 (3. Aufl.).
Zima, P. V.: *Soziologische Theoriebildung. Ein Handbuch auf dialogischer Basis*, Tübingen, Narr-Francke-Attempto-UTB, 2020. (Darin vor allem Kap. XII: Wertfreiheit und Idealtypus, Rationalisierungsprozess, Bürokratie und Charisma: Die verstehende Soziologie Max Webers als Antwort auf den Marxismus.)

Dialektische Theorien und Textsoziologie

1 Hegels Erbe

Im Unterschied zur empirischen Literatursoziologie, die sich scharf gegen den Diskurs der Ästhetik abgrenzt und sich selbst als wertfreie und positive Wissenschaft darstellt, können die meisten dialektischen Ansätze (Adorno, Goldmann, Lukács, Kosík) im Zusammenhang mit Hegels Philosophie und vor allem mit seinen *Vorlesungen über die Ästhetik* als gesellschaftskritische Theorien verstanden werden. Wie Hegel erwarten die Autoren dialektischer Theorien vom Kunstwerk, dass es parallel zur Philosophie eine *kognitive* Funktion erfüllt und zugleich positiv oder negativ bestimmte Wertsysteme artikuliert. Mit Recht wenden sie gegen Theorien, die die Frage nach dem Sinn der Werke als metaphysisch oder ideologisch in den Bereich der Schimären verweisen, ein, dass Kunstwerke als gesellschaftliche Produkte nicht wertneutral sein können: ebenso wenig wie Institutionen, politische Programme oder Verfassungen.

Wie Hegel erwarten Lukács und Goldmann von der Literatur (der Kunst), dass sie die abstrakten, begrifflichen Erkenntnisse der Philosophie der sinnlichen Wahrnehmung zugänglich macht. In einer Welt, in der das Wesen der Dinge nicht unmittelbar gegeben ist, soll die Kunstproduktion eine Brücke von der einzelnen, zufälligen Erscheinung zum Allgemeinen schlagen.

„Das Walten dieser allgemeinen Mächte" – schreibt Hegel – „ist es gerade, was die Kunst hervorhebt und erscheinen läßt […]. Weit entfernt also, bloßer Schein zu sein, ist den Erscheinungen der Kunst der gewöhnlichen Wirklichkeit gegenüber die höhere Realität und das wahrhaftigere Dasein zuzuschreiben." (Hegel, *Ästhetik*, Bd. 1, 1970, S. 22) Ausgehend von diesen Sätzen, versteht man Lukács' und Goldmanns Ästhetiken besser, weil auch sie davon ausgehen, dass das große („realistische", Lukács) Werk nicht zufällige Tatsachen wiedergibt, sondern dank seiner Kohärenz hinter den Erscheinungen das Wesentliche, die gesellschaftliche Totalität hervortreten lässt. Als negative Variante des Wesentlichen ließe sich auch

Adornos Begriff des „Wahrheitsgehalts" näher bestimmen. Er gibt nicht so sehr Gedanken wieder, sondern negiert die bestehenden Verhältnisse.

Die hegelianische Betrachtungsweise birgt zwei Gefahren: 1) Sie kann dazu führen, dass der literarische Text als gesellschaftliches Produkt mit dem Wertsystem des philosophischen (wissenschaftlichen) Metatextes identifiziert und auf diese Weise hypostasiert wird. 2) Dieses Verfahren kann eine begriffliche Reduktion des vieldeutigen fiktionalen Textes begünstigen, eine Reduktion, die bereits in Hegels Kapitel über die „Poesie" vorgezeichnet ist.

Im Gegensatz zu den Formalisten und vor allem den Mitgliedern des Prager Linguistischen Zirkels, die bestrebt waren, den poetischen Text, dem die Sprache Selbstzweck ist, von der kommunikativen Nachricht, in der sie zum bloßen Mittel wird, zu unterscheiden, behauptet Hegel von der „redenden Kunst": „Der Geist wird so auf seinem eigenen Boden sich gegenständlich und hat das sprachliche Element nur als Mittel, teils der Mitteilung, teils der unmittelbaren Äußerlichkeit, aus welcher er als aus einem bloßen Zeichen von Hause aus in sich zurückgegangen ist." (Hegel, *Ästhetik,* Bd. 3, 1970, S. 229) Daher kann er im Rahmen dieses (neo-)platonischen Schemas auch annehmen, dass die Übersetzung eines literarischen Textes diesem keinen Abbruch tue und dass es gleichgültig sei, ob er gelesen oder angehört werde.

Obwohl sie sich an zahlreichen Stellen von Hegel distanziert, vor allem um die materiellen Grundlagen der Kunstproduktion hervortreten zu lassen, leidet die Literatursoziologie Lukács' und Goldmanns unter dem hegelianischen Vorurteil, dass literarische („poetische") Werke letztlich mittels „sinnlicher", anschaulicher Darstellungen „Ideen" ausdrücken. Dieses Vorurteil hat lange Zeit einer Textsoziologie, die die polyseme Schreibweise zum Gegenstand hat, den Weg verstellt.

Stellvertretend für sie entwickelte sich eine präskriptive Ästhetik (etwa die Lukács'), die von Hegels Postulat ausging, ein Werk müsse als zusammenhängende, harmonische Totalität die *Idee* ausdrücken. Dabei wurden die Gedanken, die es sich auszudrücken lohnte, vom Metatext, vom philosophischen Diskurs Lukács' oder Goldmanns, definiert. Dass diese hermeneutische Praxis nicht nur Vertretern der empirischen Methoden missfiel, sondern schließlich auch auf Widerspruch in Jauß' Rezeptionsästhetik stieß, nimmt heute nicht mehr wunder. (Vgl. Jauß 1970, S. 160.)

In seiner Kritik des Wertfreiheit-Postulats war sich Adorno der Gefahr einer Hypostasierung der Werte durchaus bewusst. In der vorletzten These zur Kunstsoziologie heißt es zur Krise der Werte und deren Mystifizierung:

> Der Wertbegriff selbst ist bereits Ausdruck einer Situation, in der das Bewußtsein geistiger Objektivität aufgeweicht ward [...]. Die Scheidung von Werten und Wertfreiheit ist von oben her ausgedacht. Beide Begriffe tragen die Male eines falschen Bewußtseins, die irrationale, dogmatische Hypostase ebenso wie das neutralisierende, in seiner Urteilslosigkeit gleichfalls irrationale Hinnehmen dessen, was der Fall sei. (Adorno 1967, S. 99)

Adornos dialektische Position erklärt sich in einem von der Vermittlung durch den Tauschwert und der Ambivalenz der Werte geprägten gesellschaftlichen Kontext, in dem zahlreiche mehr oder weniger wissenschaftliche Theorien versuchen, die verlorene „geistige Objektivität" durch kurzlebige ideologische Mythen zu ersetzen. Gerade um diese Problematik geht es in Musils Roman *Der Mann ohne Eigenschaften,* der einerseits (parallel zur Kritischen Theorie) die Zerstörung der Werte durch Tauschwert-Vermittlung und Ambivalenz zur Kenntnis nimmt, andererseits bestrebt ist, die Zweideutigkeit gegen die dogmatischen Ansprüche ideologischer Mythen auszuspielen.

Adornos soziologische Ästhetik unterscheidet sich wesentlich von Hegels, Lukács' und Goldmanns Theorien dadurch, dass sie der Vieldeutigkeit der Kunstwerke Rechnung tragen will und sich scheut, sie auf begriffliche Systeme (Weltanschauungen oder Ideologien) festzulegen. Ihre negativen Beschreibungen stellen Versuche dar, die Stellen des fiktionalen Textes zu bezeichnen, an denen dieser sich vom ideologischen Diskurs abhebt und ihn kritisiert. Dies ist der Grund, weshalb sie allen Varianten des Rationalismus eine „intolerance of ambiguity" vorwirft: „Die in Rede stehende Haltung ist die der ‚intolerance of ambiguity', Unduldsamkeit gegen das Ambivalente, nicht säuberlich Subsumierbare; am Ende gegen das Offene, von keiner Instanz Vorentschiedene, gegen Erfahrung selbst." (Adorno 1970, S. 176) Diese Intoleranz der Vieldeutigkeit (der Polysemie) gegenüber, die Lukács und Goldmann von Hegel erbten und deren radikale Kritik Adorno mit Bachtin und Mukařovský verbindet, ist ein Produkt des *identifizierenden Systemdenkens.* Es löst das Kunstwerk in ein *begriffliches Äquivalent* auf, um es besser identifizieren, dem philosophischen Diskurs einverleiben zu können. Im Gegensatz zu Kant, der sich weigerte, die Werke restlos in Begriffe aufzulösen, sei bei Hegel „der Geist in der Kunst, als eine Stufe seiner Erscheinungsweisen, aus dem System deduzibel und gleichsam in jeder Kunstgattung, potentiell in jedem Kunstwerk, eindeutig, auf Kosten des ästhetischen Attributs der Vieldeutigkeit". (Adorno 1970, S. 140)

Tatsächlich finden sich in Hegels *Vorlesungen über die Ästhetik* Stellen, an denen die Herrschaft des Begriffs (des „Geistes") über das mimetische Moment des literarischen Textes, über dessen vieldeutige Signifikanten, klar zutage tritt. Dort rückt die narzisstische und herrschaftliche Einstellung des Subjekts (des Geistes) in den Vordergrund und bestätigt den von Adorno zitierten Satz Hegels, „die Wissenschaft der Kunst [sei] uns daher mehr Bedürfnis, als die Kunst selbst".

Nicht nur die „redende Kunst", sondern die Kunst ganz allgemein wird von Hegel als ein Derivat des begrifflichen Diskurses aufgefasst und die offene Verkettung der Signifikanten aus einer „structure de signifiés" (Barthes 1970, S. 12) abgeleitet: „So gehört auch das Kunstwerk, in welchem der Gedanke sich selbst entäußert, zum Bereich des begreifenden Denkens, und der Geist, indem er es der wissenschaftlichen Betrachtung unterwirft, befriedigt darin nur das Bedürfnis seiner eigensten Natur." (Hegel, *Ästhetik,* Bd. 1, 1970, S. 28)

Es soll nun gezeigt werden, dass sowohl Lukács als auch Goldmann Hegels identifizierendem Diskurs verhaftet bleiben und dass sie dadurch die Entfaltung einer Textsoziologie an entscheidenden Stellen bremsen. Da ich mich an anderer Stelle bereits ausführlich mit den hegelianischen Aspekten von Lukács' und vor allem Goldmanns Literatursoziologie befasst habe (vgl. Zima 1978, 2020), soll hier lediglich a) auf die *hypostasierende Wirkung* des Totalitätsbegriffes hingewiesen werden, sowie b) auf die *teleologischen Mechanismen* eines philosophischen Diskurses, der die Werke mit sich selbst (mit seinen eigenen historischen Zielsetzungen) identifiziert.

2 Lukács' Dialektik zwischen Wesen und Erscheinung: Totalität und Typus

Lukács' Theorie des Typischen (des Typus) ist nur im Zusammenhang mit zwei anderen Texten zu verstehen: Hegels *Phänomenologie des Geistes* und der sogenannten Sickingen-Debatte, die im Jahre 1859 zwischen Marx, Engels und Ferdinand Lassalle stattfand. Wie schon Hegel, kommt es dem *älteren* Lukács darauf an, das Wesen hinter der Erscheinung durchschaubar zu machen. Nicht nur die Ästhetik, sondern die ganze Wissenschaft (Erkenntnistheorie) soll sich auf dieses entscheidende Problem konzentrieren. Hegel fasst es in seiner Vorrede zur *Phänomenologie des Geistes* mit den bekannten Sätzen zusammen: „Das Wahre ist das Ganze. Das Ganze aber ist nur das durch seine Entwicklung sich vollendende Wesen." (Hegel, *Phänomenologie*, 1970, S. 24) Zwei wichtige Punkte sind festzuhalten: 1) Die *konkrete* Erkenntnis ist nur als totale Erkenntnis denkbar. 2) Das Wesen einer Erscheinung ist nur im Gesamtkontext zu erfassen, und dieser Kontext fällt mit dem historischen Prozess zusammen.

Die Dialektik zwischen Wesen und Erscheinung ist zugleich eines der wichtigsten Themen der Marxschen Theorie. Deshalb ist es kein Zufall, dass sich Lukács in seiner späten Ästhetik auf Marx beruft, um Hegels Positionen im materialistischen Kontext zu bestätigen. Sachverhalte sind nicht unmittelbar zu fassen; jede Erkenntnis, die sich über diesen Umstand hinwegsetzt, verurteilt sich selbst zur schlechten Abstraktion. Es ist die Hauptaufgabe der Wissenschaft (wie der Kunst), die allgemeine Gesetzlichkeit im Einzelphänomen darzustellen: „Alle Wissenschaft wäre überflüssig, schreibt Marx, wenn die Erscheinungsform und das Wesen der Dinge unmittelbar zusammenfielen." (Lukács, *Ästhetik*, Bd. 3, 1972, S. 46. Es ist bezeichnend, dass Lukács diesen Satz auch in seiner *Ontologie* zitiert und behauptet, er sei „für die Ontologie des gesellschaftlichen Seins besonders wichtig"; Lukács, *Ontologie-Marx,* 1972, S. 22.)

Wie Hegel und Marx glaubt Lukács an diese Aufgabe der Wissenschaft, mit der er in seiner *Ästhetik* auch die Kunst betraut. Die Darstellungen der Kunst sind zwar „anthropomorph" (Lukács) und „sinnlich" (Hegel); sie stellen jedoch keine Rückkehr von der wissenschaftlichen Erkenntnis zur ursprünglichen Unmittelbarkeit dar, sondern bringen eine Synthese zwischen reiner Unmittelbarkeit und begrifflicher Abstraktion hervor. Daher spricht Lukács auch von einer „neuen" Unmittelbarkeit, die selbst „keine täuschende Selbstverständlichkeit [sei] wie im Leben, sondern eine Art Wunder; freilich eines, das vom Menschen bewußt hervorgebracht wurde, um tiefe und echte Lebenszusammenhänge zu enthüllen". (Lukács, *Ästhetik*, Bd. 3, 1972, S. 46) Nirgends tritt die Verwandtschaft zwischen

Hegels und Lukács' Ästhetik deutlicher zutage als an dieser Stelle, wo von der Wechselbeziehung zwischen Wesen und Erscheinung die Rede ist.

Die Kunst soll mit anderen, nichtbegrifflichen Mitteln die Anstrengungen der Wissenschaft unterstützen und das Wesen der sozio-historischen Wirklichkeit erklären. In dem Maße, wie ihr dieses Vorhaben gelingt, verdient sie das Epithet „realistisch"; scheitert sie, so verfällt sie dem Verdikt des „Naturalismus". Nur realistische Kunst kann nach Lukács die Wirklichkeit konkret und adäquat *widerspiegeln,* weil sie die Erscheinungen nicht aus dem Gesamtzusammenhang herauslöst. Der „naturalistischen" Widerspiegelung hingegen liegt nicht die Kategorie der Totalität zugrunde; deshalb muss sie notwendig (wie etwa Zolas Darstellungen) *abstrakt* bleiben. Sie lässt sich vom *Zufall* leiten, nicht von den Gesetzmäßigkeiten des *Ganzen,* das die Wahrheit birgt.

Die realistische Widerspiegelung der Totalität ist nicht vom Begriff des *Typischen* zu trennen. Im Verlauf der Sickingen-Debatte warf Marx Lassalle vor, er habe den Helden seines Dramas *Franz von Sickingen* nicht so sehr als *Typus,* nicht als typische, zugleich allgemeingültige und individuelle (d. h. *besondere*) Erscheinung einer Zeit dargestellt, sondern ihn als Sprachrohr für seine eigenen Ideen verwendet. Anders als die Helden Shakespeares, die in ihren Handlungen und Aussagen die *Gesamtproblematik ihrer Gesellschaft* ausdrücken, bleibe Lassalles Held Franz von Sickingen eine schlechte Abstraktion.

Somit erschöpft sich Marx' und Engels' Realismus keineswegs in einer treuen Wiedergabe der Einzelheiten. In seinem oft zitierten Brief an Margaret Harkness schreibt Friedrich Engels zu diesem Problem: „Realismus bedeutet, meines Erachtens, außer der Treue des Details die getreue Wiedergabe typischer Charaktere unter typischen Umständen." (Engels 1971, S. 79)

Es ist Lukács' Verdienst, die typische und realistische Darstellung in Literatur und Kunst systematisch zu Hegels und Marxens Dialektik von Wesen und Erscheinung in Beziehung gesetzt zu haben. Zugleich erteilte er jedoch der Kunst einen kognitiven Auftrag, dessen Erfüllung eine völlige Unterwerfung unter den hegelianisch-marxistischen Diskurs voraussetzte. Denn wenn vom Wesentlichen die Rede ist und von einer *richtigen* Widerspiegelung der Wirklichkeit, dann fragt es sich, welcher Diskurs „die Wirklichkeit" (das Wesen) definiert und *wie er sich zu seiner eigenen Definition verhält.*

Aus Lukács' Beitrag zur *Expressionismusdebatte,* der den Titel trägt „Es geht um den Realismus", geht deutlich hervor, dass er den eigenen Diskurs mit der Wirklichkeit, mit der Gesamtzahl der möglichen Referenten identifiziert und dass er andere Diskurse (andere Definitionen) ausschließt. An der objektiven Existenz der Wirklichkeit soll nicht gezweifelt werden, wohl aber an der Möglichkeit, dass ein Diskurs darüber entscheidet „wie sie tatsächlich beschaffen ist": „Wenn die Literatur tatsächlich eine besondere Form der Widerspiegelung der objektiven Wirklichkeit ist, so kommt es für sie sehr darauf an, diese Wirklichkeit so zu erfassen, wie sie tatsächlich *beschaffen ist,* und sich nicht darauf zu beschränken, das wiederzugeben, was und wie es unmittelbar *erscheint.*" (Lukács, in: Schmitt 1973, S. 198) Der Expressionismus, meint Lukács, betone zwar das „Herausheben des Wesens": „Aber dieses Wesen ist nicht das objektive Wesen der Wirklichkeit, des Gesamtprozesses. Dieses Wesen ist gerade das rein Subjektive." (Ibid., S. 207)

Hier zeigt sich mit aller Deutlichkeit, dass sich Lukács' Diskurs auf narrativer Ebene mit seinem Referenten, dem historischen Ablauf, identifiziert und dadurch das „Wesen" hypostasiert. Bestimmte Zielsetzungen und Werte, nämlich die einer hegelianisch-marxistischen Dialektik, werden zur Wirklichkeit schlechthin erklärt. Gleichzeitig lehnt Lukács es ab, die eigenen semantischen Selektionen und Definitionen zu relativieren und anzuerkennen, dass das, was er Wesen und Wirklichkeit nennt, lediglich *mögliche Modelle der realen Welt* sind, konstruierte Objekte im Sinne von Prietos *Pertinence et pratique.*

Diese Hypostasierung der Begriffe führt zwangsläufig zu einer Hypostasierung und Kanonisierung bestimmter Kunstwerke: Im Rahmen seines identifizierenden Diskurses kann schließlich Lukács den Realismus in der Literatur mit Thomas Manns (Balzacs, Tolstois) Schreibweise zusammenfallen lassen und bedenkenlos behaupten, dass Thomas Mann „genau weiß, *wer* Christian Buddenbrook, *wer* Tonio Kröger, *wer* Hans Castorp, Settembrini oder Naphta ist" (ibid., S. 201). Hätte Thomas Mann es wirklich gewusst, wären alle Interpretationen überflüssig gewesen; man hätte sich damit begnügen können, den Autor um Auskunft zu bitten.

Wer sich kognitiv im Besitz des „objektive(n) Wesen(s) der Wirklichkeit, des Gesamtprozesses" wähnt, wird dazu neigen, literarische Texte in eine groß angelegte Teleologie einzuspannen, die Hegel zum ersten Mal entwarf, als er, von den unvollkommenen symbolischen Formen Kleinasiens ausgehend, den Höhepunkt der Kunstentwicklung im klassischen Ideal erblickte und von der modernen Ära, die „ihrem allgemeinen Zustand nach der Kunst nicht günstig" sei, behauptete, in ihr werde die Kunst von der Wissenschaft abgelöst.

Auch bei Lukács macht sich eine solche *teleologische Argumentation* bemerkbar: nicht nur in der *Theorie des Romans,* wo die Hoffnung auf eine Wiederherstellung der Einheit zwischen Bewusstsein und Sein (zwischen Held und Welt) den diskursiven Ablauf steuert, sondern auch in den späteren Schriften, wo von der Ablösung des kritischen Realismus durch einen sozialistischen Realismus die Rede ist.

Dabei ist entscheidend, dass Lukács von der *Monosemie der fiktionalen Texte* ausgehen muss, um ihren „Gehalt" ermitteln und um sie als „realistisch" (konkret) oder „naturalistisch" (abstrakt) einstufen zu können. Dadurch entgeht ihm ein entscheidender Aspekt der fiktionalen Schreibweise, der diese vom begrifflichen (wissenschaftlichen) Text unterscheidet: ihre *Polysemie,* die nicht nur ihre widersprüchliche, auf ein heterogenes semantisches Potenzial reagierende Rezeption erklärt, sondern auch ihre Resistenz gegen alle Versuche, sie im Rahmen eines philosophischen Systems zu Schlagwörtern wie „Realismus" oder „Naturalismus" erstarren zu lassen. (Vgl. Zima 1991, 2020, S. 102–103.) Gerade um diese ideologiefeindlichen und historisch vitalen Mechanismen der fiktionalen Praxis ist es der Textsoziologie zu tun.

3 Weltanschauung und Totalität bei Lucien Goldmann

Ähnlich wie Lukács' Typus-Begriff ist Goldmanns Idee der *Weltanschauung (vision du monde)* – trotz ihrer Diltheyschen Herkunft (vgl. Heyndels 1977) – aus Hegels Kategorie der Totalität ableitbar. Wie Lukács erweist sich Goldmann als treuer Erbe Hegels, wenn er von dem Gedanken ausgeht, die Aufgabe der Literatursoziologie bestehe darin, den fiktionalen Text, dessen Monosemie vorausgesetzt wird, einem begrifflichen Äquivalent zuzuordnen. Im Gegensatz zu Adorno, der, ähnlich wie Lotman, nach dem Sinn des Fragmentarischen und Widersprüchlichen fragt, betrachtet Goldmann die Kohärenz als das wichtigste Kriterium für die ästhetische Qualität eines Werkes.

Das zusammenhängende, „große" Werk drückt in seiner *Bedeutungsstruktur (structure significative)* ein begriffliches System, eine *kollektive Weltanschauung* aus. Aus Goldmanns Sicht erscheint sie als der eigentliche Gegenstand der literatursoziologischen Untersuchung, da ihr eine zugleich kognitive und ideologiekritische Funktion zukommt: Die kohärente Darstellung als *vision du monde*, die in mancher Hinsicht an Lukács' Begriffe des *Typischen* und des *Wesens* erinnert, ist in der empirischen Welt nicht gegeben; erst das „große" Werk, das (wie bei Lukács) über die Unmittelbarkeit hinausgeht, bringt sie hervor.

Hegelianisch ist Goldmanns Gedanke, ein fiktionaler Text könne ohne Einbußen in den begrifflichen Diskurs der Philosophie übersetzt werden:

> Man kann also, um im Verständnis literarischer Werke Fortschritte zu erzielen, diese zu begrifflichen Systemen philosophischer oder theologischer Prägung in Beziehung setzen, die im Bewusstsein des Dichters nicht existieren. Gerade darin besteht eine der Aufgaben des Kritikers und des Literaturhistorikers. (Goldmann 1959, S. 195)

Gegen eine solche Darstellung der Homologie zwischen fiktionaler und begrifflicher Struktur wäre einzuwenden: 1) Die vom Autor häufig beabsichtigte Pluralität (Polysemie *und* Polyphonie) des fiktionalen Textes wird reduziert, und vor allem Texte der Avantgarde, die sich gegen die klassische Forderung nach Kohärenz und Harmonie bewusst zur Wehr setzen, werden wider ihren Willen dem hegelianischen Ideal unterworfen. 2) Das vom begrifflichen Diskurs definierte theologische oder philosophische Äquivalent (die Weltanschauung als Bedeutungsstruktur) kommt häufig einer semantischen und syntaktischen Einverleibung der Fiktion durch den theoretischen Metatext gleich. Durch semantische Selektionen sucht er sich die semantischen Stränge des Objekttextes aus, die seinen eigenen diskursiven Ablauf rechtfertigen: seine Teleologie.

Dass Goldmann sich über den sprachlichen Charakter der Fiktion und der Theorien hinwegsetzte, fällt auch Rosalind Coward und John Ellis in *Language and Materialism* auf:

> Illuminating as these works are, their kind of symbolical attention returns too smoothly and easily to history; it depends on a view of language as transparent, as an easy covering of the real whose conceptualisation was somehow pre-linguistic. (*How* a text means is

no problem; they [Lukács und Goldmann] find *what* (in a certain situation) it means, and why.) (Coward und Ellis 1977, S. 34–35)

Auf die Gefahren der diskursiven Vereinnahmung durch Literaturphilosophie oder Literatursoziologie hat bereits Jan Mukařovský in seinem Aufsatz über „Kunst und Weltanschauung" hingewiesen. Dieser Aufsatz, der noch nicht übersetzt wurde, wird selten zitiert, da Mukařovskýs Schriften im deutschen Sprachraum vorzugsweise mit rezeptionsästhetischer Brille gelesen werden und die Rezeptionsästhetik gegen Begriffe wie Weltanschauung und Widerspiegelung allergisch ist. Gerade in diesem Aufsatz führt aber Mukařovský gegen den Begriff der Weltanschauung Argumente ins Feld, die der Rezeptionsästhetik nicht fremd sein sollten. Lange vor Jauß' Kritik an Goldmann und Lukács erkennt Mukařovský, dass kein Kunstwerk im begrifflichen System aufgeht.

Vom Standort der Rezeption, der sich stets erneuernden Lektüre aus betrachtet, erscheint der Versuch, das Werk endgültig einer Weltanschauung zuzurechnen, als fragwürdig. Ein solcher Versuch läuft Gefahr, einem Subjektivismus zum Opfer zu fallen, in dem „die Überlegungen zur sogenannten Philosophie bestimmter literarischer Werke lediglich die Philosophie des Wissenschaftlers erklären, die anhand von Zitaten aus den Texten des Dichters veranschaulicht wird". (Mukařovský 1966, S. 246)

In meinem Aufsatz über „Lucien Goldmanns hegelianische Ästhetik" habe ich zu zeigen versucht, wie sehr der „genetische Strukturalismus" dieser Gefahr ausgesetzt ist: Die „menschliche Gemeinschaft" (*communauté humaine*, Goldmann) als humanistischer und sozialistischer *Wert* wird zum *telos* eines Diskurses, der so verschiedene Autoren wie Kant, Pascal, Racine, Malraux, Gombrowicz, Genet und Sartre im Zusammenhang mit bestimmten semantischen Gegensätzen wie *Individuum/Gemeinschaft, abstrakt/konkret, Fragment/Totalität, Immanenz/Transzendenz* etc. zu erklären sucht (vgl. Zima 1978 und Kap. 7 in diesem Buch). Sowohl in Racines Theater als auch in den Romanen von André Malraux wird ein Übergang vom Individualismus (vom tragischen Bruch zwischen Individuum und Welt bei Racine) zur menschlichen Gemeinschaft und zur geschichtlichen Immanenz aufgezeigt.

Obwohl eine solche marxistisch-humanistische Interpretation dieser Literatur durchaus möglich ist und von Goldmann oft sehr plausibel gemacht wird, drängt sich dem unvoreingenommenen Leser die Frage auf, ob hier nicht ein Metatext seinen Objekttext zurechtstutzt, *ohne sich über die eigenen semantisch-syntaktischen Verfahren im Klaren zu sein*. Eine der wesentlichen Schwächen des „genetischen Strukturalismus" besteht wohl darin, dass er das Verhältnis von Text und Metatext nicht reflektiert und sich dabei mit seinem Gegenstand verwechselt.

Die zweite Schwäche ist bereits angedeutet worden: Das Kohärenz-Postulat hindert Goldmann nicht nur daran, die Polysemie (das *Zusammenwirken mehrerer heterogener Isotopien* im fiktionalen Text) zu erkennen, sondern erklärt auch, weshalb im Rahmen einer hegelianischen Ästhetik die Viel*stimmigkeit* des Textes (seine *Pluridiskursivität*) nicht wahrnehmbar ist. Im Gegensatz zu Goldmann nimmt Bachtin an, dass literarische Produktion mehrere miteinander konkurrierende Weltanschauungen verarbeiten kann, von denen eine jede in einer bestimmten diskursiven Form zum Ausdruck kommt (vgl. Bachtin, in: Zima 1977). Bachtin durchbricht nicht nur die Monosmie der hegelianischen Ästhetik, sondern stellt auch deren Teleologie in Frage, die von monosemen Definitionen der Objekte, von ihrer „intolerance of ambiguity" (Adorno) lebt.

4 Von Althusser zu Macherey: Kritik der Hegelschen Teleologie

Man hat es sich angewöhnt, Althussers Marxismus unter dem Gesichtspunkt des Strukturproblems zu betrachten und auf den Bruch mit Hegel hinzuweisen. Sowohl in Alfred Schmidts Aufsatz „Der strukturalistische Angriff auf die Geschichte" als auch in Urs Jaeggis *Theoretische Praxis. Probleme eines strukturalen Marxismus* sind die Begriffe der „Struktur", der „Geschichte" und des „Humanismus" zentral. Die französischen Kritiker und hier vor allem Henri Lefebvre (vgl. Lefebvre 1971), der Althusser des Verrats an der Hegelschen (Marxschen) Dialektik bezichtigt, haben nicht unwesentlich dazu beigetragen, dass die ideologiekritischen und textkritischen Überlegungen der Althusserianer (Macherey, Pêcheux) im deutschen Sprachraum vernachlässigt wurden. Erst Jaeggi geht auf die Bedeutung von Althussers Ideologiekritik ein, die er zur Ablehnung des Hegelschen Totalitätsbegriffes als Grundlage der historischen Teleologie in Beziehung setzt (vgl. Jaeggi 1976, S. 58, 110, 169).

Tatsächlich ist einer der wesentlichen Aspekte von Althussers Theorie, der mit aller Deutlichkeit in Pierre Machereys Buch *Hegel ou Spinoza* zum Ausdruck kommt, die Kritik der Hegelschen Teleologie. Zugleich versucht Macherey in seiner Aufsatzsammlung *Pour une théorie de la production littéraire* (1970, dt. *Zur Theorie der literarischen Produktion,* 1974), den Begriff der Widerspiegelung neu und unabhängig von Gegensatzpaaren wie *Wesen/Erscheinung, Kohärenz/ Fragment* zu definieren. Ob er der Teleologie entgeht und wie er die Widerspiegelung im Zusammenhang mit der sprachlichen Autonomie der Fiktion erklärt, soll hier näher untersucht werden.

Es wird nicht behauptet, dass Althusser oder Macherey die Funktion der Literatur nicht auf ihre besondere Art definieren, dass ihr Diskurs nicht auf die Darstellungen der Primärtexte einwirkt. Im Unterschied zu den hegelianischen Ästhetiken Lukács' und Goldmanns vermeiden sie jedoch die teleologische Argumentation, die aus Hegels Idee eines mit sich selbst identischen Subjekts hervorgeht.

In Althussers Schriften wird Hegels Teleologie einer radikalen Kritik unterzogen, die von Spinozas subjektloser Philosophie ausgeht. In *Eléments d'autocritique* fasst Althusser seine Leitgedanken kurz zusammen: „Spinoza half uns, das Paar Subjekt/Ziel als den ‚mystifizierenden' Kern der Hegelschen Dialektik zu erkennen […]." (Althusser 1974, S. 76) Ähnlich lässt sich Macherey über das Teleologie-Problem in *Hegel ou Spinoza* aus: „Er [Spinoza] fasst seine Bewegung [die des Gedankens] als absolut objektiv auf und befreit sie von der

Bindung an irgendein Subjekt und sei dieses der Gedanke selbst. Dadurch wird die wesentliche Kausalität, die die Grundlage aller Rationalität ist, ohne teleologische Voraussetzungen definiert." (Macherey 1979, S. 75)

Wo die Grundannahme einer subjektiven (historischen) Intention als Ausgangspunkt des über Literatur und Geschichte ausfällt, besteht nicht mehr die Gefahr, dass der interpretierte Text zum Vorwand eines diskursiven Schemas wird und wie bei Hegel, Lukács und Goldmann bestimmte Phasen des Bewusstseins (die symbolische, die klassische oder die romantische, den kritischen oder den sozialistischen Realismus, den Individualismus oder die menschliche Gemeinschaft) „symbolisiert". Bei Macherey drückt das „Werk" nicht länger die vom Metatext definierte historische Intention oder die Weltanschauung einer gesellschaftlichen Gruppe aus. In *Pour une théorie de la production littéraire* kommt es vielmehr darauf an zu zeigen, wie die Fiktion *ideologische Widersprüche* spiegelt und verarbeitet.

Im Gegensatz zu den hegelianischen Ästhetiken, die vom klassischen Kohärenzpostulat und vom Ideal des harmonischen Kunstwerks ausgehen, fasst Macherey die fiktionale Produktion als einen in sich widersprüchlichen Prozess auf, der die *Aporien der herrschenden Ideologien* aufdeckt und dadurch eine kritische Funktion erfüllt. Nicht vom Wissenschaftler postulierte Zusammenhänge sollen teleologisch in den Text hineininterpretiert werden; es gilt vielmehr zu zeigen, an welchen ideologischen Widersprüchen er als „Spiegel der Gesellschaft" krankt.

Nicht zufällig trägt das Kapitel über Balzac die Überschrift: „*Les Paysans de Balzac:* un texte disparate". Denn dieser Roman stellt durch seine Heterogenität, dadurch dass er Unterschiede bezeichnet und ideologische Ungereimtheiten erkennen lässt, die herrschenden Gedanken in Frage. Nicht durch seine Harmonie, sondern dadurch, dass es die gesellschaftlichen Dissonanzen zum Tönen bringt, erzielt das Werk eine kritische Wirkung. „Das Tolstoische Werk ist keineswegs homogen" (Macherey 1966, 1970, S. 145), heißt es in einem Kapitel über Lenin und Tosltoi, wo u. a. mit dem ideologischen Ideal der harmonischen Totalität abgerechnet wird.

Es wäre jedoch ein Irrtum anzunehmen, dass Literatur die gesellschaftlichen Widersprüche unmittelbar wiedergibt; diese erscheinen vielmehr als durch die literarische Produktion vermittelt: „Auf Grund dieser – entscheidenden – Konstellation ist das Werk selbst widersprüchlich. Es ist demnach falsch, die Widersprüche im Werk als *Widerspiegelung* historischer Widersprüche anzusehen, sie sind vielmehr Folge fehlender Widerspiegelung." (Macherey 1977, S. 180) Indem er auf gesellschaftliche Konflikte reagiert, schafft der Text seine eigenen formalen Widersprüche, die mit den sozialen nicht identisch sind.

Wo sie die ideologiekritische Funktion der Literatur beschreibt, erinnert Machereys Theorie an Adornos negative Ästhetik, die sich ebenfalls, obwohl aus anderen Gründen, vom Kohärenzpostulat distanziert und versucht, ideologische Widersprüche als ästhetische darzustellen: „Ideologie klingt in sich selbst immer voll, immer schlüssig. Durch ihre Präsenz im Roman jedoch beginnt Ideologie über *ihre Leerstellen* zu reden." (Ibid., S. 185) Die Ideologie ist nicht an sich unwahr; ihre Unwahrheit erscheint erst, wenn ihre *Grenzen und Widersprüche* sichtbar gemacht werden. Nach Althusser und Macherey fällt sowohl der Literatur als auch der Wissenschaft die Aufgabe zu, diese Grenzen und Widersprüche aufzuzeigen.

Die entscheidende Schwäche von Machereys Ansatz besteht wohl darin, dass er einerseits zwar (wie auch der „sozialistische Realismus" in der DDR) vom spezifischen Charakter der Literatur spricht und von ihrer sprachlichen Autonomie, es zugleich aber versäumt a) den Begriff der Fiktionalität zu definieren und b) die *sprachliche Beziehung* zwischen Literatur und Gesellschaft darzustellen. In den ersten Kapiteln von *Pour une théorie de la production littéraire* geht es zwar gerade um diese Probleme („Autonomie et indépendance", „Image et concept: beau langage et langage vrai", „Création et production"); sie werden jedoch von einem metaphorischen Diskurs „gelöst", dem es nicht gelingt, den Vorgang der „Widerspiegelung" als sprachlichen darzustellen.

Sicherlich hat Macherey Recht, wenn er behauptet, dass literarische Texte „Sprache und Ideologie [...] auf originelle Art gebrauchen (font du langage et de l'idéologie [...] un usage inédit)" (Macherey 1966, 1970, S. 66); es käme jedoch darauf an zu zeigen – nach Mukařovský, Jakobson, Coseriu, Bachtin und Adorno –, worin dieser besondere Gebrauch der Sprache, der die fiktionale von der denotativen Nachricht unterscheidet, besteht.

Einerseits vermag Macherey ideologische Strukturen nicht als sprachliche, diskursive zu denken, andererseits weicht er der entscheidenden Frage aus, wie sich im literarischen Text Ideologeme auf narrativer, phrastischer, semantischer und phonetischer Ebene niedergeschlagen. Er spricht immer noch schlicht von einer besonderen „Widerspiegelung der Ideologie". Eine Textsoziologie müsste aber in der Lage sein, die Bedeutung semantischer, syntaktischer und narrativer Vorgänge innerhalb der fiktionalen Schreibweise zu erklären. Zugleich sollte sie soziale Strukturen *als* sprachliche darstellen können, will sie eine Brücke vom literarischen Text zu dessen Kontext schlagen. Gerade vor dieser letzten Aufgabe hat die bisherige dialektische Literaturwissenschaft versagt.

5 Entwürfe einer Textsoziologie

Dem Problem der Text-Kontext Beziehung ist mit einer metaphorisch argumentierenden Theorie der Widerspiegelung nicht beizukommen. Der Begriff der Widerspiegelung, der nichts anderes besagt, als dass Literatur „irgendwie" als Abbild „der Wirklichkeit" zu denken sei, ist (obwohl nicht falsch) unbrauchbar, da er sich nicht auf die linguistisch und semiotisch definierbaren Ebenen der Textstruktur – narrative Syntax, Syntax, Semantik und Phonetik – bezieht. Marxisten wie Lukács oder Macherey ist durchaus Recht zu geben, wenn sie den Begriff der Widerspiegelung gegen denotative Interpretationen verteidigen: gegen die naive Vorstellung, dass literarische Aussagen über Familie, Klasse, Staat, Kirche und Ideologie unmittelbar auf die Wirklichkeit zu beziehen seien und zugleich die Sinnstruktur konstituieren. *Solange aber der metaphorische Ausdruck der*

Widerspiegelung nicht in eine semiotische Sprache übersetzt wird, bleibt er auch weiterhin eine nie versiegende Quelle von Missverständnissen, die eine blühende Metaphorik speist: „In der Form der Widerspiegelung, wie sie im Spiegel erscheint, muß das Geheimnis des Spiegels ergründet werden." (Macherey 1966, S. 173)

Im Folgenden soll gezeigt werden, dass die bestehenden dialektischen Modelle in der Literatursoziologie brauchbare Ansätze enthalten, die von einer Textsoziologie berücksichtigt werden müssen und weiterentwickelt werden können. Obwohl Textsemantik und narrative Syntax nicht zu den wichtigsten Problemen ihrer Theorien gehörten, befassten sich Lukács und Goldmann mit ihnen. Adorno hatte schon immer Ideologiekritik als Sprachkritik aufgefasst, und einige der Themen, auf die Macherey eingeht (z. B. Autonomie der Kunst), sind in den *Noten zur Literatur* und in der *Ästhetischen Theorie* wesentlich ausführlicher und scharfsinniger erfasst worden. In letzter Zeit setzt sich vor allem Erich Köhler mit der gesellschaftlichen Bedeutung der *Gattung* und der *Makrosyntax* auseinander und untersucht in einer seiner letzten Arbeiten die Beziehungen zwischen der ideologisch-semantischen Ebene und den phonetischen Texteinheiten.

a) Gattungssystem und narrative Syntax

In stärkerem Maße als Lukács und Goldmann ist sich Erich Köhler der autonomen Gesetzmäßigkeiten der literarischen Produktion bewusst. In seiner Kritik an Goldmanns Homologie-Begriff greift er den formalistischen Gedanken auf, dem zufolge der literarische Text zunächst innerhalb der „literarischen Evolution" darzustellen sei: „L. Goldmann hat eine gravierende Schwäche der Widerspiegelungstheorie überwunden, indem er die Übereinstimmung der Basis mit dem künstlerischen Überbau nicht mehr auf Inhalte, sondern auf die Homologie von Strukturen bezog. Sein genetischer Strukturalismus läßt indessen außer acht die Bedeutung der Vermittlung durch literarische Traditionen." (Köhler, in: Bürger 1978, S. 140)

In Köhlers Literatursoziologie bildet diese Kritik an Goldmann den Ausgangspunkt einer Gattungsgeschichte, in der Formen (Gattungen) und soziale Inhalte einander wechselseitig bedingen. Wie Macherey geht Köhler von der Annahme aus, dass der Form (etwa des Romans) im Laufe ihrer Entfaltung ideologischer Sinn zuwächst und dass der „Inhalt" mit diesem Sinn zusammenfällt. Der Kampf um eine Gattung kann – wie auch Peter Bürger in *Aktualität und Geschichtlichkeit* zeigt (vgl. Bürger 1977, S. 133–134) – als Auseinandersetzung zwischen gegensätzlichen Gruppeninteressen gedacht werden.

In seinem Aufsatz über „Gattungssystem und Gesellschaftssystem" schlägt Köhler vor, Niklas Luhmanns Systembegriff für eine Theorie der Gattungssysteme fruchtbar zu machen, um die historischen Übergänge von einer Gattung zur anderen soziologisch erklären zu können. Innerhalb einer bestehenden Gesellschaftsordnung können bestimmte literarische Formen (das Epos, der Roman) eine beherrschende Position einnehmen, die sie jedoch verlieren, sobald sich im

Zuge der historischen Entwicklung auch der Funktionszusammenhang ändert, in dem sie entstanden sind. So kann trotz der Bemühungen der normativen Poetik das (feudale) Epos in der bürgerlichen Ära weder erneuert noch erhalten werden, denn das System opfert „ganze Gattungen oder Untergattungen, sofern diese nicht eine neue Funktion übernehmen können". (Köhler 1977, S. 14) Über den Niedergang des Epos schreibt Köhler:

> Der bekannteste Fall ist derjenige des Epos, dem die normativen Poetiken bis ins 18. Jahrhundert hinein hartnäckig die Rolle der Systemdominanten einräumten. Jedoch vermag die nationalistische Ideologie, die immer wieder Versuche einer Erneuerung inspiriert, eine Gattung nicht zu retten, die nicht darauf verzichten kann, Krieg und heroische Existenz einer Klasse zu feiern, deren parasitäre Existenz und Funktionslosigkeit trotz ihres gesellschaftlichen Prestiges offenkundig war. (Ibid., S. 14)

Zu den funktionalen Verschiebungen innerhalb des Systems rechnet Köhler a) Änderungen innerhalb der Gattung, die ihre Kapazität erweitern kann, um neue Themen aufzunehmen; b) die Entstehung neuer Gattungen (des bürgerlichen Romans zum Beispiel), die alte, erstarrte Gattungen (wie das feudale Epos) ablösen, sobald ihnen die gesellschaftliche Entwicklung die funktionale Grundlage entzieht; c) die Entfaltung von Mischgattungen, die Köhlers Ansicht nach für soziale Übergangsphasen charakteristisch ist. d) Schließlich kann ein ganzes System von einem neuen abgelöst werden, wie der Bruch mit feudalen Normen in der Kultur der Renaissance zeigt.

Es fragt sich, ob es möglich ist, den Gattungsbegriff semantisch und syntaktisch zu präzisieren und ihn zu der von Greimas und anderen geplanten Typologie der Diskurse in Beziehung zu setzen. Denn vor allem für eine Darstellung der zeitgenössischen Avantgarde (Arno Schmidt, Jürgen Becker, Maurice Roche, Philippe Sollers) scheinen die überlieferten Gattungsbegriffe (Novelle, Kurzgeschichte, Roman) nicht mehr adäquat zu sein. An ihrer Brauchbarkeit für die Literatur*geschichte* sollte allerdings nicht gezweifelt werden, obwohl der Begriff des Romans, dem so disparate Werke wie Goethes *Werther* und Robbe-Grillets *Topologie d'une cité fantôme* subsumiert werden, durch seine Dehnbarkeit einen Teil seiner theoretischen Relevanz eingebüßt hat.

Gerade im Bereich der Romanliteratur hat jedoch Köhler überzeugend den Nachweis für eine Wechselbeziehung zwischen Roman*form* (der Erzählstruktur) und gesellschaftlichem Wandel geführt. Die Krise der feudalen Rittergesellschaft um 1200 führt zu einem allmählich sich vertiefenden Bruch zwischen dem ritterlichen Individuum und der nunmehr idealisierten ständischen Gemeinschaft, die ihre Funktion verliert. Die noch heile Welt der *chanson de geste* zerbricht im höfischen Roman, wo zwei Welten einander gegenüberstehen: die der idealisierten feudalen Gemeinschaft des Artus-Hofes und die des isolierten irrenden Ritters, den Köhler als problematischen Helden im Sinne von Lukács betrachtet.

Der Dualismus der fiktional dargestellten höfischen Welt schlägt sich in den Romanen Chrestiens *(Karrenritter, Yvain, Löwenritter)* und vor allem im *Parzival*-Roman in zwei parallel verlaufenden Erzählsträngen nieder. Der erste geht von Gauvain, dem Vertreter der idealen Gemeinschaft aus, der andere von dem vereinsamten Protagonisten, der als *narrative Instanz* (*instance du récit,* Greimas) das *narrative Programm* (würde Greimas sagen) der Artusgemeinschaft nicht mehr übernehmen kann. Mit dessen Verwirklichung wird Gauvain beauftragt:

> In der Gestalt dieses arthurischen Modellritters wandelt sich die entfremdete, bisher vorbildhafte Gemeinschaftswelt zur selbständigen Kontrasthandlung und setzt somit neben die quer verlaufende (am Ende der zweiten Artusszene mit Neuansatz der Handlung) eine längs verlaufende kompositionelle Zweiteilung [...]. Mit Gauvains Tatenreihe wird im *Perceval* die Gemeinschaftswelt selbst zu einer Gegenwelt, die mit der Suche nach der das Reich zerstörenden Lanze den eigenen Untergang betreibt. (Köhler 1970, S. 246)

Überzeugend stellt Köhler in *Ideal und Wirklichkeit* das „Formenprinzip der Zweiteilung" (ibid. S. 246) als das Ergebnis eines gesellschaftlichen Umbruchs (des Niedergangs der ritterlichen Gemeinschaft) dar.

Mit Recht weist Karin Boklund in ihrem Aufsatz „On the Spatial and Cultural Characteristics of Courtly Romance" (Boklund 1977, S. 32) auf die Bedeutung von Köhlers Ansatz für eine Soziosemiotik des Textes und seiner narrativen Strukturen hin. Ihre Bemerkung, Köhler habe als erster eine soziologische Analyse narrativer Verfahren ins Auge gefasst, trifft jedoch nicht zu, da Georg Lukács bereits im Jahre 1936, in einem Beitrag zur Diskussion über Naturalismus und Formalismus, der den Titel trägt „Erzählen oder Beschreiben?", für eine soziohistorische Erklärung narrativer Strukturen eintrat.

Schon in seinen Aufsätzen über die Novelle, vor allem in einem Text, in dem er Boccaccios „ständische" Novelle mit den Novellen der Moderne vergleicht, geht Lukács auf die gesellschaftliche Bedeutung narrativer Funktionen ein, vor allem auf die des „zentralen Ereignisses". In der ständischen Gesellschaft Boccaccios, in der *typische* Handlungen und Charaktere noch *unmittelbar* gegeben sind, ist der Autor nicht gezwungen, seine Charaktere, vor allem ihre Psychologie, „schriftstellerisch abzuleiten, zu beweisen" (Lukács 1967, S. 55), und die Struktur der Novelle ist bei Boccaccio aus der Existenz „feststehender gesellschaftlicher Typen" hervorgegangen.

Auf solche unmittelbar gegebenen gesellschaftlichen Typen kann sich die moderne Novelle nicht mehr verlassen; ihr Zusammenhalt wird vom Autor in der Darstellung einer außerordentlichen Begebenheit gewährleistet; „Kurz gesagt: der dialektische Wendepunkt Tiecks ist das Umschlagen des individuell Zugespitzten außerordentlichen Einzelfalls durch eine merkwürdige Begebenheit ins gesellschaftliche Typische. Erst im außerordentlichen Fall erscheint mit sinnlicher Greifbarkeit das Gesetz, im Zufall die Notwendigkeit." (Ibid., S. 56)

Obwohl Lukács' Interpretation der Novellenform in jeder Hinsicht der hegelianischen Forderung nach einer Darstellung des Wesentlichen (der Totalität) nachkommt, kann sie als einer der ersten Versuche gewertet werden, literarische Formen soziologisch zu deuten. Der Aufsatz „Erzählen oder Beschreiben?", der die Romanform zum Gegenstand hat, geht in dieser Hinsicht noch weiter: Lukács versucht dort, die realistische Struktur gegen die naturalistische abzugrenzen und zu zeigen, dass eine zusammenhängende narrative Syntax ein wesentlicher Bestandteil der realistischen Widerspiegelung ist. Für den Naturalismus und dessen „abstrakte Widerspiegelung" ist der Zerfall der narrativen Kausalität charakteristisch: „Bei Scott, Balzac oder Tolstoi erfahren wir von Ereignissen, die an sich bedeutsam sind durch das Schicksal der an ihnen beteiligten Personen, dadurch, was die Personen in der reichen Entfaltung ihres menschlichen Lebens für das Leben der Gesellschaft bedeuten. Wir sind das Publikum von Ereignissen, an denen die Personen der Romane handelnd beteiligt sind. Wir erleben diese Ereignisse." (Lukács, in: Brinkmann 1974, S. 39) Dagegen sind bei Flaubert und Zola „die Personen selbst nur mehr oder weniger interessierte Zuschauer von Begebenheiten" (ibid., S. 40). Der Leser ist nicht Zeuge von Handlungen, sondern beobachtet Bilder.

Deutlich tritt hier der Unterschied zwischen „telling" und „showing" in Erscheinung, auf den auch Wayne Booth in seiner *Rhetoric of Fiction* aufmerksam macht. Anders als bei Booth wird aber bei Lukács der narrative Aufbau des Romans (das Zusammenwirken der Handlungsstränge) als ein gesellschaftliches Problem aufgefasst. Lukács ahnte, dass das assoziative Verfahren eines Flaubert oder Zola, das in Joyces *Ulysses* und in Prousts *Recherche* noch stärker zur Geltung kommt, ganz andere gesellschaftliche Werte und Probleme (Widersprüche) ausdrückt als die festgefügte narrative Syntax des traditionellen Romans. Allerdings lässt sich der Unterschied, der sich hier abzeichnet, nicht mit Begriffen der präskriptiven hegelianischen Ästhetik wie „Realismus" und „Naturalismus" erklären.

In den folgenden Kapiteln wird sich zeigen, dass der Zerfall der narrativen Syntax in den Romanen Prousts, Musils und Kafkas aus der wachsenden semantischen *Ambivalenz* gesellschaftlicher Werte ableitbar ist und dass die Romanautoren mit einer assoziativen, paradigmatischen Schreibweise auf die ambivalente Wirklichkeit reagieren. Nicht nur der Roman ist gezwungen, sich mit der zunehmenden Ambivalenz auseinanderzusetzen, sondern auch die Theorie: Nicht zufällig setzt in der zweiten Hälfte des 19. Jahrhunderts, als Flaubert und Zola ihre Romane schreiben, die philosophische Systemkritik bei Schopenhauer und Nietzsche ein – eine Kritik, die Musil in *Der Mann ohne Eigenschaften* fortsetzt.

Die Krise des bürgerlich-liberalen Wertsystems erschüttert nicht nur die narrative Syntax des Romans, sondern zerstört auch die gesellschaftlichen Grundlagen des großen begrifflichen Systems, nach dem sich der junge Lukács in *Die Seele und die Formen* noch sehnt und das er in hohem Alter als Anachronismus verwirklicht.

b) Semantische Strukturen

Die semantische Ebene ist die Nahtstelle, an der Gesellschaft und Ideologie in Sprache übergehen, an der die ideologischen Voraussetzungen der Linguistik in den Vordergrund rücken. (Vgl. Pêcheux 1975.) Umso erstaunlicher ist es, dass Literatursoziologen sich nicht ausführlicher mit semantischen Fragestellungen befasst haben. Hätten sie es getan, wären auch ihre Analysen der Erzählstrukturen (der „Handlungen") weniger impressionistisch ausgefallen, denn die Semantik ist – wie Greimas richtig erkannt hat – die ideologische Grundlage des Textes, die über den syntagmatischen Ablauf oder dessen Stagnation entscheidet (siehe Kap. 9).

Zwar hat Goldmann einen Begriff wie *structure significative (Bedeutungsstruktur)* geprägt, von dem er erwartet, dass er fast die Gesamtheit (la presque-totalité du texte: Goldmann 1970, S. 59) des Textes erklärt; zugleich verzichtet er jedoch in seinen wichtigsten Arbeiten auf die semantische Definition dieses Begriffs. Dies hat zur Folge, dass oftmals diejenigen, die versuchen, die Methode des „genetischen Strukturalismus" auf literarische Texte anzuwenden, nicht wissen, welche Kriterien darüber entscheiden, ob ein Element bedeutend (significatif) ist oder nicht. In meinem Buch über Goldmann (Zima 1973, S. 54–55) habe ich darauf hingewiesen, dass die auf den Primärtext angewandte Theorie über die Bedeutung einzelner Elemente entscheidet, so dass parallel zur soziologischen Bedeutungsstruktur eine *structure significative* in psychoanalytischem Sinne denkbar ist. Solange eine Semantik fehlt, die das Problem der *Relevanz (pertinence)* löst (oder zumindest *einige* zuverlässige Kriterien vorschlägt), kann jede Theorie intuitiv verfahren und teleologisch bestimmte Textstellen für bedeutsam erklären.

Goldmann muss diesen Mangel verspürt haben, als er in einer seiner letzten Analysen der Gedichte von Saint-John Perse versuchte, seinen Begriff der Bedeutungsstruktur mit Hilfe einer bestimmten strukturalistischen Terminologie zu präzisieren. Die Struktur der lyrischen Texte *(Eloges III)* soll mit Hilfe von Lévi-Strauss' Dichotomie-Begriff erfasst werden. Zunächst geht Goldmann nach einer globalen Lektüre davon aus, dass das Gedicht von der semantisch-ideologischen Dichotomie *statisch/dynamisch* strukturiert wird. Anhand dieser Anfangshypothese sollen die Mikrostrukturen untersucht werden, die er im Anschluss an Claude Lévi-Strauss als *reduzierte Modelle (modèles réduits)* des Gesamttextes betrachtet.

Dabei stützt er sich auf die dialektische Hypothese, der zufolge das Ganze in den Teilen reproduziert wird: „Die Welt des Gedichts scheint von der Idee beherrscht zu sein, dass die kosmischen und menschlichen Werte als eine räumliche und nach außen hin *unbewegliche* Struktur darstellbar sind, die eine wirkliche innere *Bewegung* zulässt; es ist diese Synthese zwischen dem Statischen und dem eingefassten Dynamischen, die es als einzige gestattet, die Vergangenheit und die Zukunft zu beherrschen." (Goldmann 1970, S. 373) Goldmann fügt hinzu, dass dieser Gedanke sowohl im Gedicht als Totalität als auch in dessen Teilen zu finden ist.

Leider bleiben diese Behauptungen vage, da Goldmann das begriffliche Instrumentarium fehlt, das es ihm gestatten würde, die bestehenden semantischen Gegensätze genauer zu definieren. Die *Tiefenstruktur* (Greimas) als *structure significative* hätte weitaus präziser beschrieben werden können, wenn Goldmann sie auf Greimas' Begriff der *semantischen Isotopie (isotopie sémantique, Sémantique structurale*, S. 69–72) bezogen hätte: einen Begriff, der eine

5 Entwürfe einer Textsoziologie

Zuordnung der einzelnen „Wörter" *(Sememe)* des Gedichts zu dem jeweiligen *kontextuellen Sem* („statisch" oder „dynamisch") ermöglicht hätte.

Das entscheidende Kriterium wäre die *Rekurrenz* (Redundanz) des betreffenden *kontextuellen Sems* in den Wortzeichen *(Sememen)* gewesen. Die Anwendung des *Isotopie*-Begriffs, der sich auf die *Semrekurrenz im Text* bezieht, hätte überdies zur Verknüpfung der *Oberflächenstruktur (Sememe)* mit der *Tiefenstruktur (Seme*; vgl. Courtés 1976, S. 87) geführt, die Goldmann im vorliegenden Fall rein intuitiv durchführen musste, weil Lévi-Strauss' mythologischer Dichotomie-Begriff für die Beschreibung verbaler Texte nicht genau genug ist.

(ISOTOPIE: Der *Isotopie-Begriff* wird folgendermaßen definiert: „[...] Die Wiederholung auf der syntagmatischen Achse von Klassemen [d. h. kontextuellen Semen], die die Homogenität des Diskurses als Aussage gewährleisten." [Greimas und Courtés 1979, S. 197] Für die Rekurrenz von *Semen [Klassemen]*, die Isotopien konstituieren, wobei mindestens *zwei* „Wörter" *[Sememe]* dasselbe Merkmal *[Sem]* aufweisen müssen, geben Kallmeyer, Klein u. a. das folgende Beispiel: „So enthalten z. B. die Lexeme der Gruppe ‚Anhängers' ‚abgesetzt', ‚Staatschef', ‚Prinz' usw. das Merkmal /politisch/. Wir wollen sagen, daß in ihnen [in der Gruppe] dieses – weil rekurrent auftretendes – Merkmal alle sonstigen Merkmale dominiert." [Kallmeyer, Klein, u. a. 1974, Bd. 1, S. 144] Als zweites Beispiel könnte der Satz „Hans und Grete lieben einander und wollen heiraten" dienen. Der Satz ist semantisch zusammenhängend, weil den Wörtern oder *Sememen* „Hans", „Grete", „lieben", „wollen", „heiraten" das *kontextuelle Sem* „menschlich" innewohnt und eine *Isotopie* bildet, auf der der Satz gelesen wird. Dieses *kontextuelle Sem [Klassem]* kann deshalb als der *dominante Oberbegriff* umschrieben werden, dem eine Gruppe von *Sememen* [„Wörtern im Kontext"] untergeordnet werden kann, wobei eine semantische Isotopie entsteht. Siehe auch: Jochen Schulte-Sasse, Renate Werner, *Einführung in die Literaturwissenschaft*, München, Fink-UTB, 1977: 5.5. „Der Isotopiebegriff".)

Einen Schritt weiter als Goldmann geht Erich Köhler in seiner Analyse eines altprovenzalischen Textes: „*Can vei la lauzeta mover.* Überlegungen zum Verhältnis von phonischer Struktur und semantischer Struktur." (In: Zima 1981) Das Gedicht artikuliert das Wertsystem der *Joven,* einer Gruppe von ehrgeizigen jungen Rittern, die dem niederen Adel angehören und versuchen, in die Schicht des alten und mächtigen Feudaladels aufzusteigen. In dieser gesellschaftlichen Konstellation, auf die der Begriff *Bezugsgruppe* angewandt werden könnte (vgl. *Bezugsgruppe* in: K.-H. Hillmann, *Wörterbuch der Soziologie*, Stuttgart, Kröner, 2007), drückt die *canzo* des Troubadours den kollektiven Wunsch nach Integration, nach einem Ausgleich mit den Höhergestellten aus: Sie schildert eine fiktive Integration, die als der legitime Zustand der *Joven* erscheint.

Köhler weist in tiefschürfenden Analysen nach, dass in Bernart de Ventadours Lied der willkürliche Nexus von Signifikant und Signifikat suspendiert wird und dass die phonetischen Reihen semantisch und zugleich ideologisch motiviert sind. Die Motiviertheit der phonetischen Elemente erfüllt in der von Köhler beschriebenen Kommunikationssituation eine besondere Funktion: Sie evoziert bestimmte kulturelle Stereotypen, die sowohl den *Joven* als auch dem Hochadel geläufig sind, so dass eine neue, von der Troubadour-Lyrik geschaffene Konvention (Saussure) entsteht, in der bestimmte Laute und Lautverbindungen zu Trägern von semantischen und ideologischen Bedeutungen werden.

Vom textsoziologischen Standpunkt aus betrachtet kommt einer solchen Analyse (die hier leider nicht in allen Einzelheiten dargestellt werden kann) große Bedeutung zu: 1) weil sie zeigt, dass der fiktionale Text nicht einfach ein materielles, konkretisierbares Symbol ist, das erst in der *Rezeption* einer Sinnstruktur zugeordnet wird, sondern ein auf allen Ebenen „motiviertes Zeichen", dessen *Produktion* gesellschaftliche und ideologische Interessen steuern (hier die Aufnahme der *Joven* in eine Bezugsgruppe); 2) weil sie sich im Unterschied zu den meisten dialektischen Analysen auf Textebenen bewegt (Köhler verwendet den *Isotopie*-Begriff), die linguistisch und semiotisch definierbar sind.

c) Der Doppelcharakter des Textes

Ein besonders wichtiges Anliegen der Textsoziologie, die Beschreibung von gesellschaftlichen Widersprüchen und Aporien auf sprachlicher Ebene, ist schon in den fünfziger und sechziger Jahren von Theodor W. Adorno berücksichtigt worden. Lange vor Macherey wies er darauf hin, dass fiktionale Texte nicht homogene Welten sind, sondern Strukturen, in denen sich soziale Konflikte und Übergänge oft als sprachliche Gegensätze oder Kompromisse niederschlagen. In sich widersprüchlich und vieldeutig, enthalten sie keine fertigen Weltanschauungen, sondern entziehen sich diesen selbst dann, wenn sie ihnen gewaltsam aufgestülpt werden.

Den gesellschaftlichen und historischen Sinn eines literarischen Textes sucht Adorno nicht in einem ein für allemal definierbaren begrifflichen System, sondern in den sprachlichen und stilistischen Besonderheiten, die von einer Auseinandersetzung mit der Ideologie (den Ideologien) einer bestimmten Zeit zeugen. Im Text können zwei oder mehrere unvereinbare Ideologien (Weltanschauungen, würde Bachtin sagen) aufeinanderstoßen, wobei sie als sprachliche, als stilistische Antagonismen wahrgenommen werden.

Es ist die Aufgabe der Ideologiekritik, die tragfähigen Textelemente von den ideologischen zu scheiden, um auf diesem Wege den Wahrheitsgehalt eines Gedichts, eines Romans oder eines Dramas zu ermitteln. Weshalb sollte das literarische Produkt homogen und stimmig im Sinne des Klassizismus sein, wenn die Gesellschaft als ganze und die in ihr lebenden Individuen von Widersprüchen zerrissen sind? Auf diese Frage, die er an die Adresse der Hegelianer Lukács und Goldmann richtet (siehe: Goldmann und Adorno 1973), geht Adorno in seiner Rede über Lyrik und Gesellschaft ein:

> Dieser Gedanke aber, die gesellschaftliche Deutung von Lyrik, wie übrigens von allen Kunstwerken, darf danach nicht unvermittelt auf den sogenannten Standort oder die gesellschaftliche Interessenlage der Werke oder gar ihrer Autoren zielen. Vielmehr hat sie auszumachen, wie das *Ganze* der Gesellschaft als einer in sich widerspruchsvollen Einheit, im Kunstwerk erscheint; worin das Kunstwerk ihr zu Willen bleibt, worin es über sie hinausgeht. (Adorno 1958, 1969, S. 76)

5 Entwürfe einer Textsoziologie

An dieser Stelle, an der die ideologischen Konflikte der Gesellschaft im Werk selbst auf sprachlicher Ebene ausbrechen, setzt Ideologiekritik ein: indem sie, auf der Suche nach dem Wahrheitsgehalt, für eine Sprachform gegen die andere Partei ergreift, indem sie den ideologischen Charakter bestimmter Sprachäußerungen und diskursiver Formen hervortreten lässt. Wenn Adorno schreibt, dass bei George „Ideologie und gesellschaftlicher Gehalt" weit auseinanderklaffen, so ist die Diskrepanz zwischen einer hochstilisierten („self-styled", Adorno 1974, S. 49) Herrschaftsideologie und einer reinen, an Mallarmé anknüpfenden Sprache gemeint, die sich durch ihre „Distanz von der vom Kommerz geschändeten Sprache" (Adorno 1958, 1969, S. 101) auszeichnet.

Dass Adorno nicht apodiktisch subjektive Thesen über George und Mallarmé formuliert, wie manche Kritiker meinen, die jeden unsystematischen Diskurs des Irrationalen zeihen, bezeugen Hugo Friedrichs Kommentare zu Mallarmé, dessen Dichtung als Revolte gegen die Vermittlung durch den Tauschwert gelesen wird: „Mallarmé führt jenen Prozeß weiter, der seit der Wende zum 19. Jahrhundert die Dichtung in den Widerstand gegen die kommerzialisierte Öffentlichkeit und gegen die wissenschaftliche Austreibung des Weltgeheimnisses geführt hat." (Friedrich 1970, S. 113)

Kritische Literatur geht über Ideologie hinaus, und Adorno antizipiert Machereys und Althussers ideologiekritischen Ansatz, wenn er schreibt: „Kunstwerke jedoch haben ihre Größe einzig daran, daß sie sprechen lassen, was die Ideologie verbirgt." (Adorno 1958, 1969, S. 77) Aus dieser Tatsache erklärt sich ihr Doppelcharakter als *faits sociaux* und als *autonome,* aus vieldeutigen Signifikanten zusammengesetzte Gebilde: Aus gesellschaftlichen Strukturen und Widersprüchen hervorgegangen, gehen sie dennoch nicht im Gesellschaftlichen, im Ideologischen auf. Sie zeigen sich spröde sowohl gegen die Ideologien, die sie hervorbringen, als auch gegen die, die sie später rezipieren. Dennoch ist keines von ihnen gegen einen „Sturz in die Ideologie" gefeit. Daher Adornos skeptische Bemerkung in der *Ästhetischen Theorie,* es gebe „immer weniger Gutes aus der Vergangenheit".

Seine These vom „Doppelcharakter der Kunst" sollte daher nicht nur mit dem Gegensatz *fait social/Autonomie* in Zusammenhang gebracht werden; sie bezieht sich auch auf die ideologische Ambivalenz aller literarischen Produkte, die aus den sozialen Widersprüchen und Brüchen hervorgeht, die jeder Text als sprachliche verarbeitet. Dieser Prozess der Textverarbeitung kann nur dargestellt werden, wenn einerseits die Textstruktur selbst (wie in diesem Kapitel) als ein Zusammenwirken von Ideologemen erkannt wird; wenn andererseits aber auch eine linguistische (semiotische) Darstellung der gesellschaftlichen Struktur (der Ideologie) gelingt: *Die Gesellschaft muss selbst als Textzusammenhang, als soziolinguistische Situation gedacht werden.* Mit diesem Problem haben sich die hier erwähnten Theorien (als Textsoziologien) nicht befasst.

Literatur

Adorno, Th. W.: *Noten zur Literatur I*, Frankfurt, Suhrkamp, 1958.
Adorno, Th. W.: Rede über Lyrik und Gesellschaft, in: *Noten zur Literatur I*, op. cit.
Adorno, Th. W.: Thesen über die Kunstsoziologie, in: *Ohne Leitbild. Parva Aesthetica*, Frankfurt, Suhrkamp, 1967.
Adorno, Th. W.: *Ästhetische Theorie, Gesammelte Schriften*, Bd. 7, Frankfurt, Suhrkamp, 1970.
Adorno, Th. W., Goldmanny L.: Discussion extraite des actes du second colloque international sur la sociologie de la littérature tenu à Royaumont, in: *Revue de l'Institut de Sociologie*, 1973-3-4-(Universität Brüssel).
Althusser, L.: *Eléments d'autocritique*, Paris, Hachette, 1974.
Bachtin, M.: Das Wort im Roman, in: P. V. Zima (Hrsg.), *Textsemiotik als Ideologiekritik*, Frankfurt, Suhrkamp, 1977.
Boklund, K.: On the Spatial and Cultural Characteristics of Courtly Romance, in: *Semiotica*, 20-1/2, 1977.
Bürger, P.: *Aktualität und Geschichtlichkeit. Studien zum gesellschaftlichen Funktionswandel der Literatur*, Frankfurt, Suhrkamp, 1977.
Courtés, J.: *Introduction à la sémiotique narrative et discursive*, Paris, Hachette, 1976.
Coward, R., Ellis, J.: *Language and Materialism. Developments in Semiology and the Theory of the Subject*, London, Routledge and Kegan Paul, 1977.
Engels, F.: An Margaret Harkness, in: *Texte zur Soziologie der Literatur. Arbeitsmaterialien Deutsch*, Stuttgart, Klett, 1971.
Friedrich, H.: *Die Struktur der modernen Lyrik*, Reinbek, Rowohlt, 1956, 1970 (3. Aufl.).
Goldmann, L.: Phèdre, in: Ders.: *Recherches dialectiques*, Paris, Gallimard, 1959.
Goldmann, L.: *Marxisme et sciences humaines*, Paris, Gallimard, 1970.
Goldmann, L.: *Structures mentales et création culturelle*, Paris, Anthropos, 1970.
Greimas, A. J., Courtés, J.: *Sémiotique. Dictionnaire raisonné de la théorie du langage*, Paris, Hachette, 1979.
Hegel, G. W. F.: *Phänomenologie des Geistes*, Frankfurt, Suhrkamp (Werkausgabe), 1970.
Hegel, G. W. F.: *Vorlesungen über die Ästhetik*, Frankfurt, Suhrkamp (Werkausgabe), 1970 (3 Bde.).
Heyndels, R.: Etude du concept de „vision du monde". Sa portée en théorie de la littérature, in: *L'Homme et la société*, Nr. 43–44, 1977.
Jaeggi, U.: *Theoretische Praxis. Probleme eines strukturalen Marxismus*, Frankfurt, Suhrkamp, 1976.
Jauß, H. R.: *Literaturgeschichte als Provokation*, Frankfurt, Suhrkamp, 1970.
Kallmeyer, Klein, u. a. *Lektürekolleg zur Textlinguistik*, Bd. 1, Frankfurt, Fischer-Athenäum, 1974. (Da sie sich auf einen bestimmten Kontext beziehen, hätten die Autoren nicht von „Lexemen", sondern von „Sememen" sprechen sollen, da der Begriff „Lexem" das außerhalb des Kontexts stehende „Wort" (im Lexikon) bezeichnet. Siehe Greimas/Courtés, op. cit., S. 207.)
Köhler, E.: *Ideal und Wirklichkeit in der höfischen Epik. Studien zur Form der frühen Artus- und Graldichtung*, Tübingen, Niemeyer, 1970 (2. Aufl.).
Köhler, E.: Gattungssystem und Gesellschaftssystem, in: *Romanistische Zeitschrift für Literaturgeschichte*, Nr. 1, 1977.
Köhler, E.: Einige Thesen zur Literatursoziologie, in: P. Bürger (Hrsg.), *Seminar: Literatur- und Kunstsoziologie*, Frankfurt, Suhrkamp, 1978.
Köhler, E.: „Can vei la lauzeta mover". Überlegungen zum Verhältnis von phonischer Struktur und semantischer Struktur, in: P. V. Zima (Hrsg.), *Semiotics und Dialectics. Ideology and the Text*, Amsterdam, J. Benjamins, 1981.
Lefebvre, H.: *L'Idéologie structuraliste*, Paris, Anthropos, 1971.
Lukács, G.: *Die Grablegung des alten Deutschland. Essays zur deutschen Literatur des 19. Jahrhunderts*, Reinbek, Rowohlt, 1967.

Lukács, G.: *Ontologie-Marx*, Neuwied und Berlin, Luchterhand, 1972.
Lukács, G.: *Ästhetik* (3. Bde.), Neuwied und Berlin, Luchterhand, 1972.
Lukács, G.: Es geht um den Realismus, in: H.-J. Schmitt (Hrsg.), *Die Expressionismusdebatte*, Frankfurt, Suhrkamp, 1973.
Lukács, G.: Erzählen oder Beschreiben? in: R. Brinkmann (Hrsg.), *Begriffsbestimmung des literarischen Realismus*, Darmstadt, Wissenschaftliche Buchgesellschaft, 1974.
Macherey, P.: *Pour une théorie de la production littéraire*, Paris, Maspero, 1966. (Dt. *Zur Theorie der literarischen Produktion*, Darmstadt-Neuwied, Luchterhand, 1974.)
Macherey, P.: Lenin als Kritiker Tolstois, in: *Ideologie. Literatur. Kritik. Französische Beiträge zur marxistischen Literaturtheorie*, Berlin, Akademie-Verlag, 1977.
Macherey, P.: *Hegel ou Spinoza*, Paris, Maspero, 1979.
Mukařovský, J.: *Studie z estetiky*, Prag, Odeon, 1966.
Pêcheux, M.: *Les Vérités de La Palice*, Maspero, 1975.
Zima, P. V.: Dialektik zwischen Totalität und Fragment, in: H.-J. Schmitt (Hrsg.), *Der Streit mit Georg Lukács*, Frankfurt, Suhrkamp, 1978.
Zima, P. V. (Hrsg.): *Semiotics and Dialectics, Ideology and the Text*, op. cit.

Gesellschaft als Text 4

1 Die soziolinguistische Situation: zwei Modelle

Es gab in der Vergangenheit zwei Möglichkeiten, fiktionale Texte im gesellschaftlichen Zusammenhang zu erklären: Die erste verwirklichte die *Inhaltsanalyse (content analysis/sociologie des contenus),* die sich auf die denotative, dokumentarische Funktion der Texte beschränkte. Die zweite nahm die Form einer strukturellen Homologie an und wurde vor allem im „genetischen Strukturalismus" Lucien Goldmanns wahrgenommen sowie in einigen Arbeiten Georg Lukács': etwa in seinen Untersuchungen über die Novellenform.

Die Behauptung, eine fiktionale Struktur sei einer sozialen Struktur (der gesellschaftlichen Situation schlechthin oder einem Gruppenbewusstsein) „homolog", wurde meist mit recht pauschalen historischen Beschreibungen oder mit Überlegungen zum *zugerechneten Bewusstsein (conscience possible,* Goldmann) von Kollektiven gestützt. So meint beispielsweise Goldmann, dass das Kollektivbewusstsein des Beamtenadels in der jansenistischen Weltanschauung (als „maximum de conscience possible") seinen adäquatesten Ausdruck findet und dass das Theater Racines die Peripetien des gemäßigten, des extremen (tragischen) und des militanten Jansenismus verarbeitet (vgl. Goldmann 1959, 1973).

Die Frage der Textsoziologie lautet: Wie geht der Jansenismus als *Soziolekt* d. h. als ein Ensemble diskursiver Strukturen (vgl. weiter unten) in Racines dramatische Schreibweise ein? Bei Goldmann muss diese Frage zwangsläufig unbeantwortet bleiben, da der „genetische Strukturalismus" den Jansenismus nicht als sprachliche Erscheinung denkt – ebenso wenig die Racines Theater. Goldmann muss annehmen, dass der Dichter unbewusst die Entwicklung des jansenistischen *Bewusstseins* in das dramatische Geschehen hineinträgt, etwa wenn er *Phädra* als „tragédie avec péripétie et reconnaissance" gestaltet und so auf die einsetzende Jansenisten-Verfolgung durch Kirche und Staat „reagiert". Doch handelt es sich in diesem Fall eher um eine *Analogie* zwischen einer Theologie und einem dramatischen Werk als um eine darstellbare funktionale

Wechselbeziehung. Der Vorschlag, diese Analogie funktional als Homologie aufzufassen und die Bedeutungsstruktur des Racineschen Theaters als *Funktion* des jansenistischen Bewusstseins zu definieren, mag noch so verlockend sein: er geht über Spekulationen kaum hinaus. Denn die Beschreibungen des individuellen und des kollektiven Bewusstseins können nicht auf *Textelemente* bezogen werden.

Erst wenn es gelingt, die Gesellschaft als Text und gesellschaftliche Interessen als sprachliche Äußerungen zu beschreiben, kann die Kluft zwischen Text und Kontext überbrückt werden. Für dieses Vorhaben der Textsoziologie sind *zwei in der Vergangenheit ausgearbeitete Modelle* besonders wichtig: Das erste nimmt in Jan Mukařovskýs Aufsatz „Bemerkungen zur Soziologie der poetischen Sprache" (*Slovo a slovesnost* I, 1935) klare Konturen an; das zweite, das hier im Mittelpunkt steht, entwarfen in den zwanziger Jahren die Mitglieder der Bachtin-Gruppe in Leningrad.

In seinem Aufsatz befasst sich Mukařovský mit der Frage, wie die Wechselwirkung zwischen sozialen und fiktionalen Strukturen erfasst werden soll und wie gesellschaftliche Probleme als sprachliche dargestellt werden können. Dem aufmerksamen Leser wird nicht entgehen, dass in diesem Aufsatz das „materielle Symbol", das in „Das Kunstwerk als semiologisches Faktum" *(Kapitel aus der Ästhetik)* vor allem als signifikante, vieldeutige und konkretisierbare Einheit erscheint, hier als eine durch und durch gesellschaftliche Struktur gesehen wird. Wie schon die Formalisten, befasst sich Mukařovský in erster Linie mit der Frage nach der Schreibweise, mit dem *Wie* des Textes. Dieses *Wie* sieht er aber als gesellschaftlich vermittelt, weil Sprache selbst eine sozio-kulturelle Struktur ist:

> Der Sinn eines jeden Wortes und allgemein eines jeden Bestandteils der Sprache ist fest in der Gesamtheit der semantischen Struktur einer bestimmten Sprache verankert und wird im Hinblick auf seine Stellung innerhalb der letzteren definiert; und diese Struktur hat wiederum ein bestimmtes Verhältnis zur Wirklichkeit, zu einem besonderen Wertsystem, mit dessen Hilfe das Kollektiv zu einem bestimmten Zeitpunkt seiner Entwicklung seine Einstellung zu dieser Wirklichkeit definiert. Wenn wir deshalb behaupten, dass alles, was ein poetisches Werk enthält, notgedrungen sprachlich vermittelt ist, so wollen wir damit gleichzeitig sagen, dass durch die vermittelnde Instanz der Sprache das poetische Werk aufs engste mit der Gesellschaft verflochten ist. (Mukařovský 1941, Bd. 1, S. 240)

Hier wird der formalistische Gedanke entwickelt, wonach der literarische Text nur über linguistische Strukturen mit der sozio-historischen Entwicklung verknüpft werden kann. Im Unterschied zu den Formalisten erkennt aber Mukařovský, dass die gesellschaftliche Entwicklung der „literarischen Evolution" und den einzelnen Werken *immanent* ist und nicht (wie noch bei Tynjanov [vgl. Tynjanov, in: Striedter 1969]) als äußere Einwirkung, als „Einfluss" darstellbar ist.

Die Schreibweise eines Jan Neruda, auf den Mukařovský in seinem Essay näher eingeht, ist selbst ein *fait social* und nicht aus heteronomen (politischen, kulturellen, religiösen) Einflüssen heraus zu erklären. *Diese* Arbeit Mukařovskýs trifft nicht Kurt Konrads Vorwurf, der „neue Formalismus" des Prager Linguistischen Zirkels betrachte „das Wirken außerliterarischer Kräfte nur als

1 Die soziolinguistische Situation: zwei Modelle

„Einwirkung von außen [...], nicht als lebendigen Boden, als Medium, das erst dem literarischen Faktum Leben verleiht" (Konrad, K. in: Günther 1976).

Aus dialektischer Sicht erscheint jedoch Mukařovskýs Auffassung der Gesellschaft, des „gesellschaftlichen Textes", als unhistorisch, als statisch, weil sie sozialen Konflikten nicht Rechnung trägt und in ihnen nicht die Triebfedern der soziolinguistischen Entwicklung erkennt. Im Unterschied zu marxistischen Soziologien und zur Kritischen Theorie neigt Mukařovský dazu, die Gesellschaft als homogenes Kollektiv im Sinne von Durkheim zu betrachten, so dass die Gegensätze, die er seiner Analyse von Nerudas Werk zugrunde legt, nicht mit spezifischen Gruppeninteressen verknüpft werden können.

Er geht davon aus, dass die Klassengegensätze nach dem Ersten Weltkrieg ihre Brisanz verloren haben. Diese Einschätzung der Lage erklärt – zumindest teilweise –, weshalb er zwar auf Valentin N. Vološinovs Aufsätze „Konstrukcija vyskazanija" und „Slovo i jego socialnaja funkcija" eingeht, das marxistische Konfliktmodell des russischen Theoretikers aber nicht übernimmt.

Von der „volkstümlichen" Sprache behauptet Mukařovský, sie sei nicht mehr die der Landbevölkerung, sondern werde schon in der ersten Hälfte des 19. Jahrhunderts vor allem in der Stadt (in Prag) erneuert. Jan Neruda verarbeite in seiner Prosa die sprachlichen Eigentümlichkeiten des städtischen, populären Kodes und setze sich dadurch sowohl gegen den ländlichen Kode als auch gegen Karel I. Erbens erlesenen Stil ab. Obwohl Mukařovský Nerudas Werk im nationalen Gesamtkontext betrachtet, in dem auch der Gegensatz *deutsch/tschechisch* eine Rolle spielt, wird nicht deutlich, wie sprachliche Strukturen im historischen Prozess bestimmte Gruppeninteressen artikulieren und wie diese auf die Textstruktur von Nerudas Werk (etwa der *Povídky Malostranské* 1878) einwirken und in ihr verarbeitet werden.

Gerade diese Gedanken beschäftigten Michail M. Bachtin und seine Mitarbeiter Pavel N. Medvedev und Valentin N. Vološinov. In ihren Arbeiten, die vom Standpunkt der Textsoziologie aus betrachtet bahnbrechend sind, spielen zwei Überlegungen, die hier weiterentwickelt werden sollen, eine zentrale Rolle: 1) Das Sprachsystem ist nicht wie bei Saussure als ein wertneutrales, statisches Strukturganzes aufzufassen, sondern als eine historische, dynamische Einheit, in der sich antagonistische Interessen in sprachlichen Äußerungen niederschlagen. 2) Das literarische Werk, das auf diese sprachlichen Äußerungen reagiert, kann nur in einem bestimmten Kommunikationszusammenhang verstanden werden. Es hat eine dialogische Struktur, weil es auf vergangene und zeitgenössische, literarische und nicht-literarische Sprachäußerungen reagiert.

Bachtins und Vološinovs historische Kritik an Saussures synchroner Linguistik geht von dem Gedanken aus, dass sprachliche Zeichen ideologisch sind und dass die ideologische Vermittlung der Sprache für die Entwicklung des scheinbar statischen Systems verantwortlich ist. Bündig fasst Marina Yaguello, die französische Übersetzerin von Bachtins und Vološinovs *Marxizm i filosofia jazyka,* diesen Gedanken zusammen: „Jedes Zeichen ist ideologisch; die Ideologie spiegelt die gesellschaftlichen Strukturen wider; folglich zieht jede Veränderung der Ideologie eine Veränderung des Sprachsystems (langue) nach sich." (Yaguello, in: Bakhtine 1977, S. 13)

Eine solche Betrachtungsweise lässt auch Saussures Dichotomie *langue/parole* sowie seine Trennung zwischen dem Individuellen und dem Kollektiven (zwischen der individuellen Psyche und der „habitude collective") als fragwürdig erscheinen, denn einerseits ist der subjektive Sprachgebrauch von kollektiven Interessen und Ideologien nicht zu trennen, andererseits wirkt er auf das Sprachsystem ein und trägt zu dessen sozio-historischer Veränderung bei, indem er sich mit fremden Sprachäußerungen (Interessen) dialogisch auseinandersetzt. Louis-Jean Calvet hat wahrscheinlich Recht, wenn er in *Pour et contre Saussure. Vers une linguistique sociale* schreibt: „Er [Vološinov] stellt der Saussureschen Dichotomie *langue/ parole* die Notwendigkeit gegenüber, eine Linguistik der ‚parole' zu entwerfen." (Calvet 1975, S. 94)

Wird die Sprache als ein ständiger Dialog verschiedener ideologisch motivierter Sprachäußerungen („paroles") aufgefasst, so ist es naheliegend, dass das literarische Werk die dialogische Struktur der sprachlichen Welt verarbeitet, wobei die Interaktion von Text und Metatext, dargestelltem und darstellendem Diskurs zum zentralen Problem wird. In seinem Aufsatz „The Heresiarch of META" (vgl. Morson 1978, S. 407–427) hat Gary Saul Morson die ideologiekritische Funktion der Metasprache bei Bachtin klar erkannt und mit Recht darauf hingewiesen, dass sie die traditionelle (linguistische) Auffassung der Sprache als eines monologischen und wertneutralen Systems in Frage stellt. In die gleiche Kerbe schlägt I. R. Titunik, wenn er in seinem Nachwort zur englischen Übersetzung von Bachtins und Vološinovs *Marxizm i filosofia jazyka* bemerkt, dass die „Wechselwirkung zwischen darstellenden und dargestellten Kontexten" („reporting and reported contexts"; Titunik, in: Vološinov 1973, S. 195) den Text als dialogische und pluridiskursive Anordnung erkennen lässt.

Bachtin selbst schreibt über die metasprachliche Funktion und deren Beziehung zur traditionellen Linguistik: „Andererseits sind dialogische Beziehungen auch zwischen Sprachstilen und Sozialdialekten möglich, sofern sie als Bedeutungspositionen aufgefasst werden, gewissermaßen als Sprach-Weltanschauungen, das heißt: jenseits der Grenzen der linguistischen Betrachtungsweise." (Bachtin 1969, S. 105)

Den fiktionalen Text als in die *soziolinguistische Situation* eingebettet definieren hieße in diesem Zusammenhang: ihn als Textverarbeitung verschiedener *Gruppensprachen* zu denken, von denen eine jede eine Weltanschauung oder ein Wertesystem ausdrücken kann. Der Text erscheint nicht mehr als ein monolithisches Gebilde, das wie bei Goldmann einer „vision du monde" seine Homogenität verdankt, sondern als Replika der konfliktreichen, widersprüchlichen *soziolinguistischen Situation,* in der kollektive Auseinandersetzungen sprachliche Formen annehmen.

Im Gegensatz zu Bachtin, der den polyphonen und widersprüchlichen Charakter der fiktionalen Konstruktion betont, pocht Pavel N. Medvedev in seinem Buch über *Die formale Methode in der Literaturwissenschaft* auf die organische Einheit der Werke und nähert sich dadurch dem „genetischen Strukturalismus".

1 Die soziolinguistische Situation: zwei Modelle

Einerseits scheint er mit Bachtin einverstanden zu sein, wenn es gilt, Literatur und Gattung im soziolinguistischen Kontext darzustellen: „Das Thema des Werkes ist das Thema des Äußerungsganzen als eines bestimmten sozial-historischen Aktes. Folglich kann das Thema genausowenig von der gesamten Situation der Äußerung getrennt werden, wie es von linguistischen Elementen abstrahiert werden kann." (Medvedev 1976, S. 173) Andererseits spricht er vom Kunstwerk als von einem „geschlossenen Ganzen" und weckt dadurch den Eindruck, zumindest in manchen seiner Theoreme, der klassizistischen Ästhetik verhaftet zu sein: „Die Darstellungsmittel, die ‚Verfahren' stellen keine einzige außerkünstlerische Wertgröße um ihrer selbst willen dar, sondern sie konstruieren in erster Linie das Kunstwerk als ein in sich geschlossenes Ganzes." (Ibid., S. 59) Diese Auffassung widerspricht nicht nur der Praxis und der Theorie der Avantgarde, sondern auch Bachtins Idee, dass der kritische Text, der „polyphone" Roman, einen „offenen Dialog" inszeniere und eine unabgeschlossene Konstruktion sei (vgl. Bachtin 1971).

Jedenfalls hat Medvedev Recht, wenn er darauf beharrt, dass das literarische Werk seinen eigenen Kontext schafft und dass alle seine Komponenten durch diesen Kontext vermittelt sind und folglich nicht *unmittelbar* als isolierte Einheiten (rein dokumentarisch, thematisch oder existenziell) verstanden werden können: „Die zentrale Aufgabe eines Literaturtheoretikers und Literaturhistorikers ist es, ihn [den Roman] als Ganzes zu analysieren und nicht ein einzelnes der in ihm enthaltenen Ideologeme zu isolieren im Hinblick auf die künstlerischen Funktionen, die es in diesem Roman ausübt." (Medvedev 1976, S. 29) Im Anschluss an dieses Zitat wird Medvedevs Idee einer „sekundären Widerspiegelung" verständlich: Als Ideologeme geben bereits die von der Fiktion verarbeiteten Sprachäußerungen die Wirklichkeit auf eine bestimmte Art wieder. Sobald sie zu spezifisch literarischen Funktionen (zu Diskursen im fiktionalen Text) werden, kann deshalb von einer sekundären Wiedergabe der Wirklichkeit die Rede sein, die soziolinguistisch vermittelt ist und in der die konnotativen Verfahren des verarbeitenden Textes den ursprünglichen Sinn der Sprachäußerungen ändern, wobei die Polysemie der verbalen Zeichen gesteigert wird.

Den Ansätzen Bachtins, Vološinovs und Medvedevs ist ein Problem gemeinsam: die *Sprachäußerung (slovo, utterance, énoncé)*. Anders als Mukařovský haben die russischen Autoren den Klassencharakter der Gesellschaft erkannt und ihm in einem sozio-linguistischen Konfliktmodell Rechnung getragen. Die Frage nach der Text-Kontext-Beziehung konnten auch sie nicht befriedigend beantworten, da ihnen eine diskursive Semiotik fehlte, die es ihnen gestattet hätte, Begriffe wie „sprachliche Situation" und „Sprachäußerung" genauer zu beschreiben und die Funktion nicht-fiktionaler Texte in der fiktionalen Schreibweise zu erklären. – Was ist eine Sprachäußerung? Wie sieht ein „Ideologem" (Medvedev) auf sprachlicher Ebene aus?

2 Soziolekte und Diskurse

Die Darstellung einer *soziolinguistischen Situation* kann sich nicht, will sie nicht im Trivialen steckenbleiben, auf lexikalische Einheiten beschränken. Geht man von den beiden hier besprochenen Modellen aus (Bachtin/Mukařovský), so erscheint die Betrachtungsweise eines Soziolinguisten wie V. Skalička, die nicht über lexikalische Einheiten hinausgeht, für die Zwecke der Textsoziologie als unzureichend. Sicherlich hat Skalička Recht, wenn er bemerkt, dass „lexikalische Einheiten" wie „König", „reich", „Königreich", „Ministerium", „verhaften" etc. auf ganz bestimmte sozio-historische Referenten verweisen (vgl. Skalička 1974, S. 86); allerdings geht diese Feststellung nicht über den Rahmen eines Empirismus hinaus, der dem Textsoziologen helfen könnte, fiktionale Texte als Dokumente auf bestimmte soziolinguistische Situationen zu beziehen. Ihr ideologischer Stellenwert und die ideologischen Widersprüche, die sie ausdrücken, bleiben jedoch zwangsläufig verdeckt, denn als lexikalische Einheit erscheint das Wortzeichen nicht im Kommunikationszusammenhang, *in* einer soziolinguistischen Situation, sondern bleibt *abstrakt* im dialektischen Sinne: „Jedes Wort – schreibt Medvedev – ist beteiligt an der Kommunikation und kann nicht aus dem Kommunikationszusammenhang herausgenommen werden, ohne seine Eigenschaft, ein Wort der Sprache zu sein, zu verlieren." (Medvedev 1976, S. 122)

Die Grenzen der lexikalischen Methoden haben Georges Matoré und Algirdas J. Greimas schon früh erkannt, und auch Dominique Maingueneau weist in seiner *Initiation aux méthodes de l'analyse du discours* auf ihre Schwächen hin (vgl. Maingeneau 1976, S. 44). Matorés im Jahre 1952 erschienenes Buch *Le Vocabulaire et la société sous Louis-Philippe,* das die lexikalischen Umwandlungen der Sprache (Neologismen, Exotismen, technisches und kommerzielles Vokabular) besonders gründlich untersucht, kann nicht als eine Darstellung der soziolinguistischen Situation unter der Julimonarchie gelesen werden, weil es nicht über die Einheiten der traditionellen Linguistik, wie sie etwa von Bloomfield konzipiert und von Soziolinguisten wie Bernstein und Labov angewandt wurde, hinausgeht. Matoré befasst sich nicht mit den transphrastischen, über den Satz hinausweisenden Einheiten, in denen sich gesellschaftliche Interessen artikulieren: mit den *Soziolekten* und *Diskursen*.

Ihnen wandte sich Greimas zu, als er das Projekt einer „strukturalen Semantik" ins Auge fasste und von der lexikologischen (lexikometrischen) Methode endgültig Abschied nahm. Seine Diskurstheorie sprengt nicht nur die Grenzen der Satz-Linguistik, sondern könnte als Diskurssemiotik dazu dienen, Bachtins und Vološinovs Begriff der *Sprachäußerung* semiotisch zu deuten.

Doch kann Greimas' Diskurssemiotik nicht ohne Weiteres einer dialektischen Theorie einverleibt werden, da sie sich in ihrer Definition des *Soziolekts* vornehmlich an der funktionalistischen Soziologie orientiert und im Bereich der Ideologiewissenschaft zwischen einer neopositivistischen, wertfreien und einer ideologiekritischen Position schwankt.

2 Soziolekte und Diskurse

In *Sémiotique et sciences sociales* (1976) definiert Greimas den Begriff des *Soziolekts* mit Hilfe einer funktionalistischen Terminologie und bezieht ihn als „Spezialsprache", als „Jargon" auf die berufliche Rollenverteilung. Der Einzelne habe die Möglichkeit, „in verschiedenen *semiotischen Gruppen* mitzuwirken und *sozio-semiotische Rollen* anzunehmen, die in Art und Anzahl den Gruppen entsprechen, in die er integriert ist". (Greimas 1976, S. 54)

Eine dialektische Textsoziologie ist daran interessiert, den Begriff des *Soziolekts* im Sinne von Bachtin, Vološinov und Medvedev umzudeuten und ihn den Stellenwert der „Sprachäußerungen" einnehmen zu lassen. Dadurch entsteht ein neuer Begriff: *Der Soziolekt erscheint als eine auf lexikalischer und diskursiver (semantischer und syntaktischer) Ebene strukturierte sprachliche Einheit, deren Strukturen als Ideologeme eine mehr oder weniger zusammenhängende Ideologie ausdrücken.* (Vgl. Bachtin 1987.)

Der Begriff des Soziolekts trägt dem Klassencharakter der *modernen* Gesellschaft Rechnung (dem *ständischen* der feudalen), ist jedoch kein Synonym für „Klassensprache" – etwa im Sinne von Marr (vgl. Gelgardt 1976). Wäre er es, so büßte er einen Großteil seiner Relevanz ein, da die zwei oder drei großen Klassen, die der Marxismus unterscheidet, häufig in antagonistische Gruppen zerfallen, von denen eine jede ihren eigenen Soziolekt hat.

So charakterisiert beispielsweise der Soziolekt der mondänen Konversation unter der Dritten französischen Republik einen Teil des Großbürgertums und des Adels (die *Mußeklasse* im Sinne von Veblen), während der politisch engagierte Jargon der „Action française" für einen Teil des radikalen Kleinbürgertums kennzeichnend ist (und nicht für *das* Kleinbürgertum oder gar *die* bürgerliche „Klasse" schlechthin).

Der Begriff des Soziolekts setzt sich aus drei wesentlichen Komponenten zusammen: 1) dem lexikalischen Repertoire, 2) dem Kode und 3) den diskursiven Strukturen, von denen eine jede als besondere Verwirklichung (*mise en discours*, Greimas) des Soziolekts anzusehen ist.

(Zu 1) Dem lexikalischen Repertoire eines Soziolekts kommt eine empirisch-symptomatische Bedeutung zu: Einen Soziolekt erkennt man *erfahrungsgemäß* an einem bestimmten „Vokabular", das ihn von anderen Kollektivsprachen unterscheidet und das seine Zugehörigkeit zu einer bestimmten semiotischen Gruppe als wahrscheinlich erkennen lässt. Die Mitglieder einer solchen Gruppe können ständig oder vorübergehend zwei oder mehrere Soziolekte benutzen, sofern diese einander teilweise (und zeitweise) ergänzen. Nach A. Prost weist J. B. Marcellesi darauf hin, dass „in rechten Wahlkreisen ein Kandidat der Linken Wörter gebrauchte, die man im allgemeinen von Kandidaten der Rechten zu hören bekam [...]; der Kandidat ist also durchaus imstande, verschiedene Diskurse zu sprechen". (Maingueneau 1976, S. 44) Derlei Abweichungen sind jedoch häufig auf politischen Opportunismus zurückzuführen und stellen die relative Stabilität der Soziolekte nicht in Frage. Für sie ist die Rekurrenz (Redundanz) bestimmter *Seme* charakteristisch.

Den offiziellen Marxismus-Leninismus erkennt man beispielsweise an Stichwörtern wie „Imperialismus", „Klassenkampf", „demokratischer Zentralismus",

„Klassenfeind", „Dekadenz", „Volkstümlichkeit", „kulturelles Erbe" etc., die ihn von anderen marxistischen und nichtmarxistischen „Sprachen" unterscheiden. Im selben Sinne spezifisch und symptomatisch war das Vokabular der „Action française", das in vieler Hinsicht das der faschistischen Bewegungen Europas antizipierte: „nation", „terre", „sang", „dépravation", „décadence", „race" usw. waren seine Unterscheidungsmerkmale. Jedoch ist die lexikalische Dimension einer Gruppensprache deren oberflächlichste Erscheinung. Wesentlich für die Ermittlung ihrer ideologischen „Absicht" sind der *Kode* und der *Diskurs* als semantische bzw. syntaktische (transphrastische) Strukturen.

(Zu 2) Der Begriff des *Kodes* ist von Semiotikern wie Umberto Eco, Jurij Lotman (als Kulturkode) und Roland Barthes auf alle denkbaren Arten beschrieben worden (vgl. Eco 1971, 1975). Im Folgenden kommt es ausschließlich darauf an, ihn im Zusammenhang mit den Begriffen der *Relevanz* und der *semantischen Isotopie* zu definieren und zu zeigen, dass er als das „Repertoire der diskursiven Tiefenstrukturen" eines Soziolekts aufgefasst werden kann.

Als Ausgangspunkt ist Saussures Gedanke wichtig, dass das sprachliche System nur als ein System von phonetischen und semantischen Differenzen funktionieren kann und dass manche Differenzen relevant sind (etwa der Gegensatz *s/z* im Französischen) und andere nicht. Indem sie sich als Sekundärsprachen (als gruppenspezifische Sprachen) konstituieren, führen Soziolekte analog zur Nationalsprache *neue semantische Gegensätze und Relevanzbeziehungen* (Differenzen) ein. Vielen christlichen Soziolekten sind Gegensätze wie *Diesseits/Jenseits, Körper/Seele, Zeit/Ewigkeit* gemeinsam. In anderen Soziolekten, etwa in den radikal-weltlichen (Clemenceau, Azaña) oder den sozialistischen, sind diese Gegensätze nicht relevant: Sie werden bei verändertem lexikalischen Repertoire durch andere Gegensätze (etwa *Bürgertum/Arbeiterklasse, Revolution/Reformismus* etc.) ersetzt.

Der Kode eines Soziolekts erscheint somit als ein System von semantischen Differenzen und Gegensätzen (nicht jeder Unterschied, etwa *demokratisch/ sozialistisch,* wird als Gegensatz aufgefasst), die eine neue Relevanz begründen. Durch sie setzt sich der Kode (und der Soziolekt insgesamt) von anderen konkurrierenden oder gegnerischen Kodes ab. Als die Maoisten den alten Gegensatz *Sozialismus/Sozialfaschismus* wieder einführten, begründeten sie eine neue Relevanz und änderten ihren Kode, in dem andere Gegensatzpaare wie *revolutionär/ mperialistisch, rückständig/fortschrittlich* einen Funktionswandel durchmachten: Der Begriff des „Imperialismus" wurde um die „sozialfaschistische" Dimension bereichert und dem „Imperialismus"-Begriff der Sowjetideologie entgegengesetzt.

Auch die Relevanz der literaturwissenschaftlichen Kodes ist ideologisch motiviert: Die Gegensätze *Autor/Leser* und *Produktion/Rezeption,* welche die Konstanzer Schule einführte, brachte eine besondere Relevanz und einen neuen theoretischen Kode hervor, der unter anderem eine Abkehr von der marxistischen „Produktionsästhetik" bewirken sollte. Die Tatsache, dass diese neue Relevanz, die von der französischen oder italienischen Semiotik kaum wahrgenommen wurde,

2 Soziolekte und Diskurse

die Diskurse zahlreicher Literaturwissenschaftler im deutschen Sprachraum beherrschte – ähnlich wie seinerzeit der „Jargon der Eigentlichkeit" –, lässt auf die ideologische Funktion dieses expansiven Soziolekts schließen, der als Bestandteil eines umfassenden neoliberalen Soziolekts betrachtet werden könnte.

Es wäre unzureichend, einen Kode schlicht als ein Ensemble von Gegensätzen zu denken (Lotman geht über diese Definition des „Kulturkodes" kaum hinaus; vgl. Shukman 1977, S. 43–44). Entscheidend ist die Frage, was die semantischen Dichotomien in einem Kode bewirken: wie sie dort als strukturierende Elemente funktionieren. Da es sich um begriffliche Gegensätze handelt wie *Natur/Kultur, Produktion/Rezeption, Sozialismus/Kapitalismus* etc., ist anzunehmen, dass einem jeden dieser Oberbegriffe eine *semantische Isotopie* (s. o.) zuzurechnen ist, wobei der Oberbegriff zum *kontextuellen Sem (sème contextuel = classème)* wird, dem mehrere *Sememe (sémèmes)* untergeordnet sind.

Mit Recht weisen Greimas und Courtés in ihrem semiotischen Wörterbuch darauf hin, dass „das Inventar der semischen Kategorien beispielsweise – zusammen mit den Regeln der semantischen Konstruktionen und den Entwürfen von diskursiven Isotopien – einen *semantischen Kode* bilden" (Greimas, Courtés 1979, S. 39). Jeder Gegensatz begründet in einem bestimmten Kode einen Gegensatz zwischen *Isotopien,* die zu semantisch-logischen Mechanismen der Klassifizierung und Kodifizierung werden.

So führt beispielsweise im Soziolekt des Marxismus-Leninismus das *kontextuelle Sem (Klassem)* des „Realismus" die folgenden *Sememe* mit sich: „typisch", „konkret", „Totalität", „Perspektive", „positiver Held", „bejahend" etc.; während dem negativen Begriff „Naturalismus" *Sememe* wie „zufällig", „abstrakt", „Fragment", „Perspektivlosigkeit", „Ablehnung", „Dekadenz" etc. subsumiert werden. So erscheint der Kode als eine mehr oder weniger streng begründete *Taxonomie,* die sekundäre Taxonomien *(Subkodes)* aufweisen kann. (Der sozialistische Realismus z. B. könnte als *Subkode* des „Marxismus-Leninismus" aufgefasst werden.)

Freilich sind längst nicht alle Soziolekte und Kodes so manichäisch strukturiert wie die der „Action française" oder des „Marxismus-Leninismus", und die Textsoziologie würde es sich zu einfach machen, wollte sie sich ausschließlich mit ihnen befassen. Immerhin hat z. B. Umberto Eco gezeigt, dass Ian Flemings James Bond-Romanen ein solches manichäisches Muster zugrunde liegt, und seine (hier bereits erwähnte) Arbeit berechtigt zu der Annahme, dass nicht nur Flemings Romane, sondern auch andere ideologische und marktorientierte Texte von einander schroff entgegengesetzten Isotopien strukturiert werden: etwa *arm/reich, heimisch/exotisch, schwach/mächtig* etc. (Vgl. Ruloff-Häny 1976, S. 53.) Auf die Frage, wie Texte einzuschätzen seien, die – wie Musils *Der Mann ohne Eigenschaften* oder die Kritische Theorie – den binären Kode in Frage stellen, soll hier später geantwortet werden.

(Zu 3) Medvedev spricht in seinem Buch über *Die formale Methode in der Literaturwissenschaft* vom „ideologischen Charakter der Form selbst" (S. 56) und antizipiert den viel später von Greimas in *Du Sens* (1970) formulierten Gedanken: „Sinn als Form der Sinngebung kann somit als die Möglichkeit, Sinn umzuformen, definiert werden." (Greimas 1970, S. 15) Eine Möglichkeit, Sinn umzuformen, bietet die diskursive „Verwirklichung" (*mise en discours*, Greimas) eines Kodes, in der *bestimmte* semantische Gegensätze, die der Kode enthält, „aktualisiert" werden und in den Vordergrund rücken, während andere latent bleiben. Innerhalb des Soziolekts des „Marxismus-Leninismus" kann ein Diskurs beispielsweise den Gegensatz *Naturalismus/Realismus* verwirklichen, der dem Subkode des „sozialistischen Realismus" angehört; dabei *können* andere relevante Gegensätze wie *Sozialismus/Kapitalismus, demokratischer Zentralismus/Demokratismus* etc. als implizierte, konnotierte Gegensätze im Hintergrund bleiben.

In mancher Hinsicht wird der Diskurs vom *Idiolekt* des Autors geprägt sein, von seinen persönlichen kulturellen und psychischen Erfahrungen. Jedoch lässt die semantische und lexikalische Homogenität, die früher Zeitungen wie *Prawda, Izwjestija* und *Neues Deutschland* auszeichnete, auf einen gemeinsamen, genau kodifizierten Soziolekt schließen, der letztlich auch – obwohl unter pluralistischen Verhältnissen – für den ideologischen Zusammenhalt von Zeitungen wie die *FAZ., Le Monde* oder *El País* sorgt (es sei denn, dass es sich um [Gast-]Kommentare handelt, in denen häufig die Ideologie einer Zeitung gesprengt wird).

Doch was ist ein Diskurs? Wie entsteht er? Wie kann er im Zusammenhang mit dem Kode und dem Soziolekt definiert werden? *Ein Diskurs ist eine transphrastische, über den Satz hinausweisende syntaktische Einheit, deren semantische Tiefenstruktur von Gegensätzen zwischen Semen (Klassemen und folglich ganzen Isotopien) gebildet wird und deren syntaktischer Ablauf mit Hilfe eines Aktantenmodells darstellbar ist.*

Im Rahmen einer Textsoziologie ist es nicht möglich, auf die zahlreichen Aspekte von Greimas' Diskurstheorie einzugehen, geschweige denn auf die diskursiven Semiotiken von Zellig Harris, Charles Morris (dessen Diskurstypologie im letzten Kapitel kommentiert wird) oder Oswald Ducrot. Im gegenwärtigen Kontext mag eine Darstellung der Beziehung zwischen der semantischen Tiefenstruktur und der aktantiellen Oberflächenstruktur genügen (vgl. J. Courtés 1976, S. 62).

Das Subjekt des Diskurses ist nicht das schreibende oder sprechende Individuum, sondern die diskursive Instanz, die sich selbst mit fortschreitender „Diskursifizierung" (*discursivisation*, Greimas) konstituiert. Im Rahmen eines vorgegebenen Kodes entscheidet sie sich für bestimmte semantische Gegensätze und Unterschiede (zwischen *Semen* wie „Naturalismus" und „Realismus"), ordnet diesen mit Hilfe des lexikalischen Repertoires eines Soziolekts bestimmte *Sememe* unter und errichtet auf den semantischen Gegensätzen, die die Tiefenstruktur des Diskurses bilden, ein Aktantenmodell. Letzteres kann als eine anthropomorphe und dramatisierte Darstellung der Tiefenstruktur betrachtet werden: als Grundlage für den syntaktischen Ablauf des Diskurses.

In diesem Zusammenhang ist es wichtig zu wissen, dass Greimas von der Narrativik Vladimir Propps ausging, um ein Aktantenmodell zu entwerfen, das sowohl fiktionale als auch nicht-fiktionale Diskurse erklären soll. Nach Greimas hat auch begriffliches, theoretisches Reden einen *narrativen* Charakter. Diese Annahme erklärt die Anwendung von narrativen Begriffen wie *Auf-*

traggeber (destinateur), Subjekt, Antisubjekt, Objekt, Widersacher und *Helfer* auf fiktionale *und* theoretische Texte. „Wenn man davon ausgeht" – schreibt Greimas in *Du Sens* –, „dass die anthropomorphe Darstellung des Gegensatzes einen polemischen Charakter hat, dann muss die syntagmatische Abfolge hier [...] als eine Abfolge von narrativen Aussagen (énoncés) erscheinen, deren semantischen Beschränkungen (restrictions sémantiques) die Aufgabe zufällt, sie als Auseinandersetzung (affrontement) und Kampf (lutte) erscheinen zu lassen." (Greimas 1970, S. 172) Der *Aktantenbegriff*, „[...] mit dem das Tun, das ein Aktualisierungsprozess ist, als Funktion [F] bezeichnet wird und das Subjekt des Tuns, das eine dem Prozess immanente Möglichkeit ist, als Aktant [A]" (Greimas 1970, S. 168), ermöglicht eine Projektion der Tiefenstruktur, der wertbedingten Taxonomie, auf die Ebene der „narrativen Syntax". In der paradigmatischen Anordnung der Grundgegensätze ist der Konflikt zwischen Aktanten vorprogrammiert, von denen ein jeder eine wertende und für soziale Werte kämpfende Instanz ist. (Greimas spricht von „projections *paradigmatiques* recouvrant le déroulement syntagmatique"; Greimas, in: Courtés 1976, S. 8.)

Die diskursive Syntax erscheint hier als eine Auseinandersetzung zwischen Aktanten, in deren Verlauf ein *Auftraggeber* (etwa der König im Märchen) das *Subjekt* ausschickt, um mit Hilfe von *Verbündeten* oder *Helfern* ein *Antisubjekt* zu besiegen und sich den Besitz eines begehrten *Objekts* (der Prinzessin oder der Wahrheit) zu sichern. Dabei ist wesentlich, dass das „narrative Programm" des *Auftraggebers* und des *Helden* (des *Subjekts*) und nicht das des *Gegenauftraggebers* (Greimas, in: Maupassant 1976, S. 109) und seines Beauftragten, des *Antisubjekts*, verwirklicht wird.

Über den Auftraggeber als diskursive Instanz schreibt Greimas: „Der Auftraggeber (eine gesellschaftliche Autorität, die dem Helden einen Heilsauftrag erteilt) versetzt den Helden in die Rolle des Beauftragten." (Greimas 1970, S. 234) Aus dieser Definition geht deutlich hervor, dass der Auftraggeber sowohl im theoretischen als auch im fiktionalen Diskurs die ideologische Instanz ist und als positives Gegenstück zum *Gegenauftraggeber (anti-destinateur)* aus dem semantisch-ideologischen Gegensatz der Tiefenstruktur (des Kodes) abgeleitet wird.

In *Sémantique structurale* (1966, S. 181) unternahm Greimas einen ersten Versuch, mit Hilfe des Aktantenmodells die diskursive Struktur der „klassischen Philosophie" I) gegen die der „marxistischen Ideologie" II) abzugrenzen:

I		II	
Subjekt....	Der Philosoph	Subjekt....	Der Mensch
Objekt....	Die Welt	Objekt....	Die klassenlose Gesellschaft
Auftraggeber..	Gott	Auftraggeber...	Die Geschichte
Adressat...	Die Menschheit	Adressat...	Die Menschheit
Widersacher..	Die Materie	Widersacher...	Die bürgerliche Klasse
Verbündeter..	Der Geist	Verbündeter....	Die Arbeiterklasse

Dieses einfache Schema, das Greimas später modifiziert hat, zumal er in *Maupassant* (1976) den Begriff des *Gegenauftraggebers (anti-destinateur)* eingeführt hat, zeigt lediglich, wie die narrative Dynamik theoretischer Diskurse als Aktantenmodell gedacht werden kann.

Die Textsoziologie, die nicht wie Greimas von funktionalistischen Theoremen und Axiomen ausgeht, sondern im Anschluss an Bachtin und Vološinov versucht, soziale Konflikte schon auf der Ebene der Soziolekte zu erfassen, trägt die Auseinandersetzung zwischen Soziolekten und Kodes in die diskursive Struktur selbst hinein. Sie versucht, die Aktanten verschiedener Diskurse auf die semantischen Grundgegensätze (auf die Taxonomie) des Kodes zu beziehen und zu zeigen, wie innerhalb eines Diskurses eine Auseinandersetzung zwischen Soziolekten und deren Kodes (d. h. letztlich zwischen Isotopien) stattfindet.

Das folgende Zitat aus der ostdeutschen *Einheit* (Heft 3, 1967) stellt anschaulich dar, was gemeint ist:

> Das objektive Kriterium der sittlichen Qualität menschlicher Arbeit liegt nicht außerhalb der Gesellschaft (vgl. ‚Lexikon des katholischen Lebens', herausgegeben von Erzbischof W. Rauch unter Schriftleitung von J. Hommes, Freiburg i. Br. 1952, S. 644 ff. ‚Der Mensch darf nicht aus eigener Machtvollkommenheit die Welt gebrauchen, sondern nur im Auftrag und nach dem Willen Gottes. Bindung an Gott ist die Grundlage der Kultur.'), in absoluten geistigen Prinzipien, sondern *in der* Gesellschaft, in der *objektiven Wirkung der Produktionsverhältnisse* in bezug auf die Entwicklung und Vervollkommnung des gesellschaftlichen Menschen.

Dieses sehr simple Beispiel lässt klar die Dichotomie *Immanenz/Transzendenz* erkennen, die der Diskurs zwei Soziolekten entnimmt (dem christlichen und dem marxistischen), um sie mit marxistischen (weltlichen) Aktanten zu besetzen: Der Auftraggeber ist nicht mehr Gott, sondern die Geschichte (die Produktionsverhältnisse = Immanenz). Wichtig ist, dass hier mit Hilfe des *Zitats* ein Diskurs von seinem Gegner verarbeitet wird (was in der theoretischen und fiktionalen Praxis täglich geschieht), wobei die positiven *Seme* (und *Aktanten*) seiner Taxonomie mit negativen Vorzeichen versehen werden. Die soziolinguistische Situation erscheint hier tatsächlich als ein Gegeneinander von Soziolekten und Diskursen, in dem die Auseinandersetzung um ein ideologiebeladenes Wort entscheidend sein kann.

Wollte man die hier mit Hilfe der strukturalen Semantik gewonnenen Erkenntnisse einfach auf Texte wie Musils *Der Mann ohne Eigenschaften,* Nietzsches *Zur Genealogie der Moral* oder Prousts *Recherche* anwenden, käme man über Gemeinplätze kaum hinaus. Jedenfalls könnten wir unserem Anliegen, Werke der modernen Literatur im Zusammenhang mit der Krise der Werte zu deuten, kaum gerecht werden. Die Darstellung des Greimasschen Modells war hier nicht nur deshalb vonnöten, weil sie (im Gegensatz zu anderen Semiotiken) der Textsoziologie wichtige Schlüsselbegriffe an die Hand gibt, sondern auch deshalb, weil Greimas (und hier zeigt sich der positivistische Einschlag seiner Theorie) von Annahmen ausgeht, die von der modernen Philosophie und Fiktion grundsätzlich in Frage gestellt werden.

Es handelt sich sowohl um die semantischen Gegensätze als auch um das unvermittelte Gegeneinander der Aktanten: Bei Nietzsche, Bachtin, Derrida, Kafka, Proust, Joyce und Musil werden die semantischen Dichotomien, die nach Lotman und Greimas die „Kulturkodes" strukturieren, grundsätzlich in Frage gestellt. Sie fallen der Ambivalenz zum Opfer, der Vermittlung durch den Tauschwert, die das Gute jäh als Böses erscheinen lässt und den Helden als Verräter. Diese Ambivalenz, die hier aus dem Marktgesetz abgeleitet wird, gibt es freilich nicht erst seit Nietzsche; sie hat aber in der zweiten Hälfte des 19. Jahrhunderts solche Ausmaße angenommen, dass sie die semantische Tiefenstruktur (die Taxonomie) und das aus ihr hervorgehende narrative Syntagma erschüttert.

Die von Greimas dargestellten Strukturen sind *Idealmodelle der Vergangenheit* (des Epos, des Märchens), deren Krise in der modernen Marktgesellschaft zum Hauptthema dieses Buches wird. Die Krise der Wertsysteme ist nichts anderes als eine Krise der semantischen Relevanz, der gruppensprachlichen und diskursiven Taxonomie. Es gibt kaum einen Gegensatz (man denke an die Dichotomie *Terroristen/Freiheitskämpfer*), der nicht in Frage gestellt, ungläubig belächelt wird: umso ungläubiger, je verbissener fanatische Ideologen an ihm festhalten.

3 Intertextualität

Wird die Gesellschaft nicht mehr mit Begriffen wie „Wirklichkeit", „Sein" oder „gesellschaftliche Wirklichkeit" bezeichnet, sondern als ein Zusammenwirken von *Soziolekten* und *Diskursen* aufgefasst, dann wird eine Darstellung des fiktionalen Textes als *Intertext* möglich. Bachtin war der erste, der nach einer solchen Darstellung der Fiktion strebte. Mit Recht schreibt Kristeva, die den Begriff der *Intertextualität* geprägt hat, über seine Betrachtungsweise: „Bachtin stellt den Text in den Zusammenhang der Geschichte und der Gesellschaft, die selbst als Texte betrachtet werden, die der Schriftsteller liest, in denen er aufgeht, indem er sie umschreibt." (Kristeva 1969, S. 144)

Anders als Kristeva, die den Subjektbegriff als ideologisch verwirft, gehe ich davon aus, dass die Textstrukturen einer Gesellschaft (Soziolekte und Diskurse) die Interessen kollektiver Subjekte (sozio-semiotischer Gruppen) ausdrücken. Freilich hat der Subjekt-Begriff ideologische Komponenten, die Althusser aufdeckt, wenn er zeigt, wie herrschende Ideologien die Individuen zu Subjekten *machen:* „L'idéologie interpelle les individus en sujets." (Althusser 1976, S. 122)

Ähnliches meint Adorno, wenn er in *Minima Moralia* die „Persönlichkeit als Lebenslüge" kritisiert und in der *Dialektik der Aufklärung* zusammen mit Max Horkheimer die Beziehung zwischen Subjektivität und Herrschaft untersucht. Die verschiedenen französischen Semiotiken (Kristeva, Goux) begehen jedoch einen folgenschweren Fehler, wenn sie den Subjektbegriff ohne viel Federlesens streichen: undialektisch willfahren sie der technizistischen Ideologie, die in Theorie und Praxis die Subjekte entmündigt.

Die Gesellschaft *ist* nicht ein Ensemble von Texten, sondern kollektive (subjektive) Interessen sind *als* Textstrukturen darstellbar. Fiktionale und nichtfiktionale Texte können soziale Interessen nur als verbale Zeichensysteme rezipieren und verarbeiten, wobei verschiedene intertextuelle Beziehungen entstehen. Es kommt hier nicht darauf an, die zahlreichen Formen der Intertextualität zu klassifizieren. Es würde sich herausstellen, dass ein Autor eigene Texte umarbeitet, dass er auf fiktionale und nichtfiktionale Texte eingeht und dass sowohl das gesprochene als auch das geschriebene Wort in die literarische Produktion einfließen kann. (Die Intertextualitätsformen innerhalb eines Werkes, etwa die Entwürfe Hölderlins zu einem und demselben Gedicht, zeigen, in welchem Sinne der Autor sein eigener Leser und Kritiker ist, wie *lecture* und *écriture* einander wechselseitig bedingen und wie die Rezeptionsästhetik auf willkürliche und undialektische Art den semiotischen Prozess spaltet; vgl. Zima 1978.)

Für die Textsoziologie ist der Begriff der *äußeren Intertextualität* entscheidend. Im Gegensatz zur *innerliterarischen Intertextualität*, die die Verarbeitung fiktionaler Texte in Kritiken, Parodien oder Pastiches meint, bezieht er sich auf die *fiktionale Verarbeitung nichtfiktionaler Texte*: der Soziolekte und Diskurse, die den gesellschaftlichen Text, die soziolinguistische Situation, ausmachen. Insofern ist Marko Juvan beizupflichten, wenn er erklärt: „Allgemeine Intertextualität sollten wir als Merkmal aller Texte auffassen. Sie ist nicht nur der Literatur oder einigen ihrer Gattungen oder Werke eigen." (Juvan 2008, S. 44)

Dabei kann es sich, wie sich im übernächsten Kapitel herausstellen wird, sowohl um geschriebene als auch um gesprochene Äußerungen handeln. Über sie gehen soziale Strukturen und kollektive Interessen in die fiktionale Welt ein, wo sie affirmativ (z. B. bei Fleming) oder kritisch (parodistisch, ironisch: z. B. bei Musil) verarbeitet werden. Wichtig ist in diesem Zusammenhang, an Medvedevs Einwand zu erinnern, die Bestandteile eines literarischen Werkes seien mit deren gesellschaftlichen „Äquivalenten" nicht identisch: Sobald ein Soziolekt (oder einer seiner Diskurse) in den fiktionalen Bereich eintritt, verändert er radikal seine Funktion.

Die ideologischen Diskurse, die *Der Mann ohne Eigenschaften* parodiert, sind nicht mit den klerikalen, sozialistischen oder großbürgerlichen „Sprachen" der Wiener Gesellschaft identisch; ebenso wenig wie die mondäne Konversation in Marcel Prousts *Recherche* mit dem mondänen Soziolekt restlos übereinstimmt. Sobald die Konversation als Kommunikation und „parole" der „écriture" (dem literarischen Schreiben) gegenübersteht, nimmt sie negative, metaphysische Konnotationen an, die außerhalb des Romans nicht vorkommen. Der Soziolekt und seine Diskurse werden zum Material der fiktionalen Konstruktion; dennoch bleibt der Soziolekt als *sprachliche* Struktur mit sich selbst identisch, während die „Weltanschauung" oder die „Ideologie", die ein Werk ausdrücken soll, linguistisch-empirisch kaum verifizierbar ist.

Nicht eine Ideologie, sondern verschiedene *ideologische Sprachen* verarbeitet der fiktionale Text und wird dadurch zu einem sprachlichen Universalexperiment im Sinne von Coseriu. Daher besteht eine *Beziehung zwischen Intertextualität und Autonomie*. Als sprachliches, intertextuelles Experiment verweist Fiktion auf sich selbst, auf die Sprache; nicht jedoch im Sinne der Autonomieästhetik, die behauptet, Kunst sei um ihrer selbst willen da, sondern im Sinne der Kritik. Wo der Text die Ideologie als sprachliche Erscheinung kritisiert, ist es ihm um die wahre Sprache zu tun, die jenseits von Ideologie und Herrschaft wäre.

Wie der wahrheitssuchende theoretische oder der rhetorisch-politische Diskurs verarbeitet auch die Fiktion literarische oder nicht-literarische Texte im Pastiche, in der Parodie oder in ironischen Zusammenhängen. Bekannte Beispiele sind Prousts „Pastiches", in denen Balzac, Flaubert und die Goncourt teils parodistisch, teils ironisch nachgeahmt werden, sowie Cervantes' *Don Quijote,* dessen Parodie ein gesellschaftskritisches Verdikt über *Amadís de Gaula* und die Literatur der „fahrenden Ritter" als ganze ausspricht. Besonders fruchtbar ist Wolfgang Karrers Vorschlag, Parodie, Travestie und Pastiche als semantische Verfahren mit Hilfe des *Isotopie*-Begriffs zu beschreiben: „Parodien, Travestien und Pastiches würden dann als Interferenzen verschiedener Isotopieebenen des Textes beschreibbar." (Karrer 1977, S. 197)

Der „inneren, literarischen Intertextualität", in der Parodien, Pastiches und Travestien noch häufiger Vorkommen als in der „äußeren", und die auf der Ebene der „literarischen Evolution" (Tynjanov) anzusiedeln ist, kommt ebenso wie den externen intertextuellen Prozessen eine ideologische Bedeutung zu. Diese kann jedoch erst dann in ihrem vollen Ausmaß erfasst werden, wenn die externe Intertextualität – die Verarbeitung der nicht-literarischen Soziolekte und ihrer Diskurse – analysiert wurde.

So kann beispielsweise Prousts Kritik an Balzac in *Contre Sainte-Beuve* nur im Zusammenhang mit seiner Kritik der mondänen Konversation und der kommunikativen Sprache allgemein verstanden werden: Balzacs Schreibweise ist der Sprache des mondänen Soziolekts (dem gesprochenen Wort) verwandt, und diese Verwandtschaft erklärt, weshalb sie stellenweise hohl klingt: weil sie, nach „außen" gekehrt und nach öffentlicher Anerkennung heischend, das „innere", unbewusste Gesetz, Prousts *instinct artistique,* vernachlässigt. Erst der Soziolekt und die äußere Intertextualität geben über den Stellenwert eines Textes innerhalb der literarischen Evolution Aufschluss und über die Entwicklung eines Werkes selbst. Einer der Gründe, weshalb die *Recherche* weit über Prousts Erstlingsroman *Jean Santeuil* hinausgeht, ist darin zu suchen, dass Proust in seinem zweiten Roman die Kritik des mondänen Soziolekts in den Mittelpunkt rückte und auf diese Weise die gesuchte Alternative fand: *das literarische Schreiben.*

Ähnliches ließe sich von Musil sagen, der in seinem ersten Roman *Die Verwirrungen des Zöglings Törleß* noch nicht den Soziolekt erkannte, der in *Der Mann ohne Eigenschaften* die Szene beherrscht: *die Ideologie.* Sicherlich hat Eliseo Verón Recht mit seiner Bemerkung, es gebe nicht *den* ideologischen Diskurs: „Das Ideologische ist eine Dimension, die ein *jeder Diskurs,* der von den gesellschaftlichen Produktionsverhältnissen geprägt wird, aufweist, gleich um welchen ‚Typ' es sich handelt." (Verón 1978, S. 15) Dennoch ließe sich sagen, dass *Der Mann ohne Eigenschaften* (im Unterschied zur *Recherche*) vornehmlich eine intertextuelle Reaktion auf *den* ideologischen Diskurs ist, der in jedem der Soziolekte, die der Roman verarbeitet, eine andere Form annimmt.

Dadurch unterscheidet sich Musils Text von der *Recherche,* die in erster Linie eine Reaktion auf die Vermittlung durch den Tauschwert ist, die in der kommunikativen Sprache der Konversation als *Ambivalenz* zum Ausdruck kommt. Während *Der Mann ohne Eigenschaften* den absoluten ideologischen Gegensatz (die semantische Disjunktion und die Trennung der Isotopien) ideologiekritisch im Rahmen der Ambivalenz in Frage stellt, ist die *Recherche* eine *Suche* nach dem absoluten (semantischen) Gegensatz, der von der wertindifferenten Konversation negiert wird.

Dennoch sind die beiden Romane nicht völlig verschiedene oder gar einander entgegengesetzte Strukturen; vielmehr ergänzen sie einander, weil die Vermittlung durch den Tauschwert (als Ambivalenz) und die *Ideologie als dualistischer Mythos* und als Reaktion auf die Vermittlung einander ergänzen. Im Folgenden soll dargetan werden, wie die Vermittlung durch den Tauschwert im sprachlichen Bereich die semantische Ambivalenz hervorbringt und wie die Ideologie als mythische und autoritäre Reaktion auf die Ambivalenz (den „Agnostizismus" und die „Dekadenz") der Marktgesellschaft begriffen werden kann.

Die Ideologie als dualistischer – politischer oder religiöser – Mythos stellt sich selbst als radikale Alternative zur ambivalenten und depravierten Wirklichkeit des Marktsystems dar. Tatsächlich ist sie aber ein Produkt der Vermittlung und von dieser geprägt: Die fortschreitende Zersplitterung des ideologischen Bereichs (der Semantik der Kodes, ihrer Relevanz) und die ideologischen Auseinandersetzungen tragen entscheidend zur Steigerung der Ambivalenz aller Werte bei. Prousts und Musils Romane setzen sich auf intertextueller Ebene mit zwei Aspekten eines und desselben Problems auseinander: Es geht um das Problem der semantischen und wertenden Differenz, deren Krise zu einer Krise der Relevanz und des Kodes wird. Diese wiederum erklärt den Zerfall der narrativen Syntax als aktantieller und kausallogischer Struktur.

Literatur

Althusser, L.: *Positions*, Paris, Editions Sociales, 1976.
Bachtin, M.: *Literatur und Karneval. Zur Romantheorie und Lachkultur*, München, Hanser, 1969.
Bachtin, M.: *Probleme der Poetik Dostoevskijs*, München, Hanser, 1971.
Bachtin, M.: *Rabelais und seine Welt. Volkskultur als Gegenkultur*, Frankfurt, Suhrkamp, 1987.
Calvet, L.-J.: *Pour et contre Saussure*, Paris, Payot, 1975.
Eco, U.: *Trattato di semiotica generale*, Mailand, Bompiani, 1975. (Vor allem Kap. 3. 9.: „Ideologia e commutazione di codice". Die erste Fassung dieses Textes erschien in: *Le Forme del contenuto*, Mailand, Bompiani, 1971; dt. Übers. in P. V. Zima [Hrsg.], *Textsemiotik als Ideologiekritik*, Frankfurt, Suhrkamp, 1977: „Semiotik der Ideologien".)
Gelgardt, P. P.: Niekotorie obščelingvističeskie idei i folklorističeskie interesy akad. N. Ya. Marra v osvěščenii naučnoj kritiki, in: *Voprosy jazykoznania*, Izd. „Nauka", 3, 1976. (Der Autor befasst sich mit der Wiederentdeckung Marrs in der sowjetischen Linguistik.)
Goldmann, L.: Phèdre, in: Ders., *Recherches dialectiques*, Paris, Gallimard, 1959.
Goldmann, L.: *Der verborgene Gott*, Neuwied und Berlin, Luchterhand, 1973.
Greimas A. J.: *Du Sens*, Paris, Seuil, 1970.
Greimas A. J.: *Sémiotique et sciences sociales*, Paris, Seuil, 1976.

Greimas A. J.: *Maupassant. La sémiotique du texte: exercices pratiques*, Paris, Seuil, 1976.
Greimas A. J.: Les acquis et les projets, in: J. Courtés, *Introduction à la sémiotique narrative et discursive*, Paris, Hachette, 1976.
Juvan, M.: *History and Poetics of Intertextuality*, West Lafayette, Purdue Univ. Press, 2008.
Karrer W.: *Parodie, Travestie. Pastiche*, München, Fink, UTB, 1977.
Konrad K.: Der Streit um Inhalt und Form. Marxistische Bemerkungen zum neuen Formalismus, in: H. Günther (Hrsg.), *Marxismus und Formalismus*, München, Hanser, 1973 (Ullstein, 1976).
Kristeva, J.: *Semeiotiké. Recherches pour une sémanalyse*, Paris, Seuil, 1969.
Maingueneau, D.: *Initiation aux méthodes de l'analyse du discours*, Paris, Hachette, 1976. („L'analyse lexicométrique est obligée d'annuler en quelque sorte de nombreux „effets de sens.", S. 44.)
Medvedev P. N.: *Die formale Methode in der Literaturwissenschaft*, Stuttgart, Metzler, 1976. (Als erster setzt sich Medvedev für eine soziologische Theorie der Gattungen ein: S. 168–180.)
Morson, G. S.: The Heresiarch of META, in: *PTL* 3, 1978 (S. 407 bis 427).
Mukařovsky, J.: Poznámky k sociologii básnického jazyka, in: *Kapitoly z české poetiky*, Bd. 1, Prag, Melantrich, 1941.
Ruloff-Hänyy F.: *Liebe und Geld. Der moderne Trivialroman und seine Struktur*, Stuttgart, Artemis Vlg., 1976. (Darin vor allem: Der Stil der Heftchenromane, S. 53.)
Shukman A.: Jurij Lotman and the Semiotics of Culture, in: *Russian Literature*, 5:1, 1977.
Skalička V.: Jazyk a společnost, in: *Slovo a slovesnost*, 2/XXXV, 1974.
Titunik I. R.: The Formal and the Sociological Method (M. M. Baxtin, P. N. Medvedev, V. N. Vološinov), in: V. N. Vološinov, *Marxism and the Philosophy of Language*, New York and London, Seminar Press, 1973.
Tynjanov, J.: Über die literarische Evolution, in: J. Striedter (Hrsg.), *Russischer Formalismus*, München, Fink-UTB, 1969.
Verón, E.: Sémiosis de l'idéologie et du pouvoir, in: *Communications*, Nr. 28, 1978.
Yaguello, M.: Vorwort zu: M. Bakhtine (V. Volochinov), *Le Marxisme et la philosophie du langage. Essai d'application de la méthode sociologique en linguistique*, Paris, Minuit, 1977.
Zima P. V.: Rezeption und Produktion als ideologische Begriffe, in: Ders., *Kritik der Literatursoziologie*, Frankfurt, Suhrkamp, 1978.

Die Institutionalisierung literarischer Sprachen

5

1 Sprache als vermittelnde Instanz

Im soziolinguistischen Kontext, in dem Soziolekte und Diskurse auf intertextueller Ebene affirmativ, kritisch oder polemisch aufeinander reagieren und oftmals um die Vorherrschaft in den Institutionen ringen, kommt Versuchen, einem literarischen Soziolekt zum Durchbruch zu verhelfen und ihn in den Institutionen zu verankern, große Bedeutung zu. Mit solchen Versuchen befasst sich Pierre Bourdieu ausführlich in *Les Règles de l'art* (1992, dt. *Die Regeln der Kunst* 2001, 2016). Er zeigt, wie im literarischen *Feld (champ littéraire)* Schriftstellergruppen gegeneinander antreten und sich bemühen, konkurrierende oder gegnerische Gruppen durch ästhetische Innovationen aus dem Feld zu schlagen.

„Unleugbar ist der Effekt der Notwendigkeit", bemerkt Bourdieu, „sich abzusetzen, um zu existieren […]." (Bourdieu 2001, 2016, S. 380) Auf die Distinktion oder den „feinen Unterschied" (vgl. Bourdieu 1982, S. 298–311) kommt es an, wenn der Surrealist André Breton „in seinen Beziehungen zu konkurrierenden Gruppen wie die Tsaras oder Dermées, die ebenfalls die Bezeichnung Surrealismus für sich in Anspruch nehmen, nachdrücklich herauskehrt, was sie unterscheidet". (Bourdieu 2001, 2016, S. 380)

Bourdieus Soziologie der Felder und vor allem des literarischen Feldes ist aussagekräftig, solange es um die institutionellen Aspekte von Kunst und Literatur geht. Sie sagt nichts oder wenig über den *sprachlichen Bereich,* die soziolinguistische Situation aus, in der die von Bourdieu beschriebenen und erläuterten Auseinandersetzungen um die Vorherrschaft im Feld stattfinden. Mit welchen *sprachlichen Mitteln* wird im Feld gekämpft? Eine Antwort auf diese Frage bleibt Bourdieu uns schuldig.

Quellennachweise: Kap. 5. Die Institutionalisierung literarischer Sprachen:
L'Institutionnalisation des langages littéraires, in: P. Maurus (Hrsg.), Actualité de la sociocritique, Paris, L'Harmattan 2013, S. 158–169.

© Der/die Autor(en), exklusiv lizenziert durch Springer-Verlag GmbH, DE, ein Teil von Springer Nature 2021
P. V. Zima, *Textsoziologie,* https://doi.org/10.1007/978-3-476-05816-4_5

In der Literatur und ihrer Evolution kommt es primär auf die Sprache an, die in der Moderne in vielen Fällen – vor allem in den Avantgarde-Bewegungen – zum Hauptanliegen der Schriftsteller und Schriftstellergruppen wird. Insofern hat der russische Formalist Jurij Tynjanov Recht, wenn er angesichts der Übermacht marxistischer Inhaltsästhetiken die Ansicht vertritt, dass Literatur und Gesellschaft nur über das Medium der Sprache miteinander zu vermitteln sind: *„Das außerliterarische Leben steht vor allem durch sein sprachliches Moment in Korrelation zur Literatur."* (Tynjanov, in: Striedter 1969, 1971, S. 453) Diese These bildet einen der Ausgangspunkte der Textsoziologie als Soziologie der Literatur.

Veranschaulicht wird sie in einer Arbeit von Jean-François Lavis über Célines Roman *Voyage au bout de la nuit* (1932, dt. *Reise ans Ende der Nacht,* 1933), in der die intertextuelle Verarbeitung des gesprochenen Wortes im Roman analysiert wird: „Um die gesellschaftliche Bedeutung von Célines Schreibweise untersuchen zu können, möchte ich von der folgenden Frage ausgehen: Warum wird die Literarisierung der gesprochenen Sprache des Volkes zu einem Kampf gegen die nach Herrschaft strebende literarische Sprache?" (Lavis 1997, S. 85) Diese Frage führt mitten in den Bereich der Institutionalisierung literarischer Sprachen und ihrer Ästhetiken. Sie deutet an, dass die Auseinandersetzungen im literarischen Feld, die Bourdieu kommentiert, vor allem auf sprachlicher Ebene stattfinden.

2   System, Feld, Institution

Die Frage ist nicht ganz neu, denn sie wurde, wenn auch nur *en passant,* von Soziologen wie Niklas Luhmann, der französischen Literaturwissenschaftlerin Renée Balibar und dem belgischen Literaturwissenschaftler Jacques Dubois aufgeworfen. In Deutschland hat vor allem Peter Bürger die Bedeutung der *Institutionalisierungsprozesse* für Literatur und Kunst hervorgehoben und untersucht (vgl. Bürger 1974, 1978). Diese Forschung hat in ihrer Gesamtheit wesentlich zu einer neuen Ausrichtung der Literatursoziologie auf die Institution und den Institutionalisierungsprozess sowohl im Produktions- als auch im Rezeptionsbereich beigetragen.

Dennoch sind längst nicht alle Probleme, die angesichts der Institutionalisierung literarischer (und nichtliterarischer) Soziolekte und Diskurse auftreten, angeschnitten oder gar gelöst worden. Es ist nicht schwer, den Grund zu finden: Obwohl Luhmann und Bourdieu im Rahmen ihrer System- und Feldtheorien indirekt auf Institutionalisierungsprozesse eingehen, verknüpfen sie ihre Begriffe „System" und „Feld" nicht mit dem Institutionsbegriff. In Luhmanns Hauptwerk *Die Gesellschaft der Gesellschaft* (1997) kommt das Wort „Institution" nur einmal vor, und Bourdieu, der es sehr viel öfter verwendet (vgl. Bourdieu 2016, S. 36–39), stellt keine *Verbindung* zwischen „Feld" und „Institution" her. Diese Lücke fällt auch Richard Jenkins in seinem Buch über Bourdieu auf: „Er geht kaum auf den institutionellen Charakter der Felder ein", heißt es dort von Bourdieu (Jenkins 1992, S. 90).

2 System, Feld, Institution

Doch was soll man sich genau unter einer Institution vorstellen? Sie wird von Wolfgang Lipp in einem ersten Schritt definiert als „soziale Einrichtung, die auf Dauer bestimmt, was getan werden muß" (Lipp, in: Schäfers 1986, S. 136). Interessanter für den hier konstruierten Kontext ist die Definition, die Karl-Heinz Hillmann im *Wörterbuch der Soziologie* vorschlägt: „[...] Eine Einrichtung (Organisation, Behörde, Betrieb) schlechthin, die nach bestimmten Regeln des Arbeitsablaufes und der Verteilung von Funktionen auf kooperierende Mitarbeiter (im Rahmen eines größeren Organisationssystems) eine bestimmte Aufgabe erfüllt." (Hillmann 2007, S. 381) Von Bedeutung ist hier vor allem der Ausdruck „eines größeren Organisationssystems", weil er suggeriert, dass Institutionen funktionale Bestandteile eines Systems sind, das sie konkretisieren.

Ist die Vorstellung, dass Systeme und Felder aus Institutionen bestehen, so abwegig? Luhmann unterscheidet „Interaktion", „Organisation" und „System". Wäre „Institution" nicht als Zwischenstufe denkbar: etwa im Kunstsystem, in dem Organisationen wie Kunstvereine von Institutionen wie Galerien, Bibliotheken oder Museen zu unterscheiden wären? Könnte der Institutionsbegriff die Begriffe „System" und „Feld" nicht konkretisieren? Schon Herbert Spencer, einer der Begründer der Soziologie, fasste das Gesellschaftssystem als ein Ensemble von Institutionen auf.

Bourdieu und Luhmann gehen diesen Fragen nicht nach und befassen sich auch nicht – oder kaum – mit den *sprachlichen* Prozessen und Konflikten, die in der Literatur so wichtig sind. Dieses Abstrahieren von den spezifischen Problemen der Literatur und anderer Kunstformen hat zur Folge, dass die beiden Soziologen die institutionellen Unterschiede zwischen den Künsten übergehen und versuchen, Gesetzmäßigkeiten in der Kunstentwicklung aufzuzeigen (Differenzierung, Autonomisierung), ohne die Tatsache zu berücksichtigen, dass Literatur, Musik, Malerei und Film sehr unterschiedlich institutionalisiert sind und im Zeitalter der Intermedialität von Jahrzehnt zu Jahrzehnt neuen Gesetzmäßigkeiten und Tendenzen folgen.

Einige Kommentare zur Kunstsoziologie Pierre Bourdieus zeigen, dass in dieser Soziologie die Institutionalisierungsprozesse nicht auf besonders nuancierte Art wahrgenommen werden. So bemerkt beispielsweise Anna Boschetti: „In einer wenig institutionalisierten Welt wie dem literarischen Feld ist die Konkurrenz zwischen den Produzenten eine der wichtigsten treibenden Kräfte der inneren Dynamik [...]." (Boschetti, in: Martin, J.-P. 2010, S. 95)

Aber ist Literatur so schwach institutionalisiert? Immerhin haben wir es im „literarischen Feld" auch mit Verlagen, Zeitschriften, Buchmessen sowie Literaturpreisen zu tun – und mit Jurys, die Literaturpreise vergeben. Auch aus diesem Grund sollten Begriffe wie „System" und „Feld" mit Hilfe des Institutionsbegriffs konkretisiert werden.

Die Argumente von Renée Balibar, die die Sprache in Camus' Roman *L'Etranger* (1942, dt. *Der Fremde*, 1948) in einem institutionellen Kontext analysiert, sind sehr viel spezifischer als die Luhmanns und Bourdieus. Der strukturierende Gegensatz, der nach Balibar den Sprachgebrauch in diesem Roman erklären soll, ist der zwischen Grundschule und Gymnasium. Im Rahmen dieses Gegensatzes versucht Balibar, die im Anschluss an Althusser von „ideologischen Staatsapparaten" (Schule, Armee, Verwaltung) spricht, die institutionelle und ideologische Funktion des *passé composé* zu erklären, der für den Diskurs des Ich-Erzählers Meursault charakteristisch ist. Trotz aller detaillierten Beschreibungen der Textgrammatik ist Balibars Studie als Literatur- oder Textsoziologie aus zwei Gründen nicht sehr aussagekräftig: weil die Institution Schule nur ein bescheidener Teil des literarischen Lebens ist und weil Balibar weder auf die semantischen noch auf die narrativen Strukturen des Romans eingeht.

Dies ist auch Jacques Dubois aufgefallen: „Es steht jedoch fest, dass die Schule nicht die einzige Instanz ist, die das Funktionieren des [literarischen] Systems bestimmt oder ihm seine Normen und Kriterien vorgibt." (Dubois 1978, S. 102) Als Alternative schlägt er eine Ausrichtung auf literarische „Schulen" und „Bewegungen" wie Symbolismus, Existenzialismus oder Surrealismus vor.

In der Vergangenheit sind diese Bewegungen ausführlich sowohl im historischen als auch gesellschaftlichen Kontext kommentiert und gedeutet worden. So hat etwa Peter Bürger zu zeigen versucht, wie der französische Surrealismus die bürgerliche Institution Kunst angreift und schließlich selbst in sie als neue Kunstform aufgenommen wird (Bürger 1974, S. 63–73). Wie Dubois befasst er sich mit der „Institution Kunst" (vgl. Bürger 1978, S. 260–279), ohne sie im soziologischen Kontext zu definieren und ohne sie auf die Sprachproblematik der Literatur zu beziehen.

In *Aktualität und Geschichtlichkeit* betrachtet er beispielsweise das sich wandelnde Gattungssystem, um zu zeigen, unter welchen historischen und sozialen Bedingungen Stendhal für die Anerkennung des Romans als legitimer Gattung kämpfte (vgl. Bürger 1977, Kap. 5). Leider wird auch in dieser Aufsatzsammlung die Sprache als Verbindung zwischen Gesellschaft und Literatur nicht berücksichtigt. Aus textsoziologischer Sicht fehlt das Wesentliche: eine soziologische Auffassung der Institution und eine Ausrichtung auf die Sprachproblematik.

Im Zusammenhang mit ihr könnten die hier erwähnten soziologischen Definitionen der „Institution" im Anschluss an das vorige Kapitel wie folgt ergänzt werden: *soziale Einrichtung, die darüber entscheidet, was in einer bestimmten soziolinguistischen Situation gedacht, gesagt und geschrieben werden kann und was nicht (mehr)*. Zu dieser Einrichtung oder Institution gehören neben den Verlagen die literarischen Zeitschriften und ihr Rezensionswesen – und selbstverständlich auch die Leserinnen und Leser, die einen Text schätzen oder nach kurzem Blättern links liegen lassen.

Aus der Sicht der Schriftsteller oder Schriftstellergruppen geht es darum, neue literarische Soziolekte und zusammen mit ihnen die individuellen Idiolekte institutionalisieren zu lassen. Es gilt, den normativen Charakter der Literatur als Institution zu berücksichtigen: Sie legt, wenn auch indirekt (durch Anerkennung oder Ablehnung von Texten) die ästhetische Norm im Sinne des tschechischen Strukturalismus fest.

Diese Norm ist von dem sich wandelnden ästhetischen Wertsystem der Gesellschaft nicht zu trennen. Mukařovský erklärt: „Der ästhetische Wert ist somit auf allen seinen Stufen wandelbar; passive Ruhe ist hier nicht möglich." (Mukařovský

1970, S. 75) Dies bedeutet, dass im Klassizismus des 17. Jahrhunderts der ästhetische Wert mit der Beachtung der Norm zusammenfällt, während in der Moderne die *Normverletzung selbst zur Norm* wird. Dazu bemerkt Mukařovský: „Die Geschichte der Kunst ist, wenn wir sie aus der Sicht der ästhetischen Norm betrachten, eine Geschichte der Auflehnung gegen die herrschenden Normen." (Mukařovský 1970, S. 46) Freilich ist dies eine eher avantgardistische Auffassung der ästhetischen Norm und ihrer Entwicklung. Sie gilt jedoch uneingeschränkt für die Manifeste der Avantgarde, die im Folgenden als Versuche gewertet werden, neue Schreibweisen zu institutionalisieren.

3 Marinetti und das Manifest

Auf die Frage, was in einer soziolinguistischen Situation getan, gesagt und geschrieben werden kann, antwortet Federico Tommaso Marinetti, der Begründer des italienischen Futurismus, mit dem *Manifest*. Die Form des Manifests, die Walter Fähnders aus politischen Proklamationen und Kriegserklärungen ableitet (vgl. Fähnders, in: Bartoli et al. 2011, S. 243), dient der Programmverkündung, Polemik und Selbstbehauptung. In ihrer avantgardistischen Form ist sie Subversion (Normverletzung) und Institutionalisierungsversuch zugleich. Es gilt, mit einer klassischen oder romantischen Vergangenheit zu brechen, die als steril denunziert wird, und eine neue literarische Sprache anzukündigen, der die (utopische) Zukunft einer Gesellschaft gehört, die in zunehmendem Maße von Wissenschaft, Technologie und Technik beherrscht wird.

Marinettis Manifeste und ihr polemischer Ton sind seit langem bekannt, und es ist kaum sinnvoll, Altbekanntes zu rekapitulieren. Sinnvoller ist es in dem hier entworfenen Zusammenhang, sie als Versuche zu lesen, zusammen mit dem Manifest als neuer Textsorte eine neue literarische Schreibweise einzuführen – und in den Institutionen anerkennen zu lassen.

Die semantische und lexikalische Innovation geht u. a. aus der neuen industriellen und technischen Wirklichkeit hervor, welche die Entstehung einer neuen, ungewohnten und aggressiven Metaphorik begünstigt. Klassische und romantische Normen werden von Wort zu Wort verletzt:

> Wir werden die großen Menschenmengen besingen, die die Arbeit, das Vergnügen oder der Aufruhr erregt; besingen werden wir die vielfarbige, vielstimmige Flut der Revolutionen in den modernen Hauptstädten; besingen werden wir die nächtliche, vibrierende Glut der Arsenale und Werften, die von grellen elektrischen Monden erleuchtet werden; die gefräßigen Bahnhöfe, die rauchende Schlangen verzehren [...]. (Marinetti, in: Asholt und Fähnders 1995, S. 5)

In diesem Text fällt die Form des Manifests auf, die auf wesentlich ältere Manifeste hinweist, vor allem auf das *Kommunistische Manifest* von Marx und Engels aus dem Jahr 1848. Ebenso wichtig ist das Plädoyer für eine neue Schreibweise, das aus dem wiederkehrenden Ausdruck „wir werden besingen" herauszuhören ist. Aber nicht die neuen Themen oder Gegenstände sind entscheidend, sondern die neuen Metaphern, die sich intertextuell-polemisch gegen die klassische und romantische Literatur wenden: die „nächtliche, vibrierende Glut der Arsenale", die „grellen elektrischen Monde", die die Mondromantik aufs Korn nehmen. Der Institutionalisierungsversuch durch das Manifest geht einher mit einem sprachlich-stilistischen Experimentieren, das von Manifest zu Manifest konkreter und radikaler wird.

Das *Technische Manifest der futuristischen Literatur,* das drei Jahre nach dem ersten Manifest (1909) erschien, ist eine radikale Kritik etablierter literarischer Sprachen und kündigt zugleich neue Sprachnormen und eine neue Ästhetik an:

> Das hat mir der surrende Propeller gesagt, während ich in einer Höhe von zweihundert Metern über die mächtigen Schlote von Mailand flog. Und er fügte hinzu: 1) MAN MUSS DIE SYNTAX DADURCH ZERSTÖREN, DASS MAN DIE SUBSTANTIVE AUFS GERATEWOHL ANORDNET, SO WIE SIE ENTSTEHEN. 2) MAN MUSS DAS VERB IM INFINITIV GEBRAUCHEN, damit es sich elastisch dem Substantiv anpaßt […]. 3) MAN MUSS DAS ADJEKTIV ABSCHAFFEN, damit das bloße Substantiv seine wesenhafte Färbung beibehält […]. 4) MAN MUSS DAS ADVERB ABSCHAFFEN, diese alte Schnalle, die ein Wort an das andere bindet. Das Adverb gibt dem Satz einen lästigen, einheitlichen Ton. (Marinetti, in: Asholt und Fähnders 1995, S. 24)

Marinetti und seinen Weggefährten geht es darum, einem neuen Soziolekt, einer neuen Gruppensprache Geltung zu verschaffen, die mit dem Stil und der Ästhetik der alten, etablierten Sprachen bricht. Freilich veranschaulichen die Manifeste der Avantgarden das Phänomen *Soziolekt* oder *Gruppensprache* besser als die stark individualisierten Idiolekte einzelner Autoren oder Autorinnen. Im Zusammenhang mit Proust (Abschn. 4) sollte jedoch deutlich werden, dass auch auf individueller Ebene Bemühungen um Institutionalisierung von Textsorten zu beobachten sind und dass diese individuellen Bemühungen durchaus auch soziale Komponenten aufweisen.

Im Zusammenhang mit der Avantgarde spricht Walter Fähnders von „Manifestantismus" (vgl. Fähnders, in: Bartoli et al. 2011, S. 237–252) und bezieht sich dabei auf die Versuche europäischer Avantgarden, eine neue Schreibweise und Ästhetik zu institutionalisieren. Wenn Peter Bürger behauptet, dass die surrealistische Avantgarde schließlich in die literarische Institution integriert wurde, die sie zerstören wollte (was teilweise richtig ist), übersieht er ihre Bemühungen um Institutionalisierung, die in ihren Manifesten zum Ausdruck kommen und die von der *Ambivalenz der Avantgarde* zeugen: Einerseits versuchte sie (wie Marinetti), die bürgerliche Kunst zu zerstören, andererseits unternahm sie alles, um eine neue Kunstform mitsamt ihren revolutionären Normen *anerkennen zu lassen.* Aber eine Revolution auf institutioneller Ebene anerkennen lassen wird stets ein widersprüchliches oder gar aporetisches Projekt sein und die Integration der Revolutionäre zur Folge haben.

4 Robbe-Grillet, Sollers und „Tel Quel"

Das Manifest ist nur eine Art, eine neue literarische oder künstlerische Form in den Institutionen zu verankern. Marinetti standen auch die Zeitschrift *Poesia* zur Verfügung, deren Direktor er eine Zeit lang war, sowie *L'Italia futurista*. Dass eine Zeitschrift, die zum richtigen Zeitpunkt in einer günstigen soziolinguistischen Situation erscheint, richtungsweisend sein kann, versteht sich fast von selbst. In einer solchen Situation wirkte in den 1960er Jahren die Pariser Zeitschrift *Tel Quel*, an der Jean-Louis Baudry, Jean-Joseph Goux, Jean-Louis Houdebine, Julia Kristeva, Philippe Sollers und viele andere mitwirkten. Auch diese Philosophen- und Schriftstellergruppe setzte sich für eine neue Kunst- und Literaturauffassung ein, indem sie die Zeitschrift *Tel Quel* und bei den Editions du Seuil eine gleichnamige Reihe, in der Bücher im Geiste von *Tel Quel* erschienen, gründete.

Alain Robbe-Grillet, einem Vertreter des Nouveau Roman, dessen Bücher im Minuit-Verlag erscheinen, verdankt die *Tel-Quel*-Gruppe einen entscheidenden Impuls, der auf die Institutionalisierung einer neuen nicht-metaphysischen und nicht-anthropomorphen Schreibweise hinausläuft. In dem Band *Théorie d'ensemble*, der als eine Art Manifest von *Tel Quel* gelesen werden könnte, kommentiert Michel Foucault die Rolle Robbe-Grillets als Vermittler zwischen den beiden Verlagen und als neues literarisches Modell: „Die Bedeutung Robbe-Grillets bemisst sich an der Frage, die sein Werk an alle zeitgenössischen Werke richtet. Eine in jeder Hinsicht *kritische* Frage, die die Möglichkeiten der Sprache betrifft; eine Frage, die die Willkür der Kritiker oftmals zu der Frage verzerrt, ob es denn gestattet sei, eine andere Sprache zu verwenden – oder auch eine verwandte." (Foucault, in: *Théorie d'ensemble*, 1968, S. 11)

Foucault fügt hinzu: „Man sagt: Es gibt bei Sollers (oder Thibaudeau etc.) Figuren, eine Sprache, einen Stil und Themenbeschreibungen, die Robbe-Grillet abgeschaut sind. Ich würde eher sagen: Bei ihnen finden sich im Netzwerk ihrer Wörter und vor ihren Augen Gegenstände, die ihre Existenz und ihre Existenzmöglichkeit nur Robbe-Grillet verdanken." (Ibid.)

In Foucaults Darstellung sind drei Aspekte der Institutionalisierung einer neuen Schreibweise im Sinne von *Tel Quel* erkennbar: 1) Die Suche nach einer neuen Sprache und ihrer Ästhetik; 2) die für den Futurismus so wichtige Beziehung zwischen einer neuen Kategorie von Gegenständen und den ihnen entsprechenden stilistischen Innovationen; 3) die Institutionalisierung dieser Beziehung mit Hilfe einer Zeitschrift, die in einem der bekanntesten Pariser Verlage verankert ist.

Alain Robbe-Grillets Plädoyer für eine Erneuerung des Romans auf sprachlicher Ebene ist bekannt. In *Pour un nouveau roman*, greift er den Existenzialismus an, dem er seine Neigungen zur Metaphysik und zu einer anthropomorphen Weltdarstellung vorwirft. Dieser Weltauffassung gehört auch das Absurde an. Robbe-Grillets Replik lautet: „Nun ist die Welt aber weder bedeutsam noch absurd. Es *gibt* sie einfach." (Robbe-Grillet 1963, S. 21) Diese Erkenntnis bringt Veränderungen in der Sprache mit sich, die ihre Rolle als Komplizin eines verbrauchten Humanismus aufgeben sollte. Robbe-Grillet distanziert sich von einigen anthropomorphen Ausdrücken wie „majestätisches Gebirge" („montagne majestueuse") oder „anschmiegsames Tal" („vallon blotti"): „Das Wort ‚anschmiegsam' bietet keine zusätzliche Information. Es versetzt jedoch den Leser (zusammen mit dem Autor) in die vermutete Seele des Dorfes [...]." (Ibid., S. 60)

In dieser Hinsicht trifft sich Robbe-Grillet mit dem Semiotiker Barthes, der in „Le Grain de la voix" (Barthes 1981) das religiös konnotierte Signifikat „Seele" durch die Stimme als vieldeutigen Signifikanten ersetzt. Beide Autoren antizipieren die postmoderne Gleichgültigkeit religiösen und ideologischen Werten gegenüber: Die Empfindungen, die diese Werte ausdrücken, sind dabei, austauschbar zu werden.

Im Unterschied zu den futuristischen (italienischen, russischen) und surrealistischen Avantgarden, die sich kritisch von den klassischen, romantischen und realistischen Diskursen distanzierten, versuchte *Tel Quel*, eine Neo-Avantgarde ins Leben zu rufen, die als Synthese von Marxismus-Leninismus, Semiotik, Dekonstruktion (Derrida) und Psychoanalyse (Freud, Lacan) auftrat und sich seit Ende der 1960er Jahre auch am chinesischen Maoismus orientierte. Der Soziolekt der Gruppe, dessen internationale Wirkung bis nach Nordamerika reichte, ging somit aus einem intertextuellen Netzwerk hervor, das für die soziolinguistische Situation der 1960er und 70er Jahre charakteristisch war.

Dazu bemerkt Philippe Sollers in einem Interview aus dem Jahr 1973: „Ich kenne keinen Avantgarde-Schriftsteller, der nicht von der chinesischen Revolution beeinflusst worden wäre. Dabei geht es um eine sprachliche Revolution, um eine neue, aktuelle Praxis." (Sollers, in: Charvet und Krumm 1974, S. 44) Das neue Projekt der 1970er Jahre besteht somit aus einer Synthese von Sprachkritik, maoistischer Kulturrevolution und Psychoanalyse. Wie seinerzeit die historischen Avantgarden (Futuristen, Surrealisten) widersetzte sich *Tel Quel* dem Bürgertum und den „verbürgerlichten", „revisionistischen" kommunistischen Parteien. Zugleich kämpfte die Zeitschrift gegen die bürgerliche Ästhetik und ihre Auffassung der Kunstautonomie.

5 Marcel Proust und die Institutionalisierung des modernistischen Romans in der „Recherche"

In diesem dritten Modell soll gezeigt werden, dass auch einzelne Schriftsteller wie Marcel Proust versuchen können, ihre Vorstellungen von einer Erneuerung der Literatur oder der Romangattung im Text selbst und durch eine neue Schreibweise zu legitimieren. Nicht das Werk eines Kollektivs wie *Théorie d'ensemble* oder die von einem renommierten Verlag vertriebene Zeitschrift muss die literarische Erneuerung in die Wege leiten: auch das eigene Werk kann diese Aufgabe übernehmen – und wenn ihm die sprachliche Situation günstig ist, auch bewältigen. Ein Roman wie Prousts *A la recherche du temps perdu* (1913–1927, dt. *Auf der Suche nach der verlorenen Zeit,* 1953–1967) kann zum Modell und Manifest eines neuen Schreibens, eines neuen Romans werden.

Marcel Proust wurde oft als „antimoderner" Romancier, als Autor der *Empfindsamkeit* (*sensibilité*) und Ästhet der Belle Epoque gelesen. Peter Bürger beispielsweise spricht vom „Auge des Ästheten". (Bürger 1977, S. 172) Dieser Konstruktion des Proustschen Werks sollte man den *Modernisten* Proust gegenüberstellen, einen Proust als Vorläufer der Avantgarden (vor allem der Surrealisten). Es geht im Folgenden nicht so sehr darum, Proust als Zeitgenossen und Weggefährten von Romanautoren wie Joyce, Svevo oder Musil (vgl. Kap. 7 und Zima 2008) zu verstehen, sondern darum, in der *Recherche* avantgardistische Momente aufzuzeigen, die in den Kommentaren des Ich-Erzählers Marcel zu zwei fiktiven Künstlern zutage treten: zum Komponisten Vinteuil und zum Romancier Bergotte.

Der Übergang von Vinteuils (im Roman) berühmter Sonate zu seinem Septett könnte als entscheidender Schritt zu einer avantgardistischen Musik gedeutet werden, die Harmonie durch Dissonanz ersetzt. Mit Adorno und Lyotard ließe sich sagen, dass die Septett-Komposition das Schöne mit dem Erhabenen versetzt (Adorno) oder dass in ihr das Schöne vom Erhabenen verdrängt wird (Lyotard).

Hier ist der Text, der diese ästhetische Entwicklung veranschaulicht:

> Ein Sang durchbrach schon die Luft, ein Sang aus sieben Tönen, so denkbar unbekannt, so weitab von allem entfernt, was ich mir vorgestellt hatte, unaussagbar und gellend zugleich, nicht mehr wie jenes Taubengurren, das die Sonate durchzog, sondern die Luft zerreißend mit der Heftigkeit seiner roten Tönung, die den Beginn schon umspülte, etwas wie ein mystischer Hahnenschrei, ein ganz unbeschreiblicher, überscharfer Appell, der aus ewiger Frühe kam. (Proust 1956, 2000, S. 3095)

Es ist wohl unmöglich zu behaupten, der Autor der *Recherche* und sein Erzähler würden Vinteuils Sonate seinem Septett vorziehen, zumal Proust im Zusammenhang mit diesem seine schönste Metapher prägte. „L'éternel matin", „die ewige Frühe" kündigt eine neue Art des Komponierens, des Empfindens und des Denkens an: eine neue Ästhetik. Als Ästhetik der Dissonanz fasst sie die Hauptanliegen der modernistischen Musik Wagners, Mahlers, Schönbergs und Alban Bergs zusammen.

In der *Recherche* findet sich ein mit Vinteuils Musik verwandtes literarisches Modell, das der Erzähler anhand der von ihm bewunderten Romankunst Bergottes veranschaulicht. Er verteidigt Bergottes Art, Romane zu schreiben, in einem langen Gespräch mit dem mondänen Diplomaten Norpois, der nur die traditionellen Normen des anekdotischen Erzählens kennt und gelten lässt. Es sind die Normen, die den psychologischen Romanen und den Abenteuerromanen ihre Intrigen und Handlungsabläufe vorschreiben. Für ihre Geltung tritt Norpois ein, wenn er zu Bergotte bemerkt: „Niemals trifft man in seinen mollusken-haften Werken auf ein festes Gerüst. Keine Handlung – oder verschwindend wenig – vor allem aber keine Durchschlagskraft." (Proust 1956, 2000, S. 624) Die militärischen Metaphern zeugen von der bürgerlichen und vor allem mondänen Herkunft von Norpois' Ästhetik.

Im Gegenzug zu dieser Poetik des Causeurs erkennt Prousts Erzähler in Bergottes Romankunst ein neues Konstruktionsprinzip und eine neue Schreibweise, die in vieler Hinsicht auch die Prousts (Musils, Joyces, Kafkas) ist. Wesentlich ist ihm der *Gegensatz zwischen gesprochenem und geschriebenem Wort,* der, wie sich im nächsten Kapitel zeigen wird, Prousts gesamten Roman strukturiert:

> Dennoch fand man in der gesprochenen Rede Bergottes ein gewisses Leuchten nicht, wie es in seinen Büchern und auch in denen mancher anderen Autoren häufig im geschriebenen Satz die Erscheinung der Wörter verändert. Sicher geht das darauf zurück, daß solch Anleuchten aus großen Tiefen kommt und seine Strahlen nicht bis zu dem emporsendet, was wir in Stunden sagen, da wir, den anderen weiter geöffnet im Gespräch, uns selbst gegenüber bis zu einem gewissen Grade verschlossen bleiben. (Proust 1956, 2000, S. 728)

Indem die *Recherche* sporadisch und bisweilen nur unterschwellig eine neue Ästhetik verkündet, deren literarische Praxis Prousts Roman selbst ist, wird sie zum Modell einer neuen Schreibweise. Sie ersetzt das anekdotische Erzählen, das aus einer psychologisch fundierten Handlungs- und Ereigniskausalität hervorgeht, zumindest tendenziell durch eine assoziative, paradigmatische Anordnung, die auch als „essayistisch" bezeichnet werden könnte. Vor diesem Hintergrund könnte man Prousts Roman (ähnlich wie die Romane Robbe-Grillets) als einen zugleich theoretischen und praktischen Versuch lesen, einer neunen, modernistischen Romangattung zum Durchbruch zu verhelfen. Diese nimmt auch in Musils *Der Mann ohne Eigenschaften*, Svevos *La coscienza di Zeno* und Joyces *Ulysses* klare Konturen an. Wie Prousts *Recherche* sind diese Romane Modelle des Modernismus, die auch als solche rezipiert wurden. (Vgl. Kap. 6 und Zima 2008.)

6 Institutionalisierung einer Autonomieästhetik in der Postmoderne: Calvino

Ähnlich wie Prousts *Recherche* könnte Italo Calvinos *Wenn ein Reisender in der Winternacht* (*Se una notte d'inverno un viaggiatore,* 1979) als *individuelles* Plädoyer für eine besondere Ästhetik gelesen werden. Diese wird jedoch nicht so sehr auf der Ebene des Stils und der Schreibweise, sondern auf der Ebene der Lektüre oder *Rezeption* verteidigt, auf der zwei Schwestern agieren, die zwei (scheinbar entgegengesetzte) Arten des Lesens vertreten: Während Ludmilla Literatur spontan genießt, unterwirft sie Lotaria der wissenschaftlichen (mitunter quantitativen) Analyse.

Wie bei Proust ist es wiederum der (in verschiedenen Gestalten auftretende) Erzähler, der als Sprachrohr des Autors fungiert und dessen Literaturauffassung gegen heteronome Ästhetiken wie Marxismus, Feminismus und Psychoanalyse in Schutz nimmt. Autor und Erzähler sind sich einig, wenn es gilt, die Diskurse dieser Ästhetiken zu karikieren und zu diskreditieren.

Sie lassen einen der Protagonisten des Romans Folgendes aus einem literaturwissenschaftlichen Seminar berichten:

> An diesem Punkt wird die Diskussion eröffnet. Szenen, Personen, Stimmungen und Gefühle werden beiseite geschoben, um Platz zu machen für die allgemeinen Begriffe.
> – Das polymorph-perverse Verlangen…
> – Die Gesetze der Marktwirtschaft…
> – Die Homologien der signifikanten Strukturen […] (Calvino 1979, 2004, S. 97)

Gegen diese Art von heteronomer Lektüre, die den Text auf den Begriff bringt, spielen Calvino, seine Erzähler und der fiktive Schriftsteller Silas Flannery, der ebenfalls als Erzähler und Sprachrohr Calvinos auftritt, die Einstellung Ludmillas aus: einer passionierten Leserin, die sich von der „Lust am Text" (Barthes) leiten lässt, statt Literatur in ein wissenschaftliches Procrustes-Bett zu zwängen. „Mir scheint, diese Ludmilla könnte meine ideale Leserin sein" (Calvino 1979, 2004, S. 196), bemerkt Silas Flannery während eines Gesprächs mit Ludmillas Schwester Lotaria, die für die heteronome, wissenschaftliche Literaturforschung steht.

Diese ist stets negativ konnotiert, und das ästhetische Ideal, das sich im Laufe der Roman-Lektüre herauskristallisiert, ist das der Kunstautonomie und der ihr entsprechenden „interesselosen" Rezeption. Tatsächlich ist es die Vorstellung von einer autonomen Kunst, die um ihrer selbst willen zu rezipieren sei (und nicht als Mittel wissenschaftlicher Erkenntnis), die Calvino von seinen Leser-Komplizen und der gesamten literarischen Institution anerkannt haben möchte.

Freilich handelt es sich um eine postmoderne Ästhetik, die Literatur als eine Art Spiel betrachtet und nicht wie Proust als obersten gesellschaftlichen Wert mit religiösen Konnotationen: als „Jüngstes Gericht" („Jugement dernier", Proust). Auch Autonomie als Gesellschaftskritik oder Negation bestehender sozialer Verhältnisse im Sinne von Adorno steht nicht mehr zur Debatte in Calvinos Postmoderne.

In dieser Hinsicht mag Silvio Perrella Recht haben, der Calvinos *Wenn ein Reisender in der Winternacht* als „Meilenstein der postmodernen Literatur" (Perrella 1999, S. 139) betrachtet. Wie die Romane Umberto Ecos und John Barths zeugt Calvinos Roman, der sich *aus lauter Romananfängen zusammensetzt*, von einer experimentellen Ästhetik, deren Kritik an heteronomen Ästhetiken nicht mehr in eine Apotheose der Kunst im Sinne von Mallarmé oder Proust mündet. Es ist eine postmoderne Ästhetik, die auf Leseabenteuer und das Spiel mit Texten ausgerichtet ist.

Dennoch ist Cesare Segre beizupflichten, wenn er die Rolle des *Autors* in Calvinos Roman hervorhebt, einem Roman, der von der Literaturkritik etwas voreilig als eine Hommage an die spontane Leserin Ludmilla und ihre Art zu lesen gepriesen wurde. Segre hält dagegen: „Dies ist kein Roman der Lektüre, wie einige pressierte Literaturkritiker behaupten, sondern ein Schriftsteller-Roman." (Segre 1984, S. 151) Denn es ist zweifellos Calvino selbst, der sich um die Anerkennung seiner idealen Lektüre und seines Plädoyers für eine postmoderne Autonomieästhetik bemüht.

Man wird daher auch Pierre Bourdieu folgen, der in *Die Regeln der Kunst* zur Institutionalisierung des legitimen Lesers durch den Autor bemerkt:

> Man braucht die Untersuchung nicht sehr weit zu treiben, um zu entdecken, daß der von den reinen Werken verlangte Leser das Produkt außergewöhnlicher sozialer Bedingungen ist, die *(mutatis mutandis)* die sozialen Bedingungen ihrer Produktion reproduzieren (in diesem Sinn sind Verfasser und legitimer Leser untereinander austauschbar). (Bourdieu 1999, 2016, S. 473)

In Calvinos Roman sind diese beiden literarischen Instanzen wahrscheinlich nicht austauschbar, weil Ludmillas Lesemodus zu spontan ist, um Calvinos subtiler Rezeptionsästhetik zu entsprechen. Aber sie ergänzen einander durchaus, zumal sich Calvino der liebenswerten Ludmilla bedient, um seine Autonomieästhetik dem zeitgenössischen literarischen Publikum schmackhaft zu machen.

Es fällt in der Tat nicht schwer zu zeigen, dass er sein strategisches und institutionelles Ziel im Bereich der Literaturwissenschaft erreicht. Denn so mancher Literaturwissenschaftler zögert nicht, für Ludmillas spontane Autonomieauffassung Partei zu ergreifen, weil er sie bewusst oder unbewusst mit dem internationalen Prestige des Schriftstellers assoziiert.

So argumentiert beispielsweise Hans Robert Jauß im Sinne der Rezeptionsästhetik, wenn er Ludmillas spielerische Attitüde bejaht und die „reflektierte Lust am Lesen des Lesens, am Spiel mit aufgedeckten und wieder durchstrichenen Erwartungen" (Jauß 1989, S. 287) hervorhebt. Ihm folgt Ulrich Schulz-Buschhaus (ein deutscher Romanist), wenn er an den von Calvinos Erzähler konstruierten Gegensatz zwischen Ludmilla und ihrer Schwester Lotaria anknüpft und Letztere mit der Erfahrungsfeindlichkeit der Theorie assoziiert:

> Diese Offenheit gegenüber den Stimmen des Textes unterscheidet Ludmilla nun radikal von ihrer Schwester. Wird hinter Ludmilla am Ende eine Allegorie der erfahrungsbereiten ‚lettura sempre incuriosita e sempre incontentabile' sichtbar, so fällt Lotaria umgekehrt die allegorische Rolle einer grundsätzlich erfahrungsfeindlichen ideologischen Lektüre zu. (Schulz-Buschhaus 1990, S. 117)

Dieser Diskurs reproduziert unreflektiert die den Roman strukturierende Dichotomie: die zwischen der richtigen, die Kunstautonomie bestätigenden Lektüre Ludmillas und der falschen Lektüre Lotarias, die für die ideologische Heteronomie steht. Der Philologe denkt weder über die soziale Entstehung der ästhetischen Autonomie in der literarischen Institution nach noch über die Wahrheitsmomente von Lotarias im Roman viel geschmähter Einstellung, die es jedoch erst gestattet (im Gegensatz zu der Einstellung Ludmillas), Literatur als sprachliches Konstrukt und soziales Faktum zu verstehen.

Denn Lotaria hat nicht ganz Unrecht, wenn sie dem fiktiven Autor Silas Flannery, der Ludmilla bewundert, entgegnet: „Was Sie wollen, wäre eine passive, eskapistische, regressive Art zu lesen [...]. So liest meine Schwester. Und genau als ich sah, wie sie die Romane von Silas Flannery einen nach dem anderen verschlang, ohne sich das geringste Problem zu stellen, kam ich auf den Gedanken, diese zum Thema meiner Dissertation zu machen." (Calvino 1979, 2004, S. 196) In diesem Fall müsste sich ein Literaturwissenschaftler, der mit der Komplexität literarischer Texte vertraut ist, mit Lotaria solidarisch erklären.

Diese Solidarität meiden Philologen wie Schulz-Buschhaus aus strukturellen und institutionellen Gründen. Als Leser, deren Wahrnehmung sich nach der Aktantendistribution des Romans und ihren positiven oder negativen Konnotationen richtet, ergreifen sie spontan Partei für Flannerys „ideale Leserin" und ihre „Offenheit für Erfahrung", ohne zu bemerken, dass am anderen Ende des Rezeptionsspektrums Lotaria, die verwünschte Schwester, der spontanen Reduktion literarischer Komplexität reflektierend widersteht.

Als Philologen folgen sie einem im „literarischen Feld" erworbenen, institutionalisierten *Habitus* (Bourdieu), der ihnen rät, den Standpunkt des mit symbolischem Kapital ausgestatteten Schriftstellers einzunehmen, statt die semantische Grundstruktur seines Romans und die aus ihr ableitbare Distribution seiner Aktanten in Frage zu stellen und zu zeigen, wie sehr die beiden Schwestern *einander ergänzen*.

Sie ergänzen einander, würde Adorno sagen, weil Kunst sowohl „autonom" als auch „fait social" ist: „Der Doppelcharakter der Kunst als autonom und fait social teilt ohne Unterlaß der Zone ihrer Autonomie sich mit." (Adorno 1970, S. 16) So bestätigen die Philologen – gleichsam *malgré eux* – die Normen der literarischen Institution und vor allem den Erfolg von Calvinos Strategie innerhalb dieser Institution: seine Legitimierung einer postmodernen Autonomieästhetik und der ihr entsprechenden spielerischen Schreibweise bei der Leserschaft.

Dabei entspricht Prousts Versuch, im Rahmen des Gegensatzes von literarischem Schreiben und mondäner Konversation die Literatur aufzuwerten, bei Calvino der Wunsch, einen besonderen *Lektüre*-Modus und die ihm entsprechende Autonomieästhetik vom literarischen Publikum anerkennen zu lassen. In beiden Fällen werden bestimmte literarische und theoretische Diskurse anderen vorgezogen und als legitim bewertet. Obwohl sie in verschiedenen historischen und sozialen Kontexten tätig sind, zeigen Proust und Calvino, dass Institutionalisierungsversuche nicht nur auf kollektiver Ebene (in Manifesten, Zeitschriften und Sammelbänden) zu beobachten sind, sondern auch als *individuelle Initiativen* eine Rolle spielen.

7 Jenseits des Romans: Jürgen Beckers experimentelle „Prosa"

Eine individuelle Initiative dieser Art sind auch Jürgen Beckers radikale Kritik an der Romangattung als ganzer und sein Versuch, seine experimentelle Prosa von der literarischen Öffentlichkeit anerkennen zu lassen. Ihm genügt weder Calvinos Romanexperiment, das abenteuerlich anmutende, vielversprechende Romananfänge aneinanderreiht, noch ein Nouveau Roman, der Helden, Handlungen und Abenteuer parodiert. Er schlägt die Auflösung des Romans in einer experimentellen Prosa vor.

Wie Marinetti, Robbe-Grillet und Sollers kehrt sich Becker gegen seine Vorläufer, denen er dennoch Einiges abgeschaut hat: etwa gegen den Nouveau Roman. Zu Michel Butor, dem Autor von *Degrés,* bemerkt er in einem Sprachduktus, der an Robbe-Grillets Kritik des existenzialistischen Romans erinnert:

> Die Theorien etwa, die den neuen französischen Roman begleiten, erscheinen fortgeschrittener als die Romantexte selbst. Michel Butor nennt den regressiven Romancier den ‚Helfershelfer des tiefsten Unbehagens und der finsteren Nacht, in der wir uns abmühen'; seine erzählerischen Methoden, wie Hans G. Helms ausgeführt hat, gleichen indessen jenen der Gehirnwäsche. (Becker, in: Kreutzer 1972, S. 14)

Wie Marinetti und Robbe-Grillet in ihren Kritiken an der Romantik und am existenzialistischen Roman übertreibt Becker in seinen Kommentaren zu Butor, ohne seine Argumente anhand von Beispielen zu veranschaulichen. Eine solche Vorgehensweise ist auch gar nicht notwendig oder in seinem Interesse, da er ja keine überzeugende wissenschaftliche Analyse anstrebt, sondern versucht, sich so klar wie möglich gegen seine avantgardistischen Vorgänger abzugrenzen, um seiner eigenen experimentellen Prosa in den Institutionen (im literarischen Feld, würde Bourdieu sagen) ein möglichst scharfes Profil zu geben.

Sein häufig zitierter programmatischer Satz, der ein Manifest einleiten könnte, der bei Becker aber als Fazit am Ende seines Artikels „Gegen die Erhaltung des literarischen status quo" steht, lautet: „Erst jenseits des Romans findet das Schreiben den Sinn des Authentischen; erst seine aufgelösten Kategorien entlassen den utopischen Text, der jedem Roman schon eingeschrieben ist." (Becker, in: Kreutzer 1972, S. 19)

Wo von „Institutionalisierung" die Rede ist, dort sollte auch der institutionelle Rahmen erwähnt werden, in dem Beckers manifestartiger Text erschien. Er erschien 1972 im Suhrkamp Verlag in einem Band mit dem Titel *Über Jürgen Becker,* den der Herausgeber Leo Kreutzer mit einem Vorwort versah. In diesem Vorwort geht es hauptsächlich um die Anerkennung oder Institutionalisierung einer neuen Schreibweise, die in Beckers frühen Prosabänden *Ränder* und *Felder* klare Konturen annimmt.

In seinem Vorwort spricht Leo Kreutzer von einer „radikalen Einschmelzung der Gattungen" und geht explizit auf Institutionalisierungsprozesse ein: „Die Vorstellung einer radikalen Einschmelzung der Gattungen hat sich inzwischen mit dem Namen und der Schreibweise Jürgen Beckers fest verbunden. 1967 honorierte die ‚Gruppe 47' Konsequenz und Qualität dieser Schreibweise mit ihrem Preis." (Kreutzer 1972, S. 7) Freilich muss Kreutzer zugeben, dass der Institutionalisierungsprozess nach dem Erscheinen des dritten Bandes der Trilogie *Ränder, Felder, Umgebungen* ins Stocken geriet und dass sich die Literaturkritik einer Auseinandersetzung mit dem dritten Prosaband „fast gänzlich entzogen hat". (Kreutzer 1972, S. 7)

Nun geht es hier nicht um die Darstellung erfolgreicher Institutionalisierungsstrategien im literarischen Bereich, sondern um die Bedeutung des Institutionsbegriffs für die Konkretisierung der soziolinguistischen Situation. In ihr spielen

Institutionen (Verlage, Preise, Zeitschriften, literarische Gruppen) insofern eine entscheidende Rolle, als sie neue Schreibweisen oder allgemein künstlerische Innovationen vor der interessierten Öffentlichkeit anerkennen oder nicht.

Intertextualität als nachahmende, kritische oder parodierende Reaktion ist zweifellos von erheblicher praktischer Bedeutung, wie Beckers Kritik des Nouveau Roman oder Robbe-Grillets Kommentare zur existenzialistischen Literatur zeigen. Aber sie erklärt noch nicht den Erfolg der Innovation oder des Neuen. Über Erfolg oder Misserfolg entscheiden die Institutionen, die Auseinandersetzungen im „literarischen Feld", würde Bourdieu sagen. (Allerdings ist der Begriff „Institution" wesentlich konkreter als Bourdieus „Feldmetapher", die letztlich ein Ensemble von Institutionen – Verlagen, Messen, Zeitschriften, Literaturpreisen – meint).

Wie sieht aber die Schreibweise aus, die Becker als Alternative anerkennen lassen möchte? Hier ist als Textprobe eine kurze Parodie des Western-Romans in *Umgebungen:* „Der Indianer lauert im Hinterhalt der Waldgebiete, die vollgestreut sind mit aufgerissenen Dosen Dortmunder." (Becker 1974, S. 42) Auch auf ältere historische Romane reagiert Becker: „In seiner Not ward das arme Volk unruhiger und unruhiger, und weil man auch suchte nach menschlicher Schuld, fand man so die glücklichen Ziegelbrenner, die dieses Wetter lobten, weil sie daran ihren Nutzen hatten." (Becker 1974, S. 30)

Mit Calvino und dem Nouveau Roman verbindet Becker der *reflexive Charakter* seiner Prosa. In der folgenden Passage aus *Ränder* wird zusammen mit dem Erzählen auch der Roman in Frage gestellt:

> Das ist mal wieder so ein Tageslauf. Den kann man schon gar nicht mehr erzählen. Das Meiste ginge für die Beschreibungen der Geräusche der kriegführenden Parteien im Haus drauf. Dann müßte der Regen erwähnt werden, etwa mit folgendem Zitat: Wenn man des Morgens aufsteht, dann regnet es und abends hört es auch noch nicht auf. Der Blick in die Zeitung, das gäbe schon wieder einen Roman über das, was nicht in der Zeitung gestanden hat, und in so einem Roman, in drei Jahren, könnte man dann lesen, worauf es nun auch nicht mehr ankommt. (Becker 1968, 1970, S. 106)

In diesem Zusammenhang versteht man Jürgen Beckers Bemerkung zum Roman, den er in der experimentellen Prosa auflösen möchte: „Der Roman lebt und lebt. Uns ist das alles ziemlich egal." (Becker, 1968, 1970, S. 19) Diese abweisende Gleichgültigkeit des avantgardistischen Schriftstellers hat der Roman sicherlich überlebt. Es ist jedoch weder der Nouveau Roman Butors und Robbe-Grillets noch der modernistische Roman Musils und Prousts. Eher ist es in der großen Mehrheit der Fälle die aufwühlende Erzählung, die mit dem Etikett „Spannung" versehen und vermarktet wird. Mit ihr können weder Gedichte noch Dramen konkurrieren, die in der Wirtschaftsgesellschaft ein Randdasein fristen, und auch die Produkte der Avantgarde und Neoavantgarde sind ihr zahlenmäßig nicht gewachsen. Dennoch ist sie integraler Bestandteil der gesellschaftlichen und sprachlichen Situation, in der sich Avantgarden profilieren, indem sie zu kommerzialisierten Textsorten ironisch und parodistisch auf Distanz gehen.

Literatur

Adorno, Th. W.: *Ästhetische Theorie. Gesammelte Schriften*, Bd. 7, Frankfurt, Suhrkamp, 1970.
Balibar, R.: *Les français fictifs*, Paris, Hachette, 1974.
Barthes, R.: *Le Grain de la voix. Entretiens 1962–1980*, Paris, Seuil, 1981.
Becker, J.: Gegen die Erhaltung des literarischen status quo, in: L. Kreutzer (Hrsg.), *Über Jürgen Becker*, Frankfurt, Suhrkamp, 1972.
Becker, J.: *Umgebungen*, Frankfurt, Suhrkamp, 1970, 1974.
Becker, J.: *Ränder*, Frankfurt, Suhrkamp, 1968, 1970.
Boschetti, A.: L'explication du changement, in: J.-P. Martin (Hrsg.), *Bourdieu et la littérature*, Nantes, Cécile Defaut, 2010.
Bourdieu, P.: *Die Regeln der Kunst. Genese und Struktur des literarischen Feldes*, Frankfurt, Suhrkamp, 2001, 2016.
Bourdieu, P.: *Was heißt sprechen?* Wien, Braumüller, 1982.
Bourdieu, P.: *Sociologie générale*, Bd. 2. *Cours au Collège de France 1983–1986*, Paris, Seuil (Raisons d'agir), 2016.
Bürger, P.: *Theorie der Avantgarde*, Frankfurt, Suhrkamp, 1974.
Bürger, P.: *Aktualität und Geschichtlichkeit. Studien zum gesellschaftlichen Funktionswandel der Literatur*, Frankfurt, Suhrkamp, 1977.
Bürger, P.: Institution Kunst als literatursoziologische Kategorie, in: P. Bürger (Hrsg.), *Literatur- und Kunstsoziologie*, Frankfurt, Suhrkamp, 1978.
Calvino, I.: *Wenn ein Reisender in einer Winternacht* (1979), München, Süddeutsche Zeitung-Bibliothek, 2004.
Charvet, M., Krumm, E.: *Tel Quel. Un'avanguardia per il materialismo*, Bari, Dedalo, 1974.
Dubois, J.: *L'Institution de la littérature*, Brüssel, Nathan-Labor, 1978.
Fähnders, W.: Subjektkonstitution und avantgardistischer Manifestantismus, in: S. Bartoli, D. Böhme, T. Floreancig (Hrsg.): *Das Subjekt in Literatur und Kunst*, Tübingen, Francke, 2011.
Foucault, M.: Distance, aspect, origine, in: *Théorie d'ensemble*, Paris, Seuil, 1968.
Hillmann, K.-H.: *Wörterbuch der Soziologie*, Stuttgart, Kröner, 2007 (5. Aufl.).
Jauß, H. R.: Italo Calvino: *Wenn ein Reisender in einer Winternacht*. Plädoyer für eine postmoderne Ästhetik, in: Ders., *Studien zum Epochenwandel der ästhetischen Moderne*, Frankfurt, Suhrkamp, 1989.
Jenkins, R.: *Pierre Bourdieu*, London-New York, Routledge, 1992.
Lavis, J.-F.: *Une écriture des excès. Analyse sociologique de „Voyage au bout de la nuit"*, Montreal, Le Goriot, 1997.
Lipp, W.: Institution, in: B. Schäfers (Hrsg.), *Grundbegriffe der Soziologie*, Opladen, Leske-Budrich, 1986.
Luhmann, N.: *Die Gesellschaft der Gesellschaft* (2 Bde.), Frankfurt, Suhrkamp, 1997.
Marinetti, F. T.: Manifest des Futurismus, in: W. Asholt, W. Fähnders (Hrsg.), *Manifeste und Proklamationen der europäischen Avantgarden (1909–1938)*, Stuttgart-Weimar, Metzler, 1995.
Marinetti, F. T.: Technisches Manifest der futuristischen Literatur, in: W. Asholt, W. Fähnders (Hrsg.), *Manifeste und Proklamationen der europäischen Avantgarden*, op. cit.
Mukařovský, J.: Ästhetische Funktion, Norm und ästhetischer Wert als soziale Fakten, in: Ders., *Kapitel aus der Ästhetik*, Frankfurt, Suhrkamp, 1970.
Perrella, S.: *Calvino*, Bari, Laterza, 1999.
Proust, M.: *Auf der Suche nach der verlorenen Zeit* (3 Bde.), Frankfurt, Suhrkamp, 1953, 2000.
Robbe-Grillet, A.: *Pour un nouveau roman*, Paris, Gallimard-Minuit, 1963.
Schulz-Buschhaus, U.: Aspekte eines Happy Ending. Über das XII. Kapitel von Calvinos *Se una notte d'inverno un viaggiatore*, in: G. Goebel-Schilling, S. A. Sanna, U. Schulz-Buschhaus, *Widerstehen. Anmerkungen zu Calvinos erzählerischem Werk*, Frankfurt, Materialis Verlag, 1990.
Segre, C.: Se una notte d'inverno un romanziere sognasse un aleph di dieci colori, in: Ders., *Teatro e romanzo*, Turin, Einaudi, 1984.

Tynjanov, J.: Das literarische Faktum, in: J. Striedter (Hrsg.), *Russischer Formalismus*, München, Fink-UTB, 1969, 1991.

Zima, P. V.: *Der europäisache Künstlerroman. Von der romantischen Utopie zur postmodernen Parodie*, Tübingen, Francke, 2008.

Textsoziologische Modelle: Proust, Musil

1 Ambivalenz und Marktgesetz in der Sprache

Vom Zerfall der Werte, von der Krise des Wertsystems und von gesellschaftlicher Dekadenz ist häufig die Rede. Derlei Begriffe sind meist ideologisch und emotionell geladen, werden von normativen Diskursen missbraucht und stoßen deshalb bei vielen Linguisten, Historikern und Soziologen auf Ablehnung. Drücken Begriffe wie „Zerfall" und „Kulturkrise" nicht etwa die Verzweiflung eines Denkens aus, dessen gesellschaftliche Grundlage zerbröckelt? Sind sie anders als rein normativ zu definieren? Statt allgemein von Krise und Zerfall zu reden, sollte die Textsoziologie, ohne solche Begriffe vorab mit negativen Vorzeichen zu versehen, der Frage nachgehen, *was* eigentlich zerfällt und wie Krisen und Zerfallserscheinungen auf semantischer und syntaktischer Ebene (d. h. als Vorgänge innerhalb der Textproduktion) darstellbar sind. Schließlich wäre zu fragen, ob nicht sowohl im fiktionalen als auch im nichtfiktionalen Bereich neue Konstruktionsprinzipien entstehen, die das alte System ersetzen.

Geht man wie Theodor W. Adorno, Lucien Goldmann und Alfred Sohn-Rethel von der Annahme aus, dass die Vermittlung durch den Tauschwert in literarischen und theoretischen Texten zum zentralen Problem der Moderne wird, dann gilt es, dieses Problem auf der Ebene der Textstruktur darzustellen. Wenn die Vermittlung tatsächlich, wie z. B. Goldmann in der *Soziologie des modernen Romans* (1970) meint, eine Krise der Werte verursacht, weil der Geldwert die gesamte soziale Kommunikation beherrscht, dann muss diese Krise im Rahmen der Textsoziologie als ein semantisch-syntaktischer Prozess beschrieben werden können. Die Textsoziologie hat es weder ausschließlich mit dem „Inhalt" noch mit der „Form" zu tun. Ihr kommt es darauf an, die Objektbereiche der Semiotik (Semantik, Syntax, Makrosyntax) als gesellschaftlich vermittelte Größen aufzufassen.

Im Folgenden soll deshalb gezeigt werden, wie in verschiedenen soziolinguistischen Situationen fiktionale und nichtfiktionale Textsorten auf die Vermittlung durch den Tauschwert reagieren und wie die Vermittlung selbst *als* semantische Ambivalenz darstellbar ist. Als erster geht Michail Bachtin in seinem *Rabelais*-Buch gründlich auf die Probleme der Ambivalenz ein, die er zur Institution des Karnevals in Beziehung setzt.

a) Ambivalenz im Karneval: Intertextualität bei Bachtin

Deutlich erkennt Bachtin die destruktive, subversive Wirkung der karnevalistischen Ambivalenz, die seiner Theorie zufolge in der populären Kultur des Spätmittelalters und der Frührenaissance zum Organon demokratischer, antifeudaler Kritik wird. Das Karnevalsgeschehen, das das Hohe erniedrigt und das Niedrige erhöht, den Ernst der Herrschenden verlacht und aus dem Tod neues Leben hervorgehen lässt, weist eine ambivalente Struktur auf:

> Die Erhöhung und Erniedrigung des Karnevalskönigs ist ein ambivalenter Brauch, der die Unausweichlichkeit und zugleich Lebensfreundlichkeit des Wechsels und der Erneuerung, die fröhliche Relativität einer jeden Ordnung, Gewalt und Hierarchie ausdrückt. Die Erhöhung enthält bereits die Idee der kommenden Erniedrigung: sie ist von Anfang an ambivalent. Gekrönt wird der Antipode des wirklichen Königs: der Sklave oder Narr. Es öffnet und erhellt sich die umgestülpte Welt des Karnevals. (Bachtin 1969, S. 50–51)

Auf die Beziehung zwischen den karnevalistischen Bräuchen und der ambivalenten Sprache des Marktes (der Händler) hat Bachtin selbst hingewiesen. In dieser Sprache, die Lob und Tadel miteinander verknüpft, berühren sich die Gegensätze, deren Unvereinbarkeit als semantische Disjunktion eines der Grundpostulate der offiziellen feudalen Kultur ist. Bachtin erblickt in der populären Reklame (in den „cris de Paris" beispielsweise) eine ambivalente Sprachform, die durch die Zusammenführung der Gegensätze subversiv wirkt, da sie sich ausschließlich von Gewinn und Betrug leiten lässt.

Der Frage, inwiefern bereits im späten Mittelalter eine Marktgesellschaft entsteht, in der die Vermittlung durch den Tauschwert die feudalen Wertsetzungen allmählich aushöhlt, geht Bachtin leider nicht nach. Er nimmt zwar die Ambivalenz der karnevalesken, marktorientierten Sprache und deren kritische, antifeudale Funktion wahr, sieht aber nicht, dass die destruktiven, ironischen und parodistischen Elemente dieser Sprache Vorboten einer kommerzialisierten Kultur sind, in der alle Werturteile fragwürdig werden.

Wenn sich der Karneval und seine Sprache auf dem Marktplatz entwickelt haben, wie Bachtin behauptet, dann wäre zu fragen, wie die karnevalistische Ambivalenz mit dem Marktgesetz, d. h. mit der Vermittlung durch den Tauschwert, mit der Warenform zusammenhängt. Bachtin wirft diese Frage nicht auf und neigt dazu, die Institution des Karnevals zu verabsolutieren: Zu einem Zeitpunkt, da sie längst ihre spätmittelalterliche Dynamik eingebüßt hat (nämlich im ausgehenden 19. Jahrhundert), soll sie die Romane Dostojewskijs und Thomas Manns erklären helfen. Doch in den Romanen dieser Autoren hängt die Ambivalenz eng mit dem Marktgesetz zusammen und hat mit dem eigentlichen Karnevalsgeschehen nichts mehr zu tun.

1 Ambivalenz und Marktgesetz in der Sprache

Bachtin wären die karnevalistische Subkultur und deren „Ventilsitten" (G. Simmel) in einem anderen Licht erschienen, wenn er sich schon in seinem *Rabelais*-Buch ausführlicher mit dem Nexus von Karneval und Marktgesetz (Vermittlung und Warenform) befasst hätte.

Sicherlich spielt das, was er mit dem Ausdruck „karnevalistische Ambivalenz" bezeichnet, nicht nur in den „polyphonen" (pluridiskursiven) Romanen Dostojewskijs eine Rolle, sondern auch bei Autoren wie Thomas Mann, Robert Musil und Marcel Proust. Wenn beispielsweise in den *Problemen der Poetik Dostoevskijs* von der „tiefe[n] Zweideutigkeit und Vieldeutigkeit jeder Erscheinung", vom charakterlichen „Zwiespalt" und „Widerspruch" die Rede ist (Bachtin 1971, S. 37) und die Einheit der Gegensätze betont wird, so kann man nicht umhin, an die zweite Hälfte des Proustschen Romans zu denken und an die karnevalistischen Verwandlungen, die zusammen mit anderen Romangestalten M. d'Argencourt, der Baron de Charlus und die Princesse de Guermantes durchmachen, wobei Letztere – wie der Karnevalskönig – ihre „Entthronung" hinnehmen muss, indem sie mit der Gestalt der mittelmäßigen Frau Verdurin verschmilzt. Im gleichen Zusammenhang ist Bachtin Recht zu geben, wenn er über Thomas Manns *Felix Krull* schreibt: „Es muß darauf hingewiesen werden, daß das Werk Th. Manns stark karnevalisiert ist. In sehr deutlicher Form zeigt sich die Karnevalisierung in seinem Roman *Die Bekenntnisse des Hochstaplers Felix Krull* (hier wird aus dem Munde von Prof. Kuckuck sogar eine Philosophie des Karnevals und der karnevalistischen Ambivalenz eigener Art gegeben)." (Bachtin 1971, S. 315)

In Wirklichkeit spielt der Karneval als gesellschaftliche Institution nach der Jahrhundertwende längst nicht mehr die volkstümliche und kritische Rolle, die ihm im Zeitalter des François Rabelais zufiel. Was Michail Bachtin als Karnevalsgeschehen auffasst (Ambivalenz, Maske, Verdoppelung der Person) ist eine unmittelbare *Folge der Vermittlung*, die Ungleichnamiges verbindet und Gegensätze zu Scheingegensätzen werden lässt.

Für die Textsoziologie ist jedoch von besonderem Interesse, dass Bachtin (wahrscheinlich als erster) einen literarischen Text über bestimmte charakteristische Sprachäußerungen mit dem sozialen Kontext verbindet. In seinem Buch *Tvorčestvo Fransua Rabelais* (1965) zeigt er, wie die Ambivalenz über Redewendungen der Marktsprache und des Karnevals in das Werk von Rabelais eingeht und diesem ihren kritischen, parodistischen und ironischen Stempel aufdrückt. Ausdrücke wie „mes bons disciples, et quelques autres foulz de séjour" (Bachtin 1970, S. 171) sind für dieses Werk besonders typisch.

Anhand von Bachtins Darstellung der intertextuellen Beziehungen kann die Textsoziologie lernen, die Vermittlung durch den Tauschwert als sprachliche Erscheinung, als semantische Ambivalenz zu definieren, um auf diesem Wege die Funktion oder Dysfunktion des fiktionalen Textes in der entstehenden sowie in der modernen Marktgesellschaft zu erklären. Dabei darf die Hypothese, die in der vorliegenden Arbeit zentral ist und der zufolge die Marktmechanismen die existenziellen, religiösen, politischen, philosophischen und ästhetischen Probleme der bürgerlichen Ära entscheidend prägen, nicht einfach als verifizierbares oder falsifizierbares Theorem aufgefasst werden. Sie ist zugleich ein Werturteil, dem ein gesellschaftliches Engagement zugrunde liegt – ein Engagement, das den offenen theoretischen Dialog keineswegs ausschließt, ihn vielmehr sucht.

b) Text und Markt

Die Beziehungen zwischen Sprache und Marktgesetz, zwischen semantischem Wert und Tauschwert sind trotz der bedeutenden Arbeiten Sohn-Rethels, Adornos, Jean-Joseph Goux' und Viktor Žmegačs noch kaum definiert worden. Das liegt z. T. daran, dass Autoren wie Sohn-Rethel und Goux dazu neigen, die Beziehung zwischen Gebrauchswert und Tauschwert in Philosophie und Sprache in einem historischen *tour d'horizon,* gleichsam aus der Vogelperspektive darzustellen. Dabei kommen die Probleme der Textproduktion und Textstrukturierung meist zu kurz. Sicherlich hat aber Sohn-Rethel Recht, wenn er über die Warenform des Denkens (der Theorie) bemerkt: „Sie [die Analyse] müßte den Nachweis erbringen, daß entgegen dem Unmöglichkeitsverdikt des metaphysischen Denkens die Warenabstraktion tatsächlich ein raumzeitlicher Prozeß ist, welcher Denkformen determiniert." (Sohn-Rethel 1978, S. 123)

Es geht jedoch um mehr als um die Abstraktion des Warentausches, die sich in den begrifflichen Abstraktionen des idealistischen Denkens niederschlägt. Wenn „Warentausch Warengleichsetzung ist" (ibid., S. 123), wie Sohn-Rethel richtig bemerkt, dann ist die Reduktion ungleichnamiger Elemente (Werte) auf einen gemeinsamen Nenner (den Tauschwert) für die Beziehungen innerhalb einer Tauschgesellschaft charakteristisch. In Übereinstimmung mit Adorno und Goldmann (*Soziologie des modernen Romans*) schreibt Sohn-Rethel: „Der ökonomische Wertbegriff läßt keine andere als quantitative Verschiedenheit zu. Diese quantitative Bestimmtheit ist wiederum ein Zeugnis der Tauschabstraktion. Sie ist abstrakte Quantität, Quantität als Maß, nicht als Größe oder als Anzahl; ihre Grundlage ist die Gleichung." (Sohn-Rethel 1978, S. 122)

In einem Kontext, in dem qualitative Unterschiede auf quantitative zurückgeführt werden, wird die *qualitative Differenz* als solche fragwürdig, und der absolute Gegensatz (der Bachtin und Kristeva zufolge die feudale Kultur, die Kultur des Epos charakterisiert), wird hinfällig. Die innere Logik des Tauschprinzips läuft auf die Negation der qualitativen Differenz und des Gegensatzes hinaus: Der qualitative Unterschied wird „indifferent", sobald die Möglichkeit seiner quantitativen Auflösung gegeben ist.

Das Wort „Bestseller" als quantitativ-qualitative Bezeichnung stellt diesen Vorgang anschaulich dar: Das gute Buch (der gute Text) wird zum meistverkauften Buch, wobei die Umsatzraten über die quantifizierbare Scheinqualität entscheiden. Der semantische Gegensatz *gut/schlecht* wird durch die Quantifizierbarkeit der Qualität (als Pseudoqualität) gleichgültig. Negative und positive semantische Werte gehen ineinander über, werden konvertibel im Hinblick auf den gemeinsamen quantitativen Nenner. Dieser Vorgang hat zwei Komponenten,

1 Ambivalenz und Marktgesetz in der Sprache

von denen die erste bei Theodor W. Adorno, Jean Baudrillard, Dieter Prokop und Wolfgang F. Haug ausführlich besprochen wird.

1. Der Tauschwert tarnt sich als Gebrauchswert; es entstehen Scheinqualitäten, die als echte Werte begehrt werden. Auf die Tatsache, dass „der Gebrauchswert zur Erscheinungsform seines Gegenteils" verkehrt wird (Prokop 1974, S. 150), weisen sowohl Prokop als auch Sohn-Rethel hin; und Adorno schreibt in seinen *Dissonanzen:* „Je unerbittlicher das Prinzip des Tauschwerts die Menschen um die Gebrauchswerte bringt, um so dichter vermummt sich der Tauschwert selbst als Gegenstand des Genusses." (Adorno 1956, S. 19)
2. Besonders aufschlussreich scheint in diesem Zusammenhang Baudrillards Versuch zu sein, das Problem der Vermittlung auf semiotischer Ebene (auf der des „Kulturkodes") zu beschreiben. In „L'Accomplissement de désir dans la valeur d'échange" steht der Zeichencharakter des Tauschwerts im Mittelpunkt: Er soll das Verhalten der Konsumenten erklären, die sich an einem vom Marktgesetz beherrschten Kulturkode orientieren: „Im Endstadium setzt sich die Ware als *Kode* durch […]." Und: „Der Tauschwert verwirklicht sich im Tauschwert-Zeichen." („La valeur d'échange s'accomplit dans la valeur d'échange signe.") (Baudrillard 1972, S. 259)
3. In kulturellen Kodes (sprachlichen und nichtsprachlichen), deren Werte von der Fremdbestimmung des Tauschwerts geprägt sind, wird die Ambivalenz zum Hauptproblem. Sie geht aus der Auflösung des primären Gegensatzes zwischen Qualität und Quantität (dem Besonderen und dem Allgemeinen) hervor, die die Auflösung aller anderen (absoluten) Gegensätze bewirkt: A erscheint zugleich als das Gegenteil von A. Diese Auflösung der semantischen Dichotomien führt zu einer Krise des Kodes und des Relevanzprinzips. Im Hinblick auf den Tauschwert (die quantitative Vermittlung) erscheinen alle qualitativen Unterscheidungen, alle Wertsetzungen als willkürlich, da jeder Wert zugleich den Unwert verkörpert, dem er entgegengesetzt wird. Bei Nietzsche erscheint die christliche Tugend als Schwäche, Freud setzt moralische „Integrität" mit verdrängter Sexualität in Beziehung, und Hegels absolute Freiheit entpuppt sich in der Kritischen Theorie als völlige Preisgabe der Subjektivität. (Auf die Ambivalenzen einiger Philosophien will ich noch näher eingehen.)

Untersuchungen über Reklametexte stellen konkret dar, wie semantische Differenzen im Marktzusammenhang eingeebnet und unvereinbare Qualitäten letztlich auf einen gemeinsamen Nenner (den Tauschwert) gebracht werden. Indem der verbale oder nichtverbale Reklametext die Merkmale eines (geschätzten) Gegenstandes auf die Ware überträgt und dadurch häufig Ungleichnamiges gleichmacht, verwischt er bestimmte qualitative Unterschiede, von denen die Relevanz der gesellschaftlichen Kodes und Subkodes (der Soziolekte) ausgeht. So zeigt beispielsweise Winfried Nöth in seinem Aufsatz „Reklame als primitive Textsorte", wie durch Merkmalsübertragung der schottische Whisky „Highland Queen" durch „Kontiguitätsrelation" einem Kunstwerk angenähert wird: „Das wertvolle Kunstwerk wird zum Index für das Produkt; denn wo solch wertvolle

Gemälde zu finden sind, müssen auch die Getränke kostbar sein." (Nöth 1977, S. 97)

Ausschlaggebend scheint hier die Ambivalenz der Begriffe „wertvoll" und „kostbar" zu sein (auf die Nöth nicht eingeht). Die Annäherung zweier *grundverschiedener* Gebrauchswerte (eines ästhetischen und eines kulinarischen) ist nur aus der Absicht des Händlers zu erklären, seinen Umsatz zu steigern. Die Gleichung und Angleichung der beiden Werte, von der Sohn-Rethel spricht, wird vom Marktgesetz diktiert, und die Ambivalenz der beiden Begriffe erklärt sich unmittelbar aus der Verknüpfung der Gebrauchswerte (Getränk, Kunst) mit dem Tauschwert. Der Reklametext selbst, in dem es u. a. heißt: „fine and rare Scotch Whisky" konnotiert einerseits die Seltenheit des Kunstwerks und rechtfertigt andererseits den *Preis* des „seltenen" Produkts.

Mit Recht bemerkt W. Nöth: „Die Reduktion von Differenzen ist das Mittel, dessen sich die Reklame mit Vorliebe bedient, um die Unterschiede zwischen dem Produkt und seinem ‚Image', das durch die Reklamebotschaft geschaffen werden soll, aufzuheben." (Nöth 1977, S. 47)

Solche Textverfahren haben nicht nur ein „getrübtes Distinktionsvermögen des Konsumenten" (Nöth) zur Folge, sondern stellen im Text selbst auf semantischer Ebene die qualitativen Unterschiede in Frage, von denen die Relevanz des Kodes zehrt. Hier wird deutlich, weshalb in vielen Kreisen der modernen Gesellschaft der Unterschied *Kunst/Nicht–Kunst* (*gute Kunst/schlechte Kunst*) als *irrelevant* betrachtet wird, wobei die Frage, ob Reklame auch „Kunst" sei, häufig im Zentrum der Diskussion steht.

Es ist bezeichnend, dass völlig unabhängig von Nöth, Laurence Bardin in *Les Mécanismes idéologiques de la publicité* zu ähnlichen Ergebnissen gelangt. Die Reklame sei nie ein Kompromiss, in dem „Schwarz und Weiß zu Grau werden, sondern eine Zusammenführung von Gegensätzen" („une contraction ou un contrebalancement"): „*Kurzum, sie [die Reklame] schafft den Unterschied ab, nachdem sie ihn absichtlich angedeutet, hervorgehoben oder geschaffen hat.*" (Bardin 1975, S. 234)

Als Beispiel führt Bardin den folgenden Werbeslogan an, der das Alte mit dem Neuen verknüpfen möchte: „Wir erhalten die Architektur des 17. zusammen mit dem raffinierten Komfort des 20. Jahrhunderts." (Bardin 1975, S. 235) Auch hier werden die beiden Werte, die einander ausschließen, weil der moderne Wohnkomfort die „Echtheit" des 17. Jahrhunderts zerstört, aus kommerziellen Gründen zusammengeführt. Zusammen mit den semantischen Werten werden im Soziolekt der Werbung die Aktanten indifferent: So können die Technik und das Auto bald als *Helfer* des Menschen (Subjekt) auftreten und ihm eine Flucht in die Natur ermöglichen, bald als *Widersacher*, vor denen er aufs Land flieht, wo die Immobiliengesellschaft mit einem Fertighaus lockt. In beiden Fällen ist Naturzerstörung die Folge.

Die *destruktive und zugleich kritische Wirkung der Ambivalenz* hat Bachtin in seinen Werken anschaulich gemacht. Sie tritt nicht nur im Karnevalsgeschehen in Erscheinung, sondern auch in manchen Flüchen und Witzen, in denen der Einzelne seinen kulturfeindlichen Regungen freien Lauf lässt. Ausrufe der

Verärgerung wie „Himmel, Arsch und Zwirn", „Himmel, Arsch und Wolkenbruch" oder der Fluch „Kruzi-Türken" tragen deutlich karnevalistische Züge im Bachtinschen Sinn (sie führen unvereinbare Werte zusammen) und zeigen, dass Aggressivität, Zerstörungswille und Hohn als Ablehnung bestimmter Kulturkodes sich der Ambivalenz (als *Zweiwertigkeit*) bedienen können.

Entscheidend ist nun die Frage: Was geschieht mit den etablierten Kodes und Soziolekten einer *Marktgesellschaft,* in der, anders als in der feudalen Ära, das Tauschprinzip zum *herrschenden* Prinzip, zur Universalstruktur wird? In einer solchen Gesellschaft, in der die semantische Ambivalenz bestimmter *Ventilsitten* wie Fluch, Witz und Karneval alle Bereiche des marktorientierten Lebens erfasst und in der es keine herrschende Kultur im Sinne des von Bachtin beschriebenen Feudalismus gibt, kommt es zu einer chronischen Krise der Kodes und Subkodes. Sie verschärft sich in dem Maße, wie die Vermittlung durch den Tauschwert immer weiter vordringt.

c) Ambivalenz und Philosophie: Von Nietzsche zu Musil

Da in diesem Kapitel die semantische Ambivalenz in den Romanen Prousts und Musils im Mittelpunkt steht, ist es leider unmöglich, auf die Zweideutigkeit im philosophischen Text ausführlich einzugehen. Wahrscheinlich könnte jedoch dargetan werden, dass ihre Bedeutung nicht nur in der Romanliteratur, sondern auch in der Philosophie der letzten Jahrhunderte erheblich zugenommen hat.

In Nietzsches „Umwertung aller Werte" erreicht eine lange Entwicklung ihren Höhepunkt, deren Triebfedern einerseits in der wachsenden Bedeutung des Marktes, andererseits in der immer kompakter werdenden säkularisierten Herrschaft des bürgerlichen (absolutistischen) Staates zu suchen sind. In seinem Aufsatz über „La Rochefoucauld: das Wertbewußtsein eines Frondeurs" setzt sich O. Roth mit den „prenietzscheanischen Akzenten" („accents prénietzschéens", J. Starobinski) der *Maximen* auseinander. Rochefoucauld ist von einer Umwertung aller Werte noch weit entfernt: „Bei Larochefoucauld – schreibt Nietzsche selbst – ist Bewußtsein über die eigentlichen Triebfedern der Noblesse des Gemüths da – und christlich verdüsterte Beurtheilung dieser Triebfedern." (Nietzsche, in: Roth 1977, S. 492)

Wichtig ist Roths Einsicht, dass nicht nur die „Intrigen der Fronde" und die „Zwiespältigkeit der Handlungsweisen" (der Frondeurs) die Ambivalenz der Werte steigern, sondern dass sich in La Rochefoucaulds Gesellschaft bereits die destruktive Wirkung der Vermittlung bemerkbar macht: „Ein solches vom Geist Machiavellis inspiriertes und im Grunde der Mentalität des Handelskapitalismus verwandtes Manipulieren und Taktieren mit dem Wert dient La Rochefoucauld als Rechtfertigung für seinen äußeren Widerstand und seine spätere innere Emigration". (Roth 1977, S. 496) Eher als eine Umwertung der Werte sind die *Maximen* als Versuche zu lesen, den Zerfall des feudalen Wertesystems (der Fronde) radikal zu kritisieren, wobei der Nexus zwischen Herrschaft und Tauschwert in Erscheinung tritt: „Les rois font des hommes comme des pièces de monnaie; ils les font valoir ce qu'ils veulent, et l'on est force de les recevoir selon leur cours, et non pas selon leur véritable prix." (La Rochefoucauld, in: Roth 1977, S. 497) Der „eigentliche Wert" wird immer mehr von der Willkür des Tauschwerts, vom Kurswert verdrängt: Er ermöglicht erst die Willkürakte des absoluten Herrschers, die im Rahmen der feudalen Ordnung undenkbar gewesen wären.

Eine ausführliche Untersuchung über die Entstehung der Marktgesellschaft im 15. und 16. Jahrhundert könnte vielleicht zeigen, dass die Krise der Werte mit den Anfängen der bürgerlichen Ära zusammenfällt und dass sie der Entwicklung eines tendenziell „wertfreien" Diskurses (etwa bei Machiavelli und Hobbes) Vorschub leistet. Die Gegensätze *richtig/falsch, vernünftig/unvernünftig* werden bei Hobbes in Machtverhältnisse aufgelöst und relativiert. (Vgl. Hobbes 1951, 1985, S. 185–187.)

Parallel zu Roths Studie, in der La Rochefoucaulds *Maximen* als Reaktionen auf Machtmissbrauch und Vermittlung im Absolutismus erscheinen, wäre C. B. Mc Phersons Arbeit über Hobbes, Locke und die Levellers zu lesen, in der Hobbes' Philosophie zu dem entstehenden Marktsystem in Beziehung gesetzt wird. (Vgl. Mc Pherson 1973.) Dass der Markt im 16. und wahrscheinlich schon im 15. Jahrhundert die Gesellschaft zu verändern begann, sollte angesichts der neuesten Arbeiten zu diesem Thema nicht mehr bestritten werden.

Über die Anfänge einer kommerzialisierten Literatur schreibt beispielsweise Viktor Žmegač in einem Aufsatz über Trivialliteratur: „Im Ansatz ist jedoch eine Trivialisierungstendenz schon früher ausgeprägt gewesen, erstmals wohl in den Volksbüchern des 16. Jahrhunderts. Das Zusammenspiel von Funktion (bloß „Unterhaltung" als Zweckangabe), depravierter Textgestalt und kommerzieller Überlegung läßt schon die Konstituenten der späteren Produktion hervortreten." (Žmegač 1977, S. 101) In dieser werde der „ästhetische Wert [...] ganz vom Tauschwert verdrängt." (Ibid.) Anders als Sohn-Rethel, der allgemein von der Beziehung zwischen Denkform und Warenform spricht, müsste sich eine Soziologie des trivialen, philosophischen und fiktionalen Textes mit den Auswirkungen der Vermittlung auf die *Textstruktur* befassen, um das Problem der sozialen Wertung als ein semantisch-syntaktisches Problem zu erfassen. (Auf die Vermittlung durch den Tauschwert und die Beziehung zwischen Signifikant und Signifikat geht Jean-Joseph Goux ausführlich ein: Goux 1973, S. 125.)

Wie hängen beispielsweise Nietzsches Essayismus und seine Neigung zur aphoristischen Schreibweise mit der semantischen Ambivalenz zusammen? Könnte seine Abkehr vom systematischen (hegelianischen) Diskurs mit dem Ambivalenzphänomen und der Vermittlung in Zusammenhang gebracht werden?

Diese Fragen werden hier nicht beantwortet. Es soll aber gezeigt werden, welche Bedeutung ihnen in Nietzsches Text zukommt und wie dieser Text durch seine Verarbeitung der semantisch-ideologischen Ambivalenz zu einem Vorboten von Musils und Prousts paradigmatischer, essayistischer Schreibweise wird. Affinitäten und Unterschiede zwischen Nietzsche und den Romanciers des beginnenden 20. Jahrhunderts sollten nicht im Rahmen einer Theorie der Einflüsse (vgl. Ďurišin 1976), sondern im Zusammenhang mit dem sich verändernden soziolinguistischen Kontext erklärt werden. Dies ist in der bisherigen Sekundärliteratur, in der Nietzsche und Musil einander angenähert werden, kaum geschehen. (Vgl. G. Müller 1971.)

In Nietzsches „Umwertung" wird die Ambivalenz nicht mehr wie zu Beginn der bürgerlichen Ära „unbewusst" verarbeitet, sondern rückt als Hauptproblem in den Mittelpunkt der Diskussion. Wie Hobbes, der gegen die „Schoolmen" polemisierte, wendet sich Nietzsche gegen die Metaphysiker, deren systematischer Diskurs die Ambivalenz nicht wahrhaben will: „Der Grundglaube der Metaphysiker", schreibt er in *Jenseits von Gut und Böse*, „ist *der Glaube an die Gegensätze der Werte.*" (Nietzsche 1968a, Bd. 3, S. 27)

Dem absoluten Wertgegensatz stellt er die Identität der Gegensätze, d. h. die *Ambivalenz des Wertes,* gegenüber: „Es wäre sogar noch möglich, daß *was* den Wert jener guten und verehrten Dinge ausmacht, gerade darin bestünde, mit jenen schlimmen, scheinbar entgegengesetzten Dingen auf verfängliche Weise verwandt, verknüpft, verhäkelt, vielleicht gar wesensgleich zu sein." (Ibid., S. 28) Mit diesem „Vielleicht" soll sich die Philosophie nach Nietzsche auseinandersetzen. Dabei stellt sie sich eine gefährliche Aufgabe, weil sie wesentlich dazu beiträgt, ein jahrtausendealtes Wertsystem zu erschüttern.

Sein Niedergang führt wie schon bei Hobbes zur Bloßlegung der Instinkte und bewirkt eine Heiterkeit, die an Bachtins Karnevalslachen erinnert und den gleichen Ursprung zu haben scheint wie Musils Ironie: die Ambivalenz. Freilich bestätigt Nietzsche mit seiner Ineinssetzung der Gegensätze die destruktiven Folgen der Vermittlung. Zugleich straft er aber ein scheinheiliges Denken Lügen, das so tut, als wäre die Welt in Ordnung und als seien die Werte noch glaubwürdig. Darin besteht das ideologiekritische Verdienst seiner Philosophie. Indem diese Triebe und Instinkte als neue „wertfreie Werte" entdeckt, weist sie den Weg, den später Autoren wie Proust, Hesse und Musil einschlagen, wenn sie im Instinkt („instinct artistique", Proust), im Unbewussten (im „magischen Theater" Hesses, in der „mémoire involontaire" Prousts) und in der „Utopie des motivierten Lebens" (Musil) den wahren Zustand suchen.

Weniger wichtig als Nietzsches *Einfluss* auf Hesse, Musil oder Proust ist die Tatsache, dass das wirtschaftlich und gesellschaftlich (kulturell) bedingte Aufeinandertreffen unvereinbarer semantischer Werte zum Hauptproblem dieser Autoren wird. Aus ihm lassen sich Nietzsches *Heiterkeit* sowie Prousts und Musils *Ironie* ableiten. In der *Genealogie der Moral* wird die zerstörerische Arbeit des Philosophen an dem Tage belohnt, an dem er entdeckt: „Auch unsere alte Moral gehört in die Komödie." (Nietzsche 1968b, Bd. 4, S. 33) „Die Heiterkeit nämlich oder, um es in meiner Sprache zu sagen, *die fröhliche Wissenschaft* – ist ein Lohn: ein Lohn für einen langen, tapferen, arbeitsamen und unterirdischen Ernst, der freilich nicht jedermanns Sache ist." (Ibid.)

Wo das *Niedrige* und das *Erhabene,* die Wahrheit und der Trieb, die Selbstlosigkeit und der Egoismus zusammengeführt werden – wie in Bachtins Karneval –, brechen zunächst Lachen und Heiterkeit aus, und ein Gefühl der Befreiung macht sich bemerkbar: etwa in Hesses „magischem Theater" oder am Ende von Prousts *Wiedergefundener Zeit,* wo die als Idole verehrten Aristokraten jäh groteske Züge annehmen.

Ein Text aus Musils nachgelassenen Fragmenten zeigt, wie sehr die Ironie in *Der Mann ohne Eigenschaften* mit der semantischen Ambivalenz verflochten ist: „Ironie ist: einen Klerikalen so darstellen, daß neben ihm auch ein Bolschewik getroffen ist. Einen Trottel so darstellen, daß der Autor plötzlich fühlt: das bin ich ja zum Teil selbst." (*Gesammelte Werke*, Hrsg. A. Frisé = GW, Rowohlt, Reinbek, 1978, Bd. 5, S. 1939) Der letzte Teil dieses Zitats zeigt, dass die Ambivalenz vor dem Subjekt nicht halt macht: In dem Maße, wie sie an Bedeutung gewinnt, wird das Subjekt selbst (später bei Derrida oder Lacan) fragwürdig.

Wo aber das Subjekt des Diskurses, das sich durch seine Definitionen, Klassifizierungen, Relevanzbezeichnungen und Anaphorisierungsverfahren *im Diskurs erst konstituiert* (und immer wieder an der Ambivalenz scheitert) fragwürdig wird, werden auch die anderen diskursiven Instanzen (die Aktanten und Akteure) zweideutig: Sie entziehen sich der eindeutigen Definition. Dabei entsteht, wie bei Nietzsche, ein unsystematischer, essayistischer und aphoristischer Diskurs, dessen Subjekt die Ideologie der alten Aktantenschemata durchschaut und es ablehnt, seine Aktanten in Helden und Antihelden, in Gute und Böse einzuteilen. Zusammen mit dem Eindeutigkeitspostulat, zusammen mit dem Glauben an absolute Gegensätze wird in der „neuen Philosophie" der narrativ-syntaktische Ablauf des metaphysischen und systematischen Denkens in Frage gestellt.

Nietzsches Philosophie endet (darin ist sie Musils Roman und der Kritischen Theorie verwandt) mit keinem Fazit, sondern im Paradox, in der Ambivalenz: „So fremd seid ihr dem Großen mit eurer Seele, daß euch der Übermensch *furchtbar* sein würde in seiner Güte […]." (Nietzsche 1968c, Bd. 4, S. 215) Zarathustra, der in *Ecco Homo* nicht zufällig als „Psychologe" auftritt, ist das zweideutige Wesen par excellence: „Zarathustra, der erste Psychologe der Guten, ist – folglich – ein Freund der Bösen." (Ibid.) Sicherlich ist in Nietzsches Übermensch der Unmensch der Nationalsozialisten vorgezeichnet: *aber eben auch sein Gegenteil.*

Nietzsches „Erzählung" hat keinen eindeutigen Ausgang, weil weder die semantische Tiefenstruktur noch die Beziehungen zwischen Aktanten eindeutig sind. Dies verkannte Lukács, als er, der schon in *Die Seele und die Formen* der Ambivalenz und der Psychologie das tragische *Entweder/Oder* vorzog, in *Die Zerstörung der Vernunft* versuchte, Nietzsche zu einem Vorläufer der Faschisten zu stempeln. Hingegen hatte der Marquis de Saint–Loup, einer der Protagonisten von Prousts *Recherche*, die ideologiekritische Wirkung des *Zarathustra* entdeckt.

2   Zu Marcel Prousts „A la recherche du temps perdu"

Anhand von Prousts *Recherche* soll hier die Beziehung zwischen Vermittlung, semantischer Ambivalenz und narrativer Syntax, die bisher nur sehr skizzenhaft dargestellt werden konnte, ausführlicher untersucht werden. Allerdings können an dieser Stelle nur die wesentlichen Argumente meines Buches über die Ambivalenz im Roman (vgl. Zima 1980, 2002) vorgebracht werden. Es geht hier aber nicht nur um Marcel Prousts Roman, sondern auch um die Anwendung textsoziologischer

Begriffe und um die Frage nach der Beziehung zwischen Ambivalenz und Textstruktur.

Die Argumentation verläuft in vier Etappen: 1) Zunächst kommt es darauf an, die *Recherche* als *Intertext* im Rahmen einer *soziolinguistischen Situation* zu verstehen. 2) Erst danach ist es möglich, ihren spezifischen sprachlichen Charakter im Zusammenhang mit der Ambivalenz-Problematik zu erklären. 3) Entscheidend ist die Verknüpfung der semantischen Ebene mit der narrativen Syntax: Hier zeigt sich, dass die Ambivalenz wesentlich zur Krise und Umstrukturierung des neuen Romans als *roman-essai* beiträgt. 4. Schließlich stellt sich die Frage nach der neuen (paradigmatischen) Schreibweise, die aus dieser Krise hervorgeht und die traditionellen Erzählschemata des Romans verdrängt.

a) Die soziolinguistische Situation

Prousts Romanfragment entsteht um die Jahrhundertwende in der Gesellschaft der Dritten Republik, in der das ungestüme wirtschaftliche Wachstum des Zweiten Empire von einer liberalen Politik und Gesetzgebung begünstigt wird. In der Gesellschaft des Monsieur Thiers kommt es (vor allem unter Thiers' Nachfolgern) zu einer Konzentration des Kapitals, vor allem des Finanzkapitals, die den Übergang von einer liberalen zu einer monopolistischen Wirtschaftsform beschleunigt. Unter diesen wirtschaftlichen Bedingungen wird die Vermittlung durch den Tauschwert, die schon unter der orleanistischen Monarchie Louis-Philippes eine wichtige Rolle spielte (vgl. Matoré 1951), zum Hauptproblem bestimmter gesellschaftlicher Kreise.

Stärker als in anderen Milieus macht sich in der Gesellschaft Marcel Prousts, die sich aus adeligen und großbürgerlichen Rentiers zusammensetzt und die man mit Thorstein Veblen als *leisure class* oder *Mußeklasse* bezeichnen könnte, die Vermittlung aller Werte durch den Tauschwert als *existenzielles* Problem bemerkbar. (Vgl. Zima 1980, 2002 Kap. 3.)

Gerade diese soziale Gruppe, die abseits vom Produktionsprozess (von der Produktion der Gebrauchswerte) von Aktien und Obligationen lebt, bekommt die Nichtigkeit aller qualitativen Werte zu spüren: denn die Grundlage ihrer Existenz ist der Tauschwert als solcher. Wie sehr die Werte, denen die Mußeklasse (die Charles Haas, die Sagan, die Montesquiou, die Castellane und die Gramont) verpflichtet ist, zu leeren Hüllen, zu Masken geworden waren, fiel bereits Walter Benjamin auf: „Proust schildert eine Klasse, die in allen Teilen auf Tarnung ihrer materiellen Basis verpflichtet und eben darum einem Feudalismus angebildet ist, der, ohne wirtschaftliche Bedeutung in sich, als Maske der Großbourgeoisie um so verwendbarer ist." (Benjamin 1969, S. 81)

„Feudale" Werte wie Titel und Grundbesitz werden käuflich, und das Geld erscheint in vieler Augen als der eigentliche Grundwert, als das Maß aller Dinge. Elisabeth de Gramont enthüllt die „materielle Basis" der Müßiggänger, wenn sie über das Wertproblem schreibt: „Der Umsturz aller Werte kennzeichnet unsere Zeit, sagen manche. Eine etwas naive Phrase, wo doch der einzige Wert, der sie beherrscht, das Geld ist, zunächst durch Überfluss, dann durch Mangel." (Gramont 1935, S. 11)

Anders als die *content analysis* und bestimmte marxistische Methoden kann die Textsoziologie nicht Prousts Beschreibungen des gesellschaftlichen Lebens zum Gegenstand haben; ebenso wenig kann sie von einer Weltanschauung der Rentiers (des Adels oder des Bürgertums) ausgehen, um diese der Textstruktur der *Recherche* analog oder homolog zu erklären. Sie muss sich vielmehr, will sie die Bedeutung der Vermittlung für Prousts Schreibweise erklären, mit den Soziolekten und Diskursen befassen, die auf intertextueller Ebene in den Roman eingehen, wobei das Marktgesetz *als sprachliche Erscheinung* zur Fiktion wird.

Das Buch *L'Ambivalence romanesque* (Zima 1980, 2002) geht von der Grundannahme aus, dass die Konversation als gesprochenes Wort der bei weitem wichtigste Soziolekt der Salongesellschaft, der Mußeklasse der Jahrhundertwende, ist und dass er als eine durch den Tauschwert vermittelte Struktur aufgefasst werden kann. Sein Dasein und sein wachsendes Raffinement verdankt er der Trennung der Rentiers von den Produktionsmitteln und einer parasitären gesellschaftlichen Existenz, deren Grundlage der Aktienbesitz ist.

Die Konversation ist von der Fremdbestimmung geprägt, denn dem Causeur sind, ebenso wie dem Werbefachmann, alle qualitativen (kognitiven, ethischen und ästhetischen) Werte nur *Mittel*, die seinem sozialen Erfolg und Aufstieg dienen sollen. Dabei wird Sprache, wie schon Gerhard R. Kaiser in seiner Arbeit über das Zitat bei Proust, Joyce und Musil gezeigt hat, zum *Besitz* und (so könnte man hinzufügen) zum *Tauschobjekt* (vgl. Kaiser 1972).

Die Beziehung zwischen der Konversation einerseits und dem Geld (dem Besitz) andererseits tritt deutlich in Abel Hermants Beschreibungen des mondänen Soziolekts zutage („Du monde et de la conversation"). Ein modisches Vokabular, das von bestimmten prestigebeladenen Semen beherrscht wird, ist etwas, das „man" besitzt und mit mehr oder weniger großem Erfolg tauscht: „Sie besaß das Vokabular der Philosophen und konnte deshalb dem Causeur nützlich sein […]." (Hermant, s. d., S. 137)

Der Causeur tauscht „Wörter" *(Sememe)*, die angesehene *Seme* wie Adel, Feudalität, Wissenschaft, Kunst oder Ruhm konnotieren, ohne sich um den Wahrheitsgehalt des Gesagten zu kümmern. Ändert sich die mondäne Situation, so zögert er nicht, sich zu widersprechen und die semantischen Differenzen und Gegensätze zu desavouieren, die er eingangs verteidigte. Schließlich ist es ihm, wie der Werbung, nur um den Markterfolg als *Nachfrage* zu tun, nicht um Erkenntnis oder Wahrheit.

Wie die Werbung zeigt sich der Soziolekt der Konversation der semantischen Relevanz gegenüber indifferent. Der wahre Unterschied (*wahr/falsch; gut/ schlecht; schön/hässlich*) kümmert den Causeur wenig, und in seinem Diskurs werden Aktanten und Akteure austauschbar: Das Prestige der Genealogie kann den Intellekt oder das künstlerische Talent ersetzen oder umgekehrt. Ähnlich geht es in der Werbung zu: In einem und demselben Text kann die Technik als positive Instanz (der eigene Wagen als *Helfer*) dem Menschen *(Subjekt)* helfen, vor eben dieser Technik (dem Motorenlärm der Stadt als *Widersacher*) zu fliehen.

In der *Recherche* selbst fallen dem Leser die zahlreichen Absurditäten in den Konversationen der Herzöge von Guermantes auf, die sich bald „fortschrittlich" und „intellektuell" geben, indem sie sich über die feudalen Vorurteile eines Herrn von Bréauté mokieren, andererseits jedoch keine Gelegenheit versäumen, ihre Ahnenreihe vorzuführen. Um des mondänen Erfolgs willen versuchen sie, unvereinbare semantische Einheiten des Kulturkodes („Sozialkritik" und „Genealogie") auf einen Nenner zu bringen.

Wenn der Baron de Charlus gegen die Juden wettert, die mit ihrem Erwerb feudaler Besitztümer diese entwerten, so vergisst er, dass er in der Konversation begehrte Namen wie „l'Abbaye", „le Prieuré", „la Maison Dieu" nur noch als Tauschobjekte um seines eigenen Ruhmes willen gebraucht und sie gerade dadurch ihres historischen und religiösen Sinnes beraubt:

> Alle Ortschaften oder Besitzungen, die ‚La Commanderie' heißen, sind ehemals von den Rittern des Malteserordens (dem auch ich angehöre) erbaut worden oder doch in deren Besitz gewesen [...] Sobald ein Jude genügend Geld hat, um ein Schloß zu kaufen, wählt er immer eines, das ‚Le Prieuré', ‚L'Abbaye', ‚Le Monastère' oder ‚La Maison Dieu' heißt. (Proust 1955, 2000, S. 2726)

Dieser Text zeigt einerseits, wie der Causeur sich aus taktischen Gründen bestimmter *Seme* (hier: „Feudalität") bedient, andererseits verdeutlicht er die „karnevalistische" Rolle des Geldes (des Marktes), das kulturelle Gegensätze *(Christentum/Judentum)* miteinander verschmelzen lässt. Der Markt als Schmelztiegel der Werte ruft konservative Ideologien auf den Plan, die, wie der „feudale" Diskurs des Barons, den absoluten Gegensatz wiederherstellen möchten. Gegen sie kehrt sich Musils und Nietzsches Ironie als kritisches Produkt der Ambivalenz.

Die Konversation, die Prousts Roman kritisch verarbeitet, ist nur scheinbar ein „ästhetischer" Soziolekt. Nur scheinbar sind ihre Diskurse vom „interesselosen Wohlgefallen" an der Sprache motiviert. In Wirklichkeit dienen sie dem mondänen Ehrgeiz und dem individuellen Egozentrismus, der aus der Marktgesellschaft hervorgeht. „Aber diese Handlungen und diese Worte dürfen per definitionem keinen Nutzen anstreben. Also werden die Handlungen nichts als Zeremonien und die Wortwechsel nichts als Konversation sein." (Hermant s. d., S. 142)

Abel Hermants Bemerkungen lassen deutlich die Distanz der Konversation zur gesellschaftlichen Praxis und zur Produktion der Gebrauchswerte erkennen: Ihr leeres Taktieren legt Zeugnis ab vom Niedergang der *vita activa* des liberalen Individualismus, vom Niedergang des Subjekts. Sie ist *Kommunikation* in ihrer reinsten Form, und das bedeutet, dass sie von kognitiven, ästhetischen und ethischen Werten am weitesten entfernt ist: Ihr sind diese Werte nur Vorwand.

Das Verlangen nach Konversation als Verlangen nach der Bewunderung des *Anderen* (der Anderen) ist das Verlangen nach einem Scheinwert (einem Pseudo-Gebrauchswert), der den Tauschwert verhüllt. Für den mondänen Soziolekt gilt, was Adorno über die Kommunikation ganz allgemein schreibt: „Denn Kommunikation ist die Anpassung des Geistes an das Nützliche, durch welche er sich unter die Waren einreiht, und was heute Sinn heißt, partizipiert an diesem Unwesen." (Adorno 1970, S. 115)

Indem Proust das „Für-Anderes-Sein" des mondänen Soziolekts kritisiert, kehrt er sich gegen die Vermittlungsmechanismen der kommunikativen Diskurse und gegen den „Opportunismus" (gegen die „Wertfreiheit") des Causeurs: „Das Prinzip des Füranderesseins, scheinbar Widerpart des Fetischismus, ist das des Tausches und in ihm vermummt sich die Herrschaft." (Adorno 1970, S. 337) Tatsächlich wirft Prousts Roman – vor allem in den Pastiches der Konversation – neues Licht auf die Beziehung zwischen der kommunikativen *parole* und der mondänen Taktik des Causeurs, der (wie Herr Verdurin Saniette oder der Herzog von Guermantes dem Historiker der Fronde gegenüber) auf Kosten des Anderen nach Überlegenheit und Macht strebt. Die Konversation als Strategie wird von Machtdiskursen beherrscht.

Dies hat Sabine Boscheinen erkannt als sie über das Spiel der Konversation schrieb: „Ein Ziel des Spiels ist es, dem anderen durch öffentliche Vorführung seiner Schwächen und Nachteile eine Niederlage zu bereiten oder ihn doch zumindest eine resignative Haltung einnehmen zu lassen [...]." (Boscheinen 1997, S. 89)

b) Ambivalenz und Intertextualität

In aller Knappheit ließe sich sagen, dass Prousts Roman auf die Zerrüttung des Kodes (auf die Krise der Relevanz) durch den Soziolekt der Konversation reagiert. Die Welt der mondänen Kommunikation ist eine Welt des Taktierens und der Spekulation, eine Welt ohne stabile semantische Gegensätze und Differenzen. Als solche kann sie synekdochisch als eine Art Modell der kommerzialisierten Kultur moderner Gesellschaft aufgefasst werden. Dies ist wohl der Grund, weshalb in der *Recherche* vom Begriff der *Konversation* metaphysische und existenzielle Konnotationen ausgehen. Der mondäne Soziolekt ist nicht einfach eine gruppenspezifische Sprache unter vielen; er ist die sprachliche Struktur, in der sich die existenziellen und sozialen Probleme im fiktionalen Bereich niederschlagen.

Aus dieser Tatsache erklärt sich bis zu einem gewissen Grad der Unterschied zwischen Prousts Schreibweise und der Musils, Gides oder Kafkas. Auch bei diesen Autoren ist das Ambivalenz-Problem zentral; da es jedoch in anderen soziolinguistischen Situationen durch andere Soziolekte vermittelt wird, wird es auch mit anderen sprachlichen Mitteln gelöst – wobei der Idiolekt des Autors wesentlich zum spezifischen Charakter dieser Lösung beiträgt. (Vgl. Zima 1980, 2002 Kap. 7.)

Prousts Erzähler, der in der Welt der mondänen Konversation lebt, versucht vergeblich, bestimmte Unterschiede (Differenzen) innerhalb dieser Welt als stabil und dauerhaft zu betrachten. Die mythischen Trennungslinien, die er zwischen den Villeparisis und den Guermantes, Swann und Guermantes, Albertine und Odette, der Familie Swann und ihrer Umwelt etc. zieht, erweisen sich als ephemer, als hinfällig.

Anfangs will der Erzähler diese Tatsache nicht wahrhaben und hält an den Scheinunterschieden fest, die das mondäne Zeichensystem hervorbringt. Doch dieses ist eine Karnevalsszene voller Illusionen und Masken, und der Erzähler gibt sich diesen Illusionen hin, wenn er von den Welten Swanns und der Guermantes behauptet, sie hätten nichts miteinander zu tun und seien: „loin l'un de l'autre, inconnaissables l'un à l'autre, dans les vases clos et sans communication entre eux d'aprés-midi différents." (Bibliothèque de la Pléiade = P I, S. 135)

Von einer ähnlichen Einstellung zeugt ein Gespräch mit der Großmutter, das den Erzähler nicht von der *Verwandtschaft* zwischen Villeparisis und Guermantes zu überzeugen vermag, ebenso wenig wie ein Gespräch mit dem Vater ihm die Illusion nehmen kann, dass die Familie Swann und die Straße, in der sie wohnt, sich wesentlich von anderen Familien und Straßen (mit denen sie in den Augen des Erzählers nicht zu vergleichen sind) unterscheiden.

> Aus Vergnügen daran, aus einer Art ritterlicher Treue, erwähnte ich bei jeder nur möglichen Gelegenheit diese Straße, so daß mein Vater, der nicht wie meine Mutter und meine Großmutter von meiner Liebe wußte, mich schließlich fragte: ‚Weshalb sprichst du denn unaufhörlich von dieser Straße? Sie hat doch nichts Besonderes an sich; es wohnt sich sicher angenehm dort, weil sie nur zwei Schritte vom Bois entfernt ist, aber das hat sie mindestens mit zehn anderen gemein.' (Proust 1953, 2000, S. 545)

Als Causeur nimmt der Vater die qualitativen Unterschiede, Besonderheiten und Gegensätze, die sein Sohn sucht, nicht ernst: ebenso wenig wie Mme Verdurin, die sich als „Intellektuelle" zwar mit fanatischem Eifer von den unintelligenten, geistlosen und langweiligen („ennuyeux") Adeligen abzusetzen und abzuschirmen sucht, jedoch alle Bedenken fahren lässt, sobald sie durch eine Heirat zur Prinzessin von Guermantes „aufsteigen" kann.

Mit der Zeit erkennt der Erzähler, dass es sich im Bereich der mondänen Kommunikation um *Pseudodifferenzen* handelt; und er macht sich auf die Suche nach dem wahren, qualitativen Unterschied, der jenseits der mondänen Ambivalenz angesiedelt ist: „Wie eine wirkliche Differenziertheit auf Erden unter all den verschiedenen Ländern, soweit sie im Bereich unserer sinnlichen, sie einander angleichenden Wahrnehmung liegen, nicht existiert, existiert sie erst recht nicht in der Welt der Gesellschaft. Existiert sie im übrigen überhaupt irgendwo?" (Proust, 1956, 2000, S. 3132)

Anders als in den Romanen Balzacs oder Stendhals, in denen die Zweideutigkeit der Protagonisten noch nicht die grundsätzlichen Gegensätze *(Schein/Sein; gut/schlecht; richtig/falsch)* und den Kode als ganzen erfasst hat, ist in Prousts *Recherche* die Differenz nicht mehr unmittelbar gegeben. Der Roman wird zu einer *Suche (recherche)* nach dem semantischen Wertunterschied, der von der zunehmenden Ambivalenz in Frage gestellt wird.

Anders als in Balzacs *Illusions perdues,* wo der qualitative Unterschied zwischen Schein und Sein (etwa zwischen Mme de Bargeton und Eve Séchard, oder zwischen Lucien de Rubempré und Daniel d'Arthez) zum *Ausgangspunkt* und zur Triebfeder der *Erzählung* (des kausalen Ablaufs) wird, steht die Entdeckung des „qualitativen Unterschieds" (Proust) in der *Suche nach der verlorenen Zeit* am Ende. Sie ist das *Ergebnis* von unzähligen Reden, Selbstgesprächen, Begegnungen und Betrachtungen, die allesamt als Auseinandersetzungen mit der ambivalenten Wirklichkeit aufgefasst werden können. Erst in der Kunst, in der Literatur, tritt die „différence qualitative" in Erscheinung:

> [...] Denn der Stil ist für den Schriftsteller wie die Farbe für den Maler nicht eine Frage der Technik, sondern seine Art zu sehen. Er bedeutet die durch direkte und unbewußte Mittel unmöglich zu erlangende Offenbarung der qualitativen Verschiedenheit der Weise, wie uns die Welt erscheint, einer Verschiedenheit, die, wenn es die Kunst nicht gäbe, das ewige Geheimnis jedes einzelnen bliebe. (Ibid., S. 3985)

Erst die Literatur als originelle Schreibweise erschafft das Spezifische und mit ihm den spezifischen Unterschied.

Prousts ästhetische Weltbetrachtung ist folglich mehr als eine besondere Variante des „L'art pour l'art", denn sie gründet auf der Annahme, dass in einer durch den Tauschwert vermittelten sozialen Wirklichkeit der ästhetische Bereich einer der wenigen oder der einzige ist, in dem der Gebrauchswert als *Textproduktion*, als *écriture* (im Gegensatz zur *parole*) überlebt. Der grundsätzliche Unterschied, der am Ende von Prousts *Suche* steht, ist der zwischen der marktvermittelten, „wertfreien" *Kommunikation* (dem mondänen Soziolekt) und der *Schrift*.

In diesem entscheidenden Punkt trifft sich der Romancier mit dem Lyriker Mallarmé, der, von einer Kritik der „universellen Reportage" ausgehend, den Versuch unternimmt, auf der Ebene einer radikal vieldeutigen Schreibweise eine neue Werteskala zu errichten. Auf dieser Werteskala opponiert der vieldeutige und unvertauschbare Signifikant der Allgemeinheit und Vertauschbarkeit des Begriffs.

c) Ambivalenz und Erzählstrukturen

Seit Vladimir Propp geht die Narrativik von bestimmten Schemata aus, die ein gemeinsames Merkmal haben: Sie gründen auf der Annahme, dass in Erzähltexten alle Charaktere, Handlungen, Ereignisse oder Gedanken mehr oder weniger eindeutig bestimmbar sind. Dies hängt u. a. damit zusammen, dass Propp, auf den sich so unterschiedliche Erzähltheoretiker wie Bremond, Todorov und Greimas berufen, die Erzählfunktionen einer Textsorte (des russischen Märchens) untersuchte, deren semantische und aktantielle Gegensätze *(Held/Antiheld; Helfer/Widersacher)* besonders stark ausgeprägt sind. Die Gegensätze und Differenzen sind ausschlaggebend für den *kausalen Ablauf* des Märchens: Das Scheitern des *Helfers* hat eine Schwächung des *Helden* zur Folge, das Scheitern des *Widersachers* eine Stärkung etc. Bestimmte Charakterzüge können bestimmte Handlungen oder Handlungsstränge verursachen oder begründen.

Daher kann Tzvetan Todorov in seinem Aufsatz „La Lecture comme construction" schreiben: „Der Charakterzug ist die Ursache einer Handlung." (Todorov 1975, S. 421) In seinem Aufsatz über „Poetik" (Todorov, in: Wahl 1973) unterscheidet er drei Arten der kausalen Verkettung: die „psychologische Kausalität", die „Ereigniskausalität" (*causalité événementielle*) und die „philosophische Kausalität".

Sicherlich ist der Kausalitätsbegriff für die Makrosyntax wichtig, und Bremond ist zuzustimmen, wenn er die Logik der kausalen Abläufe des „récit" untersucht (vgl. *Logique du récit,* Paris, 1973). Doch was geschieht, wenn in einem Text die wachsende Ambivalenz die Relevanzbeziehungen, d. h. die semantischen Differenzen und den Kode als ganzen zersetzt? Was geschieht, wenn, anders als bei Propp, der von den kulturellen Stereotypen des Märchens ausgehen kann, der *Unterschied* zwischen Held und Antiheld, Helfer und Widersacher verwischt wird, wenn der Helfer jäh zum Widersacher wird oder zugleich Helfer und Widersacher ist?

Dies ist nicht nur bei Proust, sondern auch in Kafkas *Der Prozeß* der Fall: Die Ambivalenz der Frauengestalten (Lenis, der Frau des Gerichtsdieners) entzieht diese dem Schema eindeutiger Zuordnung. Zugleich bleibt die Frage nach der Schuld oder Unschuld Joseph K's offen: Ist K. etwa doch ein verkappter Verbrecher, oder ist das Gericht eine alles umfassende Mafia?

Ähnlich wie bei Kafka sind bei Proust die Charaktere, die Handlungen und die Aussagen einzelner Personen nicht eindeutig bestimmbar. Diese semantische Ambivalenz der *narrativen Instanzen* (*instances du récit*, Greimas), die aus dem Soziolekt der Konversation und aus der mondänen Intrige hervorgeht, bremst und zersplittert den narrativen Ablauf der *Recherche.*

In dem hier entwickelten Ansatz geht es folglich um ein dreistufiges Transformationsmodell, das die Gesellschaftsstruktur in die Textstruktur überführen und es gestatten soll, den soziologischen Begriff der *Vermittlung* in den texttheoretischen Begriff der *Ambivalenz* zu übersetzen und diesen schließlich als einen Begriff der *Narrativik* aufzufassen.

In der *Suche nach der verlorenen Zeit* sind nicht nur die Charaktere ambivalent, sondern auch die Aussagen der verschiedenen Personen und ihre Handlungen. In Roland Barthes' Terminologie übersetzt, bedeutet dies, dass sowohl die *Indizes (indices)* als auch die *Funktionen (fonctions)* widersprüchliche semantische Merkmale tragen: weder die Beschreibungen von Stimmungen und Gefühlen (Indizes) noch die Handlungen und Ereignisse (Funktionen) sind eindeutig bestimmbar.

Der Marquis de Saint-Loup erscheint bald als ehrlicher, unbestechlicher Bewunderer geistiger Qualitäten, bald als niederträchtiger Intrigant. Ähnliches ließe sich von Saint-Loups Geliebter Rahel sagen, die bald als talentierte, selbstlose Schauspielerin (Künstlerin) dargestellt wird, bald als Prostituierte. Von Saint-Loups Beziehung zu Rahel heißt es: „[...] Während er jetzt plötzlich in einer gewissen Entfernung eine andere Rahel, die ihr glich und doch völlig von ihr verschieden war [un double d'elle] in Gestalt eines kleinen Straßenmädchens sah." (Proust 1955, 2000, S. 1466, Pléiade II, S. 161) Dem Wort „double" kommt hier eine besondere Bedeutung zu, da es auf Bachtins Thorie des *Doppelgängers* verweist, der sowohl im Karneval als auch in den karnevalistischen Romanen Dostojewskijs eine wichtige Rolle spielt.

Noch ambivalenter als Rachel ist Albertine, die Geliebte des Erzählers: Als bisexuelles Wesen, das sowohl geschlechtliche Beziehungen zu Männern als auch zu Frauen unterhält, stellt sie eine besondere und für die *Recherche* charakteristische Form der Ambivalenz dar: die der homosexuellen Liebe. Mit ihr setzt sich der Erzähler ausführlich am Anfang von *Sodome et Gomorrhe* auseinander und behauptet, sie gehe von *Doppelwesen* aus, die er als „hommes-femmes" bezeichnet. Albertine gehört zwei grundverschiedenen Welten an, deren Rivalität eine eindeutige Bestimmung ihres Charakters nicht zulässt.

Der Charakter der Herzogin von Guermantes bleibt bis ans Ende des Romans zweideutig: Die Zuneigung, die aus dem Blick der adeligen Dame am Anfang des Romans in der Kirche von Saint-Hilaire de Combary zu sprechen scheint, interpretiert der kleine Marcel als ein Zeichen erotischer Liebe. Später revidiert er seine Ansicht und „erkennt", dass das, was er für ein Liebeszeichen hielt, lediglich das feudale „Wohlwollen" einer Herrin (Suzeraine) war. Am Ende der *Wiedergefundenen Zeit* fragt er sich, ob nicht etwa doch die erste intuitive Einschätzung die einzig richtige war.

Ähnlich wie die Hauptfiguren des Romans, die Liebe und herablassenden Stolz, Ehre und Niedertracht, Treue und Untreue, Weiblichkeit und Männlichkeit in sich vereinigen, ist auch der Erzähler ein zweideutiges und vieldeutiges Wesen. Bekannt ist die Episode in der *Entflohenen* (*La Fugitive*), in der die Zersplitterung des Erzähler-„Ichs" und des diskursiven, narrativen *Subjekts* thematisiert wird: „Ich war nicht ein einziger Mensch, eine ganze Schar vielmehr, eine Armee, die aus vielen Wesen bestand, unter denen es Leidenschaftliche, Gleichgültige und Eifersüchtige gab. – Eifersüchtige, deren keiner eine Eifersucht hegte, die sich auf die gleiche Frau bezog." (Proust 1956, 2000, S. 3417) In diesem Satz wird die Beziehung zwischen der Ambivalenz und der Person (dem Subjekt) als handelnder Instanz im fiktionalen Text deutlich: Ein Handlungsablauf ist nicht mehr kausal aus dem Charakter eines Protagonisten ableitbar, weil dieser Charakter auf der Ebene der psychologischen Kausalität (Todorov) einander ausschließende Handlungen zulässt.

Zugleich wird das Handeln einer Person (etwa des Erzählers) durch die charakterliche Ambivalenz des Anderen erschwert. So fällt es dem Erzähler schwer, auf Albertines Winkelzüge zu reagieren, denn: „Zwei Charakterzüge Albertines nämlich kamen mir in diesem Augenblick in den Sinn: der eine, um mich zu trösten, der andere, um mich vollends zu verstören." (Ibid., S. 3286) „Der Charakterzug ist die Ursache der Handlung", erklärt Todorov: Aber wie hat Albertine gehandelt? Und: Wer ist sie eigentlich? Die treue Gefährtin, die sie zu sein vorgibt, oder die untreue Frau mit lesbischen Neigungen?

Dem *Erzähler,* der für den Zusammenhalt der Erzählung verantwortlich ist, gelingt es nicht, diese Fragen eindeutig zu beantworten: Verschiedene, miteinander konkurrierende Hypothesen bleiben möglich, und die narrative Syntax neigt dazu, in mehrere *mögliche* und parallel verlaufende Erzählungen zu zerfallen.

Wie eng die Beziehungen zwischen der charakterlichen Vieldeutigkeit und der Zersplitterung der narrativen Syntax sind, zeigt sich am deutlichsten in der *Gefangenen* (*La Prisonnière*), wo Albertines opake Gestalt, die der Erzähler betrachtet, erträumt, begehrt, den Anlass zu unzähligen möglichen Geschichten gibt, die alle das Objekt umkreisen, ohne sich mit ihm identifizieren zu können: „Denn in mir selbst vollzogen sich alle nur möglichen Handlungen Albertines. Von allen Wesen, die wir kennen, besitzen wir etwas wie eine zweite Ausfertigung." (Ibid., S. 3098)

Jede neue Erkenntnis, die einen neuen Aspekt der unbekannten Geliebten erscheinen lässt, fördert gleichzeitig neue Geheimnisse zutage, aus denen neue „mögliche Geschichten" hervorgehen: „Hatte Albertine damals ihre Tante belogen, als sie ihr sagte, sie gehe alle Tage auf die Buttes-Chaumont, oder später mich, als sie behauptete, sie kenne diese Gegend nicht?" (Ibid., S. 3284) Albertine und Andrée im Park von *Les Buttes Chaumont*: eine neue Wirklichkeit, deren lesbische Konnotationen den Erzähler erschrecken; zugleich aber auch ein neuer möglicher Handlungsablauf, der alle bisherigen „Erzählungen" (als Versuche und „Essays" im Musilschen Sinne, die Wirklichkeit syntaktisch zu erfassen) in Frage stellt oder zumindest in einem völlig neuen Licht erscheinen lässt.

Jede Entdeckung, zu der die *Konversation* mit Albertine führt, wird zum Ausgangspunkt einer möglichen Geschichte, die unglaubwürdig wird, sobald neue Pseudogeständnisse die alten ersetzen und die mondänen Schauspieler die Masken wechseln. An entscheidender Stelle sieht der Erzähler seine ganze narrative Konstruktion, seinen umfangreichen „Albertine-Roman" zunichte werden, weil ihm im *Gespräch* eine neue, unbekannte Schauspielerin entgegentritt: Léa.

> ‚Ich habe auch unrecht gehabt, dir eine dreiwöchige Reise mit Léa zu verbergen. Aber ich kannte dich noch so wenig.' – ‚War das vor Balbec?' – ‚Vor dem zweiten Mal, ja.' Und am Morgen noch hatte sie mir gesagt, sie kenne Léa nicht! Ich sah einen ganzen Roman, an dessen Niederschrift ich Millionen Minuten gewendet hatte, auf einmal in Flammen aufgehen. (Ibid., S. 3232–3233)

Der Erzähler als *Verwalter* des gesprochenen Wortes im Roman scheitert schließlich an den Ambivalenzen eben dieses Wortes, das als Konversation keine eindeutigen Akteure und Aktanten zulässt, sondern nur Masken. Prousts Erzähler sehnt am Ende seines Romans eine Begegnung mit Stendhals „allwissendem Erzähler" („narrateur informé", Pléiade III, S. 551) herbei: Einen solchen Erzähler muss es geben, „aber wir begegnen ihm nie" („mais nous ne le rencontrons jamais", P III, S. 551).

An keiner anderen Stelle bekommt der Leser die Krise des Romans, die eine Krise des Erzählprinzips und des Ichprinzips ist, so deutlich zu spüren wie hier: Der Zerfall der Charaktere und Handlungsabläufe inmitten einer ambivalenten Welt bewirkt den Zerfall der Makrosyntax, die sich gleich zu Beginn der *Recherche* und in noch stärkerem Maße in *Eine Liebe von Swann (Un amour de Swann)* in rivalisierende „mögliche" Erzählungen spaltet.

Aus der Krise des syntaktischen, des narrativen Prinzips geht jedoch eine *neue assoziative und parataktische Schreibweise* hervor, die zur *Kritik* an der syntagmatischen Konstruktion traditioneller („Balzacscher") Romane wird. Vom Standpunkt dieser Schreibweise aus betrachtet, wird die destruktive Ambivalenz zum negativen Ausgangspunkt einer neuartigen Textproduktion, die von der zeitgenössischen Avantgarde (Ricardou, Butor, Sollers) weiterentwickelt wird und deren Triebfedern die Assoziation und das Streben nach Polysemie sind.

d) Paradigmatisches Schreiben: Vom gesprochenen zum geschriebenen Wort

Zu Recht weist Gérard Genette in *Discours du récit* darauf hin, dass die *Recherche* nicht einen, sondern mehrere Anfänge hat, die er als eine Art „Auf-der-Stelle-Treten" der Erzählung auffasst. (Genette 1972, S. 88) Irreführend ist indessen seine Behauptung, ein solcher, verschachtelter Anfang („ouverture à structure complexe") gehöre zum traditionellen Repertoire der narrativen Prosa und sei bereits in der *Ilias* anzutreffen.

Sie ist nicht nur a-soziologisch, sondern geradezu antisoziologisch, da sie die Frage, *weshalb* zu einem bestimmten historischen Zeitpunkt die Erzählung Schwierigkeiten hat, sich zu sammeln und einen kausalen Ablauf zu bilden, vorab ausklammert. Ein historisches, soziolinguistisches Problem *par excellence* wird auf seine technische Komponente reduziert. Genettes Erzähltheorie setzt sich über die Erkenntnis des Prager Linguistischen Zirkels hinweg, der zufolge die künstlerische Techne als Normverletzung (Mukařovský) selbst ein gesellschaftliches Faktum ist, und stellt einen Rückfall in reinen Formalismus dar. Prousts paradigmatische Schreibweise ist nicht einfach als eine *mögliche Technik* aufzufassen, sondern als eine Antwort auf die *gesellschaftlich bedingte* Krise der syntagmatischen, narrativen Romanstruktur. Auf sie geht Genette nicht ein.

Auf der Suche nach der verlorenen Zeit ist weder ein Romanzyklus im Sinne der *Menschlichen Komödie* noch ein traditioneller Roman, der den *Illusions perdues* Balzacs, Stendhals *Le Rouge et le noir* oder Goethes Bildungsroman angenähert werden könnte. Denn der Zerfall der narrativen Kausalität, der sich schon in Flauberts *L'Education sentimentale* bemerkbar macht und von der wachsenden sozio-semantischen Ambivalenz beschleunigt wird, lässt eine Schreibweise entstehen, die nach neuen a-kausalen und a-syntaktischen Konstruktionsprinzipien sucht. Aus der Krise der narrativen Syntax geht deren Kritik hervor, ähnlich wie aus der Krise des philosophischen Systems die Kritik des „Systemdenkens" bei den Junghegelianern oder Nietzsche und schließlich in der Kritischen Theorie hervorgeht.

Als erster hat wohl Adorno diese Kritik aus Prousts Text herausgelesen: „Das Verhältnis des Ganzen zum Detail jedoch bei Proust ist nicht das eines architektonischen Gesamtplans zu seiner Ausfüllung durchs Spezifische: eben dagegen, gegen das gewalttätig Unwahre einer subsumierenden, von oben her aufgestülpten Form hat Proust revoltiert." (Adorno 1961, S. 95) Erst die Krise des anekdotischen Erzählens *ermöglicht* dessen Kritik. Aus Pierre D. Huets Traktat über den Roman geht deutlich hervor, dass diese Textsorte im 17. Jahrhundert (und bis tief ins 19. Jahrhundert hinein) durchaus als hierarchische (hypotaktische) Struktur aufgefasst wurde, als ein System, in dem die Nebenhandlungen und die

Einzelheiten der Haupthandlung einer dominierenden syntaktischen Einheit subsumiert wurden.

> [...] So folget daraus /daß die vornehmste That oder Handelung/welche gleichsam das Haupt des Romanes ist/einig/und in Vergleichung der andern/durchleuchtig muß seyn/und daß die unterhörige Thaten oder Handelungen so gleichsam die Glieder sind/sich nach diesem Haupt richten/demselben in Schönheit und Würdigkeit weichen/es zieren/sich ihm unterwerfen und mit aller Zubehör dasselbe vergesellschaffen müssen/sonsten würde es ein Leichnamb von vielen Häuptern/ein Mostrum und garstig seyn. (Huet 1966, S. 127)

Die Entwicklung des Romans von Huet bis Proust weist einander ergänzende Aspekte auf: Mit zunehmender Ambivalenz wird die narrative Syntax zerrüttet (die kausale, hierarchische Ordnung des *récit*), und die Schreibweise bringt eine neue paradigmatische und parataktische Textkohärenz hervor. Diese wird eher von semantischen (metaphorischen und metonymischen) *Umformungen* und *Entwicklungen* als von kausalen Abläufen gewährleistet. Die *Recherche* ist daher als eine Übergangserscheinung zu verstehen, in der das neue semantische (paradigmatische) Konstruktionsprinzip den kausalen Ablauf der traditionellen Erzählung *allmählich* ablöst.

Dies bedeutet keineswegs, dass Prousts Text nicht mehr als Erzählung darstellbar ist: Es wäre durchaus möglich, das Residualsyntagma dieses Romanfragments nachzuzeichnen. Soll aber die Frage beantwortet werden, weshalb die *Recherche* als ein besonderes Ereignis innerhalb der Romanentwicklung anzusehen sei, dann reichen die herkömmlichen Kategorien der Narrativik nicht aus. Denn vom Standpunkt des traditionellen Erzählens aus betrachtet, ist die *Recherche,* wie schon die von Proust bewunderte *L'Education sentimentale,* ein schwach strukturierter, a-kausaler und sogar inkonsequenter Roman, den Prousts Erzähler beim fiktiven Romancier Bergotte bewundert (vgl. Kap. 6). Der Tod wichtiger Personen, etwa der Berma, des Professors Cottard, der Princesse Sherbatoff, wird ganz nebenbei vermerkt und spielt bei der Fortsetzung der „Erzählung" kaum eine Rolle. Andere Protagonisten sterben und tauchen später wieder auf. Hier kann die Textsoziologie nicht mit Jean-Yves Tadiés Bemerkung vorlieb nehmen, „ihr Tod [sei] ja so diskret gewesen!" („leur décès fut si discret!"; Tadié 1971, S. 351).

Denn hier steht viel mehr auf dem Spiel als das diskrete oder indiskrete Vorgehen des Erzählers: In der *Recherche* spielen nicht nur die Ereignisse keine ausschlaggebende Rolle mehr, sondern die ganze Handlung als kausaler Ablauf (als „causalité événementielle", Todorov) rückt in den Hintergrund. Sie wird von einem paradigmatischen Gefüge überlagert, in dem metonymische Substitutionen und metaphorische Verwandlungen zu Triebfedern der Romanentwicklung werden. (Vgl. Genette 1972.) Die enge Beziehung zwischen der paradigmatischen Anordnung der *Recherche* und dem Unbewussten war Proust selbst klar. Über *Du côté de chez Swann* schreibt er: „Von diesem Standpunkt aus betrachtet, fährt M. Proust fort, könnte man mein Buch vielleicht als eine Abfolge von ‚Romanen des Unbewussten' (romans de l'inconscient) auffassen [...]." (Proust 1971, S. 558)

Bis zu einem gewissen Grad hat Michel Grimaud Recht, wenn er in seinem Aufsatz „La Rhétorique du rêve. Swann et la psychanalyse" behauptet, Prousts

Text in seiner Gesamtheit „funktioniere wie ein Traum" („c'est tout Proust qui fonctionne comme un rêve"). (Grimaud 1978, S. 98) Der Hang zur Traumassoziation erklärt Prousts Bewunderung für die *Education sentimentale*, einen der ersten Romane, der sich Prousts Ansicht nach des Anekdotischen entledigt, um in „Musik überzugehen": „Als erster [...] befreit sie Flaubert vom Parasitentum des Anekdotischen." („Flaubert le premier [...] les débarrasse du parasitisme des anecdotes.") (Proust 1971, S. 595)

Noch stärker als die *Education sentimentale* lebt die *Recherche* von metonymischen Substitutionen und metaphorischen Verwandlungen. Im ersten Fall wird eine bestimmte *semantische Isotopie*, die in der *Recherche* eine wichtige Rolle spielt, durch eine andere Isotopie ersetzt, wobei ein neuer Aspekt der Gesamtproblematik des Romans in Erscheinung tritt. Es ist hier leider nicht möglich, die Entwicklung der wichtigsten thematischen Isotopien, der „mondänen Welt", der „Erotik", der „Reise" und des „Schreibens" nachzuzeichnen. (Vgl. Zima 1980, 2002, Kap. 6.) Die Darstellung der semantischen Substitutionen innerhalb der Isotopie „Schreiben" kann aber verdeutlichen, was gemeint ist.

In seinem Flaubert-Aufsatz weist Proust selbst auf den „strengen, obwohl verschleierten Aufbau" seines Romans hin, und seine Bemerkungen enthalten eine Anspielung auf die Suche nach der künstlerischen Wahrheit, nach dem endgültigen Gegensatz. Diese Suche könnte als eine Entfaltung der Isotopie „Schreiben" aufgefasst werden, die in drei von der Figur der Synekdoche (der Metonymie) beherrschte Phasen zerfällt: Die erste entspricht dem Abschnitt *Combray*, an dessen Ende die Episode der „Clochers de Martinville" als „pars pro toto" die Entdeckung der unwillkürlichen Erinnerung (des Unbewussten) am Ende der *Wiedergefundenen Zeit* ankündigt. Es folgt *Eine Liebe von Swann*, ein autonomer Text, in dem einerseits die „erotische" Isotopie als vorherrschende semantische Struktur metonymisch (und synekdochisch) auf die beiden umfangreichen Albertine-Texte (*Die Gefangene, Die Entflohene*) verweist und andererseits die Isotopie „Schreiben" durch die „erotische" Isotopie verdrängt und ersetzt wird: Swann „*verwechselt*" die Liebe mit der Kunst. Nur in diesem semantischen Zusammenhang kann der Text *Un amour de Swann* funktional und topologisch im Rahmen des Gesamttextes erklärt werden. Denn kein einziger Handlungsstrang verbindet ihn kausal mit dem vorhergehenden Abschnitt *(Combray)* oder mit dem darauffolgenden: *Noms de pays: le nom (Ortsnamen. Namen überhaupt)*.

In *Noms de pays: le nom*, einem Text, der den Schluss von *Du côté de chez Swann* bildet, setzt sich die Isotopie des Schreibens synekdochisch im Begriff des „Namens" („le nom") wieder durch. Diesem Vorgang kommt deshalb Bedeutung zu, weil durch die Wiederkehr der Isotopie „Schreiben" in einem weiteren, umfassenderen Kontext die Struktur von *Combray reproduziert* wird: Als synekdochische Darstellung der paradigmatischen Schreibweise („„Nom" gehört als *Semem* der Isotopie „Schreiben" an), entspricht *Ortsnamen. Namen überhaupt* metonymisch der *Beschreibung* der „clochers de Martinville" in *Combray* und allgemein dem Ende von *Combray*.

Zugleich kündigt dieser Text, wie schon das Ende von *Combray*, die letzte Phase der *Recherche* an: *Die wiedergefundene Zeit* und hier vor allem den letzten Teil. Man könnte daher *Combray* als eine *pars pro toto* des ersten Bandes *(In Swanns Welt)* und des ganzen Romans betrachten. *Du côté de chez Swann* erschiene dann als eine Art Mikromodell der *Recherche.* In diesem Zusammenhang wird auch deutlich, weshalb ein Text wie *In Swans Welt* als unabhängige Einheit veröffentlicht werden konnte: Es handelt sich nicht um eine in kausale Abläufe eingefügte Episode, die einem Kapitel von Balzacs *Illusions perdues* vergleichbar wäre, sondern um eine *pars pro toto,* die zusammen mit anderen metonymischen Darstellungen ein Textmosaik bildet.

Ist die *Entwicklung* der Isotopien in Prousts Text eher ein metonymischer Vorgang, der *innerhalb* einer bestimmten semantischen Struktur stattfindet (etwa innerhalb der Isotopie „Schreiben"), so betrifft die Transformation von Isotopien heterogene Strukturen, deren metaphorische Verwandlung wesentliche Änderungen mit sich bringt. (Dabei gehen, wie Genette bereits in „Métonymie chez Proust" gezeigt hat, Metaphern und Metonymien häufig ineinander über.) (Vgl. Genette 1972, S. 42.) Die ganze *Recherche* könnte als eine Reihe semantischer Verwandlungen gelesen werden, die von der grundsätzlichen Ambivalenz der Erscheinungen ermöglicht werden.

So können die Sememe der „erotischen" Isotopie beispielsweise auf der Isotopie des Mondänen gelesen werden und diese wiederum auf der Isotopie des „Schreibens" („écriture"). Der „Name" Guermantes kann sowohl im erotischen als auch im mondänen oder künstlerischen Zusammenhang gelesen werden; umgekehrt können Sememe, die zum „Schreiben" gehören, „mondän" oder „erotisch" (etwa im Sinne von Swann) aufgefasst werden.

Alle Versuche des Erzählers, die einzelnen semantischen Strukturen voneinander zu scheiden, um die Welt nach qualitativen Gesichtspunkten ordnen zu können, scheitern: Der Unterschied (innerhalb der „erotischen" Isotopie) zwischen „männlich" und „weiblich", den der Baron de Charlus verkörpert, wird hinfällig, ebenso wie der Unterschied zwischen „bürgerlich" und „adelig" innerhalb der „mondänen" Isotopie: Die bürgerliche Mme Verdurin wird zur Prinzessin von Guermantes, und Gilberte klärt den Erzähler über die geografische Nähe der beiden mythischen „Seiten", Swann und Guermantes, auf. „Männlich" ist „weiblich", „adelig" ist „bürgerlich", und „Kunst" (die einer Mme Verdurin ist) ist „Snobismus".

Der Verwandlung der Isotopien, die als semantisch-ideologischer Prozess alle Gegensätze in Frage stellt, wird schließlich in der *Wiedergefundenen Zeit* Einhalt geboten. Der Erzähler, der zum Autor wird, entdeckt dort den einzig gültigen und beständigen Gegensatz: den zwischen der kommunikativen „Rede" (zu der alle zwischenmenschlichen Beziehungen wie „Eros" und „Salonwelt" gehören) und dem „Schreiben", der „Kunst" als literarischer *Produktion.*

Diese Entdeckung, die einen *dualistischen Mythos* begründet und wesentlich zur Konsolidierung der bildungsbürgerlichen Kunstauffassung beiträgt, führt dazu, dass alle Sememe des „Mondänen", des „Eros" und der „Reise" auf der Isotopie des „Schreibens" gelesen und *uminterpretiert* werden. Der „Name" Guermantes erhält eine rein literarische Bedeutung und wird nicht länger in den Bereich der gesellschaftlichen „Kommunikation", der Konversation, projiziert. Zugleich weicht die dialogische Struktur des Romans (seine „Polyphonie") dem Monolog des schreibenden Künstlers: dem „Jüngsten Gericht" („Jugement dernier") der Kunst.

Dem endgültigen Gegensatz entspricht auf soziologischer Ebene der zwischen dem Tauschwert und dem Gebrauchswert: Der Autor, der sich von den Ambivalenzen der durch den Tauschwert vermittelten Konversation abwendet, entdeckt das Schreiben als Produktion des Gebrauchswerts in einer vom Marktgesetz beherrschten Gesellschaft. In diesem Kontext wird der einmalige *Name* (*le nom:* Vitré, Coutances, Lannion) als vieldeutiger Signifikant zum dichterischen Widerpart des in der Konversation verwendeten, vertauschbaren *Wortes*.

Zugleich macht Proust das mit dem Unbewussten (der unwillkürlichen Erinnerung und den onirischen Objekten) liierte „Schreiben" zum Gegenstand seines Romans. Darin entpuppt er sich als Vorläufer nicht nur der Surrealisten, sondern auch der „nouveaux romanciers". Mit Recht bemerkt Jean Ricardou zu Prousts Text: „Der Proustsche Roman [...] orientiert sich in jeder Hinsicht an der *produktiven* Rolle der Worte, die im Gegensatz zu deren rein utilitärem Charakter steht." (Ricardou 1968, S. 11)

In Prousts Roman wird die mimetische und paradigmatische, zum Unbewussten und Assoziativen tendierende Textproduktion als solche thematisiert. Dies zeigt sich in einigen Sätzen in *Ortsnamen. Namen überhaupt*, deren paradigmatische Struktur für die *Recherche* besonders charakteristisch ist und in denen der Erzähler über die assoziativen Mechanismen der Schreibweise nachdenkt. Die *Beschreibung* des Namens *Parma (Parme)* lässt deutlich die assoziativen und autoreflexiven Züge des Proustschen Diskurses in Erscheinung treten:

> Der Name von Parma, einer der Städte, die ich am glühendsten aufzusuchen wünschte, seitdem ich die ‚Kartause von Parma' gelesen hatte, schien mir fest und glatt in sanftem graurosa Ton gehalten, und wenn jemand zu mir einem Hause in Parma sprach, das ich besuchen könnte, weckte er in mir die angenehme Idee, ich werde in einem fugenlos glatten Haus von milder graurosa Tönung wohnen, das keine Beziehungen zu den Behausungen irgendeiner Stadt Italiens hätte und das ich mir nur mit Hilfe jener schweren, gleichsam luftlosen Tonsilbe des Wortes Parma vorstellte, dazu in stendhalische Wehmut und den Duft seiner Veilchen getaucht. (Proust 1953, 2000, S. 513)

Nicht das philosophische Streben nach genauer begrifflicher Definition dehnt diesen Satz, sondern der assoziative, paradigmatische Duktus einer Schreibweise, die mit Hilfe von Metaphern und Metonymien die Konnotationen von „Parma" entfaltet. Die Nebensätze folgen einer Assoziationskette, die etwa so aussieht: „Name von Parma", „Kartause von Parma", „fest und glatt", „in sanftem graurosa Ton", „Haus in Parma", „ein fugenlos glattes Haus", „milde graurosa Tönung", „schwere, gleichsam luftlose Tonsilbe", „stendhalische Wehmut", „Duft seiner Veilchen". (Eine gründliche Beschreibung Proustcher Sätze findet sich in: J. Milly, *La Phrase de Proust,* Paris 1975.)

Nicht nur der einzelne Satz in Prousts Roman wird durch das paradigmatische Prinzip stark gedehnt, wobei seine syntagmatische Struktur als solche in Frage gestellt wird (es gibt Sätze in der *Recherche*, die wegen ihrer „Endlosigkeit" eher einer paradigmatischen Reihe als einem Syntagma ähneln), sondern die *Recherche* als ganze lebt von der Spannung zwischen syntaktischer (narrativer) Kausalität und paradigmatischer Reihung.

Diese wird vom Autor selbst thematisiert: nicht nur in *Noms de pays: le nom*, wo über die „Vorstellung" der „luftlosen Tonsilbe des Wortes Parma" nachgedacht wird, sondern an zahlreichen Stellen in *Combray, La Prisonnière* und *Le Temps retrouvé*, wo das paradigmatische Konstruktionsprinzip zum Thema einer Erzählung wird, in der kaum mehr erzählt wird. Am Ende von *Combray* spricht der Erzähler von der „Assoziation von Erinnerungen" („association de Souvenirs"), die, weit davon entfernt, die Strukturlosigkeit des Romanfragments zu bestätigen, vielmehr als Hinweis auf die neue *semantische* Konstruktionsweise gelesen werden sollten.

Diese wird von Prousts Erzähler Marcel im Rahmen des als endgültig postulierten Gegensatzes von mondäner Konversation und literarischem Schreiben in der *Wiedergefunden Zeit* gegen den mondänen Soziolekt ausgespielt. Inmitten einer ambivalenten Welt meinen Proust und sein Erzähler, jenseits des Spiels der Ambivalenzen den *qualitativen Unterschied* und den *wahren Wert* gefunden zu haben: die Literatur.

Dass Prousts Ziel, an dem er seinen Ich-Erzähler ankommen lässt, möglicherweise nicht mehr unser Ziel sein kann, deutet Dominique Maingueneau mit dem letzten Satz eines Buches an, das den vielsagenden Titel trägt *Contre Saint Proust ou la fin de la Littérature* und den intermedialen Charakter heutiger Kunst zum Gegenstand hat: „Die Literatur ist nicht die einzige Form, die die literarische Tätigkeit annehmen kann; es gilt, die Folgen zu bedenken." (Maingueneau 2006, S. 177) Allgemeiner und zugleich radikaler fassen Andreas Dörner und Ludgera Vogt das Problem, wenn sie feststellen, „dass die Autonomisierung der Kunst […] mit einem zunehmenden Bedeutungsverlust der Kunst einhergeht". (Dörner und Vogt 1994, 2013, S. 121)

Dem wäre hinzuzufügen, dass in einer Gesellschaft, in der sowohl Kunst als auch Religion in spezialisierte *Systeme* (Luhmann) oder *Felder* (Bourdieu) verbannt wurden, die Literatur kein Religionsersatz mehr sein kann: kein *Jugement dernier* im Sinne von Proust. Denn längst ist die bildungsbürgerliche Kulturhegemonie, die die Grundlage der Kunstreligion bildete und Prousts apodiktisch verkündeter Maxime Überzeugungskraft verlieh, zerfallen.

3   Zu Robert Musils „Der Mann ohne Eigenschaften"

Ähnlich wie die bisherige Literatursoziologie kann die Textsoziologie nicht darauf verzichten, von kollektiven (sozialen) Problemen auszugehen und Gemeinsamkeiten bestimmter literarischer Textsorten oder einzelner Texte aufzuzeigen. Dadurch setzt sie sich der Gefahr des Schematismus aus: Autoren wie Musil, Kafka, Proust und Joyce werden in manchen soziologischen und semiotischen Arbeiten als Zeugen einer Krise des Individualismus oder des Romans genannt, ohne dass die Gemeinsamkeiten ihrer Werke und ihre doch grundverschiedenen Schreibweisen im Rahmen einer soziolinguistischen Situation untersucht würden.

Die präskriptiven Ästhetiken des Ostens, die über den begrifflichen Rahmen Hegelscher und Lukácsscher Theorien nicht hinausgingen, erkannten zwar vage den Zerfall der narrativen Struktur, könnten ihn jedoch nicht im Textzusammenhang erklären: „An Stelle von Ereignissen und Vorgängen", die allein als erkenntnisanleitendes Modell von Welt fungieren können, bieten Proust, James Joyce oder Robbe-Grillet „eine trübe Flut von Gedanken und Assoziationen", schreiben Erwin Pracht und Willi Neubert in ihrem Band über sozialistischen Realismus (1970; vgl. Schulte-Sasse 1976, S. 165).

In ihrem ideologischen Diskurs, dessen semantisch-syntaktische Zwangsmechanismen die Entfaltung einer *suchenden* Subjektivität nicht zulassen, kann die Frage nach der neuen Schreibweise, nach der neuen semantischen Kohärenz gar nicht aufkommen: Kafka, Musil, Joyce und Proust werden zu Vertretern spätbürgerlicher Dekadenz gestempelt. (Selbst die wohlmeinende Apologie Prousts, die Boris Sutschkow in *Sinn und Form* 25, 1973 veröffentlichte, geht über den diskursiven Rahmen des „sozialistischen Realismus" nicht hinaus.)

Indessen käme es auf die Frage an, wodurch sich zwei Autoren wie Proust und Musil grundsätzlich voneinander unterscheiden und weshalb ihre Verwandtschaft gerade *durch* ihre Differenz verstärkt wird. Wie die *Recherche* reagiert auch Musils zweiter Roman auf die Vermittlung durch den Tauschwert. Allein er hat es nicht in erster Linie mit einem wertfreien, indifferenten Soziolekt wie der Konversation zu tun, sondern mit dessen Widerpart: *der Ideologie, die auf die Wertekrise der Marktgesellschaft reagiert,* indem sie semantische Gegensätze aufstellt, die als dualistische Mythen den „Nihilismus" des Tauschwerts überwinden sollen. (Mit der ambivalenten Struktur archaischer Mythen, die die *coincidentia oppositorum* durchaus zulassen, befasst sich Mircea Eliade ausführlich [vgl. Eliade 1964]. Die dualistische Struktur ideologischer Mythen in der modernen Industriegesellschaft erklärt sich wohl aus der Tatsache, dass sie dazu dienen, die Massen gegen einen wirklichen oder fiktiven Gegner zu mobilisieren. Die archaischen Mythen haben mit modernen Ideologien historisch-genetisch und funktional nichts zu tun.)

a) Die soziolinguistische Situation: Ideologie und Tauschwert

Als dualistischer Mythos steht die moderne Ideologie nur scheinbar in einem absoluten Gegensatz zum Marktgesetz. Indem der ideologische Diskurs willkürlich semantische Unterschiede postuliert, um die Interessen und Machtansprüche bestimmter Gruppen zu rechtfertigen, nimmt er eine rein instrumentale und utilitäre Haltung der Sprache (der Wahrheit) gegenüber an und rückt dadurch in unmittelbare Nähe zum Werbejargon und zur mondänen Konversation. Von beiden unterscheidet er sich dadurch, dass er vorgibt, im Besitz der absoluten Wahrheit (der absoluten semantischen Disjunktion) zu sein.

Bei näherem Hinsehen erweist sich diese Wahrheit jedoch als willkürlich und relativ. So erscheint beispielsweise Charles Maurras' Unterscheidung von „Blut" und „Geld" („le Sang" et „l'Argent"), die die erbliche, gegen Spekulanten und „Plutokraten" gefeite Monarchie legitimieren soll, als Propagandatrick, sobald deutlich wird, dass um die Jahrhundertwende Adelige und Monarchen in Europa mit (amerikanischen) Millionären liiert sind. „Blut" und „Geld" werden zu mythischen Einheiten, deren schroffe Gegenüberstellung lediglich eine bestimmte Herrschaftsform rechtfertigen soll.

In diesem Zusammenhang wird deutlich, was Adorno meint, wenn er über die Vermittlung der Herrschaftsmechanismen durch den Tauschwert schreibt: „Das Prinzip des Füranderesseins, scheinbar Widerpart des Fetischismus, ist das des Tausches und in ihm vermummt sich die Herrschaft. Fürs Herrschaftslose steht ein nur, was jenem nicht sich fügt; für den verkümmerten Gebrauchswert das Nutzlose." (Adorno 1970, S. 337)

Obwohl sie sich von der semantischen Gleichgültigkeit der Konversation oder der Werbung scharf absetzen und vorgeben, nach *der* Wahrheit zu streben, gehorchen die ideologischen Soziolekte, ebenso wie das mondäne Wort, dem Prinzip des „Füranderesseins", der Fremdbestimmung. Indem sie ausschließlich der „instrumentellen Vernunft" (Horkheimer) gehorchen und die Sprache (die semantische Relevanz) ausschließlich als *Mittel* betrachten, lassen sie deutlich die Beziehung zwischen Herrschaft und Tauschwert erkennen.

Dadurch, dass sie die Sprache auf allen Ebenen (der lexikalischen, der semantischen und der syntaktischen) für Herrschaftszwecke verwenden, bringen Ideologien letztlich alle semantischen Unterschiede in Diskredit: Gegensätze wie *Demokratie/Diktatur; Freiheit/Unfreiheit; Kapitalismus/Sozialismus; Gerechtigkeit/Unrecht* werden solange für Propagandazwecke instrumentalisiert, bis ihr Gebrauch nur noch leere Phrasen zeitigt, die mit resignierendem Abwinken verabschiedet werden. Dabei trägt der ideologische Diskurs, der den absoluten Gegensatz verkündet, entscheidend zur Krise der Werte bei: Indem er die Sprache missbraucht, erzielt er trotz hartnäckiger Dementis die gleiche Wirkung wie die Werbung und die Konversation. Er entwertet die semantischen Einheiten, die er verwendet.

Anders als Proust setzt sich Musil nicht in erster Linie mit der Wertneutralität und Sinnindifferenz der Konversation auseinander, sondern mit den Folgen des ideologischen Sprachgebrauchs. Dabei gelangt er zu ähnlichen Ergebnissen wie Proust: Die dogmatisch postulierten Gegensätze sind nur Schein, weil A *zugleich* das Gegenteil von A ist, weil Gut und Böse ineinander übergehen und das Erhabene karnevalistisch ins Lächerliche umschlagen kann.

Der Mann ohne Eigenschaften kann als eine Parodie der ideologisierten Soziolekte gelesen werden, deren Sprachmissbrauch den semantischen Kode (die Relevanz) als existenzielle Grundlage zerrüttet. Da Musils Hauptanliegen die Kritik ideologischer Diskurse ist und nicht Prousts Suche nach der „wahren", der „gültigen" Differenz, spielt in *Der Mann ohne Eigenschaften* die Ambivalenz, aus der die Ironie hervorgeht, auch eine positive, kreative Rolle, während sie in der *Recherche* eher als negative, „bittere Wahrheit" erscheint, die die kindlichen

Illusionen des Erzählers zerstört und in der *Wiedergefundenen Zeit* schließlich im Mythischen aufgehoben wird. *Der Mann ohne Eigenschaften* hingegen setzt sich mit den wichtigsten Varianten der ideologischen Rhetorik auseinander. Der Autor selbst schreibt in den nachgelassenen Fragmenten über seinen Roman und dessen intertextuelle Mechanismen: „Der christl, der sozial, der völk. Ideenkreis kommt zu Wort." (GW 5, S. 1937)

Aus seinen zahlreichen Aphorismen und biografischen Notizen geht hervor, dass er, ähnlich wie Nietzsche, auf den er sich öfter beruft, die semantische Ambivalenz (die Vermittlung) gegen die dualistischen Mythen ideologischer und metaphysischer Diskurse ins Feld führt. Zu Mussolinis Opportunismus und seinem Schwanken zwischen zwei scheinbar unvereinbaren Lösungen bemerkt er: *„Zum ideologischen Durcheinander* der Zeit und seiner großen Bedeutung vergl. den Werdegang Mussolinis in D.N.R. Mai 1924. Er oszilliert tatsächlich zwischen den verschiedenen Polen." (GW 7, S. 904) Dieses „ideologische Durcheinander", das in Mussolinis Synthese der Gegensätze zum Ausdruck kommt, schildert rund zwanzig Jahre später André Breton in *Arcane 17* auf sprachlicher Ebene:

> Die Worte, die sie [die Werte] bezeichnen, wie Recht, Gerechtigkeit, Freiheit, haben willkürliche, widersprüchliche Bedeutungen angenommen. Man hat sowohl auf der einen wie auf der anderen Seite auf ihre Elastizität spekuliert, bis es gelang, sie auf jeden beliebigen Sinn zu reduzieren und auszudehnen und sie schließlich sogar auf das Gegenteil ihrer ursprünglichen Bedeutung festzulegen. (Breton 1965, S. 76)

Diese ideologiekritischen Bemerkungen Bretons sind Musil nicht fremd: Er zeigt, wie in seiner eigenen soziolinguistischen Situation die Ambivalenz den Sprachgebrauch beherrscht und wie die von den Ideologien als absolut vorgestellten Gegensätze ineinander übergehen. Leider ist es hier nicht möglich, ausführlich auf das Ambivalenz-Problem in Musils Essays, Reden und Aphorismen einzugehen, so dass ich mich mit einigen Hinweisen begnügen muss (vgl. Zima 2012, S. 188–208).

In seiner „Skizze der Erkenntnis des Dichters" ist die Ambivalenz zentral. Liebe und Freundschaft werden dort – aus der Sicht des Dichters betrachtet – mit der Antipathie verknüpft. Ein Dichter ist: „Der die Charaktere verabscheut, mit jener furchtsamen Überlegenheit, die ein Kind vor den ein halbes Menschenalter früher sterbenden Erwachsenen voraus hat. Der noch in der Freundschaft und in der Liebe den Hauch von Antipathie empfindet, der jedes Wesen von den andern fernhält und das schmerzlich-nichtige Geheimnis der Individualität ausmacht." (GW 8, S. 1026)

Dass nicht nur das Individuum als Subjekt des Diskurses, als sprachliches Subjekt in seinen affektiven Beziehungen und Bedürfnissen an der Ambivalenz scheitert, sondern der ganze Bereich der Ethik von ihr erschüttert wird, zeigt der weitere Verlauf von Musils Argumentation: „Ich greife eine beliebige ethische Behauptung heraus: ‚es gibt keine Meinung, für die man sich opfern und in die Versuchung des Todes begeben darf'– und jeder von den Spuren ethischer Erlebnisse Beschlagene und Behauchte wird wissen, daß man ebenso leicht das

Gegenteil behaupten kann [...]. Die Tatsachen dieses Gebiets und darum ihre Beziehungen sind unendlich und unberechenbar." (GW 8, S. 1028)

Wo die Ambivalenz den semantischen Kode der Ethik zersetzt, werden auch die syntaktischen Abläufe der Diskurse vertauschbar und fragwürdig. Dadurch wird der systematische Zusammenhalt einer ethischen Theorie, sofern er als kausaler Ablauf, als *Begründungszusammenhang* aufgefasst wird, in Frage gestellt.

Ein Artikel, der den Titel trägt „Unter lauter Dichtern und Denkern", zeigt, wie die Ambivalenz einen der Schlüsselbegriffe des Musilschen Textes, den Geniebegriff, erfasst:

> Das verträgt sich aber auf wundersame Art mit seinem Gegenteil; denn nicht seltener, als sich die Klage vernehmen läßt, daß es wahres Genie nicht mehr gebe, läßt sich unter uns die Beobachtung anstellen, daß es nur noch Genie gibt. Man darf, wenn man die Nachrichten und Kritiken unserer Zeitschriften und Zeitungen eine Weile durchblättert, wahrhaft staunen, wieviel erschütternde Seelenverkünder, größte, tiefste und ganz große Meister binnen wenigen Monaten erscheinen; und wie oft im Lauf solcher kurzen Zeit ‚endlich einmal wieder ein wahrer Dichter' der Nation geschenkt wird [...] (GW 7, S. 514/515)

Hier zeigt sich, wie eine Variante der humanistischen Ideologie, die von Gegensätzen wie *genial/mittelmäßig* ausgeht, von der Werbung ausgeschlachtet und entwertet wird. Als „genial" wird schließlich auch das bezeichnet, was dem Genie der Klassik entgegengesetzt ist, so dass der Erzähler von *Der Mann ohne Eigenschaften* ironisch vom „genialen Rennpferd" sprechen kann, wobei das „Geniale" und das „Tierische" miteinander verschmelzen.

Die Bedeutung dieser sprachlichen (ethischen, ästhetischen, politischen und philosophischen) Ambivalenz für die fiktionale *und* die theoretische Schreibweise liegt auf der Hand. Indem die Fiktion als Intertext sowohl philosophische als auch politische, ästhetische und ethische Diskurse verarbeitet, enthält sie umfassendere Darstellungen des soziolinguistischen Spektrums als spezialisierte theoretische Abhandlungen. Mit der moralischen Ambivalenz in der *Literatur* setzt sich Musil in seinem Aufsatz über Alfred Döblins Epos *Manas* auf eine Art auseinander, die an Nietzsches *Genealogie der Moral* erinnert. Nach Dostojewskij beherrschen (wie auch Bachtin bemerkt) die ambivalenten, kranken Naturen die Literatur:

> In der Tat hat die Vorliebe, welche die Literatur seither für die ‚ungesunden' Figuren zweifellos bekundet hat, keinen tieferen Grund als den, daß die Verwandtschaft, welche das Gefühl des Dichters zwischen dem sozial Guten und Bösen herausfindet, nichts anderes bedeutet, als daß diese Extreme im tieferen Wesen bloß verschiedene Werte der gleichen Funktionen darstellen. Diese Überzeugung von der Übergänglichkeit der menschlichen Erscheinungen ineinander, die tiefere Verwandtschaft der moralischen Gegensätze kann man geradezu als ein Kennzeichen der zeitgenössischen Literatur im Unterschied zu früheren Zeiten ansprechen. (GW 9, S. 1682)

Musils Behauptung trifft ins Schwarze: Die tiefe Verwandtschaft nicht nur der moralischen, sondern aller Gegensätze tritt um die Jahrhundertwende vor allem bei Nietzsche, in der Psychoanalyse und in den Romanen Kafkas, Hesses, Prousts und Musils mit aller Deutlichkeit zutage. Sie hat zur Folge, dass der Philosoph oder Dichter Partei für eine Variante der *Wertfreiheit* ergreift, die von der Krise des sozio-semantischen Kodes zeugt und bei Nietzsche, ähnlich wie in den Romanen, zur Entdeckung des (nicht-sozialen) Instinkts, der „Natur" und des Unbewussten führt.

Musils Interesse für den „Wiener Kreis" ist wohl kein Zufall: Auch Poppers und Carnaps (letztlich auch Max Webers) Streben nach einer „wertfreien" Rede sollte im Zusammenhang mit der Wertekrise gesehen werden. Dass angesichts dieser Krise der Wille zu „wertfreier" Exaktheit und der Hang zu einem irrationalen Mystizismus einander ergänzen können, fiel bereits B.-R. Hüppauf in seiner Musil-Arbeit auf, in der allerdings von den modernen Strömungen des Positivismus und Irrationalismus kaum die Rede ist: *Von sozialer Utopie zur Mystik. Zu Robert Musils „Der Mann ohne Eigenschaften"*, München, 1971.

„Mathematische Moral: Das Erbe Nietzsches" (GW 7, S. 899), heißt es in den Aphorismen. Diese neue Moral, von der Musil auch an anderen Stellen spricht (etwa GW 7, S. 903), hat zwei Seiten: Sie ist eine „wertfreie" Moral (auch hier macht sich die Ambivalenz als Widerspruch wieder bemerkbar), die zum Organon der Musilschen Ideologiekritik wird. Sie geht unmittelbar aus der Indifferenz des Tauschwerts hervor, die keine qualitativen Unterschiede gelten lässt. Folglich ist Musils Kritik selbst zweideutig: Einerseits zerstört sie den ideologischen Mythos, andererseits setzt sie sich der Gefahr aus, den Nihilismus des Marktgesetzes, das alle Differenzen einebnet, zu bestätigen. Die negative Dialektik Adornos versucht, ihrer Aporien eingedenk, aus dieser Sackgasse herauszufinden.

Anders als Musil, der Ambivalenz und Vermittlung durch den Tauschwert als kritische Instrumente gegen die ideologischen Reden einsetzt, weist Karl Kraus, in dessen Polemiken die Zweideutigkeit eine wichtige Rolle spielt, auf die verheerende Rolle der Vermittlung hin. Stärker als Musil der zerfallenden Moral verpflichtet, steht er dem Moralisten Kafka näher. Die Verwandtschaft der Gegensätze ist ihm ein Dorn im Auge: „Denn die *Iphigenie* ins Esperanto übersetzen" – heißt es in einem Artikel über „Unbefugte Psychologie" – „ist bloß der Versuch von Kaufleuten, die wissen, daß es in dieser Welt auf schnelle Verständigung von Angebot und Nachfrage ankomme. Aber die *Iphigenie* ins Psychoanalytische zu übersetzen, ist der Versuch der Reblaus, neben der Sonne in Ehren zu bestehen, wenns einen guten Wein gilt." (Kraus 1971, S. 556)

Den *Tod* und den *Kassenraum* kann nur der Jahrmarkt auf skandalöse Weise vereinigen: „In einer Toleranz, die die Grenzen des spanischen Zeremoniells durch einen Jahrmarkt erweitert und den Sarg des Thronfolgers im Kassenraum eines Bahnhofs ausstellen läßt, in einem Skandal, der mit der Hoheit des Toten die des Todes selbst verhöhnt [...]." (Ibid., S. 559)

Obwohl er auf die Einheit der Gegensätze anders reagiert als Musil, zielt der Diskurs des Polemikers und Moralisten Karl Kraus auf das zentrale Thema der bürgerlichen Moderne: die Zerstörung aller Werte durch den Markt, die für die Hybris des „genialen Rennpferdes" ebenso wie für die Verschmelzung von Mme Verdurin mit der Prinzessin von Guermantes verantwortlich ist.

b) Die Verdoppelung der Wirklichkeit: Text und Intertext

Die fast dramatische Inszenierung ideologischer Soziolekte kommt in einem Kapitel aus dem Nachlass zu *Der Mann ohne Eigenschaften* deutlich zum Ausdruck, das den Titel trägt: *Zu dem jungen Sozialisten Schmeißer (Unterhaltungen mit Schmeißer)*. Ulrichs Haltung dem sozial benachteiligten und in Ranküne lebenden Schmeißer gegenüber ist ambivalent im Sinne der „Realpolitik". Im Auftrag von Graf Leinsdorf versucht er, den Revolutionär für die „Parallelaktion" zu gewinnen: „[...] Ein Realpolitiker müsse sich sogar der Sozialdemokratie bedienen, um in ihr einen Verbündeten gegen den Fortschritt wie gegen den Nationalismus zu finden [...]." (GW 4, S. 1454)

Schmeißer, der sich im Besitz der Wahrheit wähnt, führt alle Stereotypen des „sozialistischen" (marxistischen) Soziolekts gegen den Romanhelden Ulrich ins Feld. Dabei ist bemerkenswert, dass sein Diskurs fast ausschließlich von *eindeutig definierten kollektiven Aktanten* beherrscht wird, die in Akteuren wie „Wir", die „Partei", das „Bürgertum" (hier *Antisubjekt*) zum Ausdruck kommen. Ulrichs realpolitisches Angebot fällt nicht auf fruchtbaren Boden: „Als er geendet hatte, antwortete ihm Schmeißer, mit Lippen, die sich vor Wohlgefallen an dem, was sie sagten, kaum voneinander trennen konnten: ‚Die Partei hat solche Abenteuer nicht nötig; wir kommen auf unserem eigenen Weg ans Ziel!' – Da hatte es nun der Bourgeois!" (GW 4, S. 1455)

Dem *Schwarz/Weiß*-Denken Schmeißers, das wie zahlreiche ideologische Mythen von absoluten Gegensätzen ausgeht, begegnet Ulrich mit einem relativierenden, ambivalenten und fragenden (offenen) Diskurs, der von *individuellen Aktanten* bewegt wird. Den Bankdirektor Fischel, einen Freund Ulrichs, betrachtet Schmeißer als seinen Feind:

> [...] ‚Aber er hat doch wenigstens Überzeugungen! Er sagt ja, wo ich nein sage! Dagegen Sie? In Ihnen hat sich alles schon aufgelöst, in Ihnen hat sich die bürgerliche Lüge bereits zu zersetzen begonnen!' – Friedlich räumte Ulrich ein: ‚Es mag sein, daß meine Art zu denken bürgerlicher Herkunft ist; für einen Teil ist das sogar wahrscheinlich. Aber: Inter faeces et urinam nascimur – warum nicht auch unsere Meinungen? Was beweist das gegen ihre Richtigkeit?' (GW 4, S. 1456)

Das Erhabene und Richtige kann durchaus dem „Niederen" und „Schlechten" (der Bürgerlichkeit) entstammen: Gegenüber dem dualistischen Dogma Schmeißers, der durch den Verzicht auf Dialektik der Ideologie verfällt, insistiert Ulrich auf der Zweideutigkeit der Erscheinungen und des Denkens. Schließlich wird die Ambivalenz des Revolutionärs vom Erzähler thematisiert, der „wider Willen Agathe von ferne" bewundert. (GW 4, S. 1455)

Nicht nur die Gestalt Schmeißers und die sozialistische Ideologie werden in einem ambivalenten Kontext dargestellt und kritisiert: Friedel Feuermaul, Paul Arnheim, Diotima und der General Stumm von Bordwehr erscheinen alle als Doppelwesen, deren ideologische Zweideutigkeit mehr oder weniger wörtlich aufzufassen ist.

Der Dichter Friedel Feuermaul ist zwar als Romangestalt sekundär, verkörpert jedoch die Ambivalenz auf besonders prägnante Art. Leser, die meinen, Musil hätte einen weniger expliziten und allegorischen Namen wählen sollen, lesen an der semantischen Funktion dieses Protagonisten vorbei. Sohn eines Industriellen, eines Waffenhändlers, soll der Poet im Rahmen der Parallelaktion für den Frieden wirken. Doch das Paradoxon der Romanhandlung besteht darin, dass die Parallelaktion als Friedensaktion zum Krieg führt. Als Gegensätze verschmelzen Krieg und Frieden schließlich in dem symbolischen Namen *Friedel Feuermaul* zu einer Einheit: Jede Ideologie, auch die pazifistische, führe zum Krieg, bemerkt Musil in den nachgelassenen Fragmenten.

Für die Romanhandlung – oder gerade für ihr Scheitern – hat die Gestalt Paul Arnheims eine weitaus größere Bedeutung; nicht nur weil Arnheim zusammen mit Ulrich, Diotima, Agathe, Walter und Clarisse im Mittelpunkt der fiktionalen Welt steht, sondern, weil in seiner Person zwei scheinbar unvergleichbare Ideologien aufeinandertreffen: das humanistische Bildungsideal und der wirtschaftliche Erfolg. Arnheim erscheint in dem hier konstruierten Zusammenhang als ambivalente Gestalt schlechthin, weil die von ihm vorgeschlagene Synthese von „Geist" und „Markt" alle anderen Synthesen und Ambivalenzen begründet: „[...] Arnheim verkündete in seinen Programmen und Büchern noch dazu nichts Geringeres als gerade die Vereinigung von Seele und Wirtschaft oder von Idee und Macht. Die empfindsamen, mit der feinsten Witterung für das Kommende begabten Geister verbreiteten die Meldung, daß er diese beiden, in der Welt gewöhnlich getrennten Pole in sich vereine [...]." (GW 1, S. 108) In Arnheims Gestalt wird die vom Marktgesetz bedingte Ambivalenz nicht nur formal als Einheit der Gegensätze, sondern auch inhaltlich bestätigt: Das „Kommende", das die „begabten Geister" in Musils Gesellschaft wittern, ist die zunehmende Relativierung aller Werte durch die Tauschwert-Vermittlung.

Angesichts der von Arnheim bis zur Karikatur getriebenen Vermittlung scheitert der Anspruch der Ideologen, das Festhalten an überlieferten oder neuen semantischen Dichotomien, könne den Kode und dessen Relevanzkriterien retten. Sowohl der mondäne Arnheim, der die Einheit der Gegensätze anstrebt, die destruktive Wirkung seiner Synthese aber nicht sieht, oder nicht wahrhaben will, als auch der dogmatische Schmeißer scheitern in einer fiktionalen Welt, in der weder die naive Identifizierung mit *dem* Relativismus noch mit dessen Gegenteil möglich ist: „Durch dieses zarte Zusammenhängen aller Lebensgebilde, das nur blinder Ideologenhochmut vergessen kann, kam Arnheim dazu, im königlichen Kaufmann die Synthese von Umsturz und Beharren, Macht und bürgerlicher Zivilisiertheit, vernünftigem Wagnis und charaktervollem Wissen zu erblicken, zuinnerst aber eine Symbolgestalt der sich vorbereitenden Demokratie [...]." (GW 2, S. 389)

Indem Arnheim das Groteske seines Syntheseversuchs übersieht und nicht versteht, dass der Markt den Geist entwertet, wird er selbst zur Karikatur des geistreichen, kultivierten Menschen im Zeitalter des Hochkapitalismus. Einerseits trägt er entscheidend zur „Entthronung der Ideokratie" bei, andererseits erkennt er nicht die „karnevalistischen", zerstörerischen Aspekte dieses Vorgangs, die der Erzähler

– gleichsam hinter seinem Rücken – ironisch verarbeitet: „Er dachte sich das Zeitgehirn durch Angebot und Nachfrage ersetzt, den umständlichen Denker durch den regelnden Kaufmann [...]." (GW 2, S. 409)

Es wäre freilich trivial, wollte man den Begriff der Ambivalenz in *Der Mann ohne Eigenschaften* auf die „inhaltlichen" Beziehungen zwischen kulturellen Werten und wirtschaftlichen Faktoren einengen: Die Ambivalenz als semantische Nicht-Disjunktion (Kristeva) strukturiert den fragmentarischen Romantext in seiner Gesamtheit. Aus ihr erklärt sich nicht nur die Verschmelzung von Krieg und Frieden, Wirtschaft und Seele, Sozialismus und Reaktion, sondern auch die Doppelgestalt, insbesondere die des Hermaphroditen.

Der Hinweis auf den „Doppelcharakter" des mythischen Kakaniens ist zugleich ein Indiz für den Universalcharakter der Ambivalenz im fiktionalen Text: „Aber was ist ein Doppeladler? Ein Adler mit zwei Köpfen? In der Welt fliegen doch nur einköpfige Adler herum?! Ich mache Sie also darauf aufmerksam, daß Sie an Ihrem Säbel das Symbol eines Doppelwesens tragen! Ich wiederhole Ihnen, Herr General, die bezaubernden Dinge ruhen wahrscheinlich alle auf uraltem Irrsinn!" (GW 4, S. 1296)

Diese polemischen Bemerkungen Clarisses verweisen auf ihre eigene psychische Doppelsinnigkeit, die sie in einem Gespräch mit dem „Propheten" Meingast (später Prof. Lindner), dessen homosexuelle Reden an die eines Baron de Charlus erinnern, selbst thematisiert. Clarisse definiert sich selbst als bisexuelles Wesen und ergänzt dadurch semantisch die geschlechtliche Wandlung Ulrichs, der im Laufe eines langen Gesprächs mit seiner „siamesischen Schwester" Agathe die Frau erkennt, die in seinem Inneren lebt. Wie in der *Recherche* geht das Problem der charakterlichen Verdoppelung in das der Homosexualität über:

> Heiser flüsterte Clarisse zurück: ‚Ich bin kein Weib, Meingast!, *ich bin der Hermaphrodit!*' – ‚Du?!' Meingast gab sich keine Mühe, ein wenig Geringschätzung zu verbergen. – Ich reise mit dir. Du wirst sehen. Ich werde es dir in der ersten Nacht zeigen. Wir werden nicht eins sein, sondern du wirst zwei sein. Ich kann aus mir herausfahren. Du wirst zwei Körper haben. (Ausgabe 1952, S. 1380, neue Ausgabe 1978, GW 5, S. 1538: hier wird Meingast zu Lindner.)

Auf die Ambivalenz und zugleich Unergründlichkeit des Helden Ulrich wird gleich zu Beginn des Romans angespielt: „Ein solcher Mann ist aber keineswegs eine eindeutige Angelegenheit." (GW 1, S. 17) Die Zweideutigkeit Ulrichs wird in dem Kapitel, das den Titel trägt „Wenn es Wirklichkeitssinn gibt, muß es auch Möglichkeitssinn geben" unmittelbar zum Gegensatz *Wirklichkeit/Möglichkeit* in Beziehung gesetzt, und dieser Gegensatz bildet den Rahmen, in dem die Identitätskrise des Subjekts (seine Zersplitterung) vom Erzähler inszeniert wird.

Aus der charakterlichen Ambivalenz Ulrichs, aus verschiedenen unvereinbaren „traits de caractère" (Todorov) ergeben sich einander ausschließende Möglichkeiten, die mit dem „Wirklichkeitssinn" des Helden konkurrieren. Diesen Möglichkeiten entsprechen wie bei Proust heterogene Handlungsstränge, die sich zu möglichen, aber einander oftmals ausschließenden „Geschichten" verdichten.

Die Ambivalenz als Zerstörung des semantischen Kodes und als Schwächung der semantisch-ideologischen Relevanzbestimmungen hat daher zwei Folgen: 1) Sie führt zu einer Krise des Subjekts, das sich auf diskursiver Ebene nicht mehr als Einheit konstituieren kann, da es gezwungen ist, von zweideutigen semantischen Einheiten auszugehen. 2) Sie bringt eine Krise der narrativen Syntax mit sich, die schließlich (wie bei Proust, Kafka und Joyce) an den semantischen Zweideutigkeiten scheitert.

c) Die Krise des Romans

Die Krise des Erzählens hängt einerseits mit der des Subjekts zusammen, das sich im Diskurs konstituiert, andererseits erklärt sie sich aus der Ambivalenz der Aktanten, der Subjekte der Erzählung. In den nachgelassenen Fragmenten Musils finden sich einige Bemerkungen über Epos und Roman, die die Vermutung, dass es eine Wechselbeziehung zwischen Ambivalenz und narrativer Syntax gibt, weitgehend bestätigen.

Wie Jahrzehnte später Tzvetan Todorov, der in seiner *Grammaire du Décaméron* feststellt, dass es – etwa in *Tausend und eine Nacht* – eine vorpsychologische und a-psychologische Kausalität der Handlungen gibt („causalité événementielle"), die die Personen (die Akteure) der Erzählung als „hommes-récits" determiniert (vgl. Todorov 1969, S. 85), erinnert Musil daran, dass die Charaktere im Epos in einen eindeutigen Handlungszusammenhang eingebettet waren.

Im *Roman*, also schon in der frühbürgerlichen Ära, geht dieser eindeutige Kontext verloren: „Das Problem entsteht natürlich erst mit dem Roman. Im Epos, auch im wirklich epischen Roman, ergibt sich der Charakter aus der Handlung. Das heißt die Charaktere waren viel unverrückbarer in die Handlungen eingebettet, weil auch diese viel eindeutiger waren." (GW 5, S. 1941)

In diesem Text erscheint Musil nicht nur als Vorläufer moderner Erzähltheorien, sondern schneidet zugleich die entscheidende Frage nach der semantisch-syntaktischen Kohärenz des Romantextes an: die Frage nach dem Nexus von semantischer Ambivalenz und narrativem Ablauf. (An dieser Stelle zeigt sich, dass die Unterscheidung zwischen Form und Inhalt nicht sehr brauchbar ist; denn die Form ist keineswegs mit der Syntax und ihren Aktanten identisch, ebenso wenig wie die Semantik mit dem Inhalt zusammenfällt. Die Anordnung der semantischen Gegensätze oder deren Verschiebung könnte man ebenso gut als formale Elemente bezeichnen.)

In *Der Mann ohne Eigenschaften* tritt die Wechselwirkung zwischen der syntaktischen Zersplitterung und der Ambivalenz von Anfang an klar zutage. Die Schwierigkeit, den Helden eindeutig zu definieren, erklärt das „Auf-der-Stelle-Treten" der Erzählung. Abgesehen von den ersten acht Kapiteln, deren Bedeutung hier nicht näher erörtert werden kann (die aber allesamt *Versuche, „Essays"* über den Helden, dessen Beziehungen zur Umwelt und die Wirklichkeit sind und sich wesentlich von Balzacs oder Stendhals *Charakterdefinitionen* unterscheiden), stellen die drei „Versuche, ein bedeutender Mann zu werden" (Kap. IX, X, XI), die Wirkung der Ambivalenz auf die Verzögerung oder Unterbrechung der Erzählung anschaulich dar. In ihnen wird erzählt, weshalb die Erzählung selbst noch nicht beginnen kann: Weil der Held nach seinem Scheitern als Offizier und als Ingenieur (zweiter Versuch) schließlich auf die *vita activa* verzichtet und die grundsätzliche Frage nach der Wirklichkeit und dem eigenen ambivalenten „Ich" aufwirft. Dazu bemerkt Barbara Neymeyr: „Die Identität des ‚Mannes ohne Eigenschaften' besteht wesentlich darin, daß er nach Alternativen zur erstarrten Wirklichkeit mit ihren rigiden Normen und Schablonen sucht." (Neymeyr 2005, S. 77)

Angesichts der Ambivalenz und der aus ihr resultierenden Suche nach Alternativen wird die kausale Verkettung der narrativen Syntax, die von mehr oder weniger eindeutig beschriebenen Tatsachen, Charakteren und Situationen abhängt, in Frage gestellt. (Lucien de Rubemprés Unterwerfung unter Vautrin in Balzacs *Illusions perdues geht aus seinem Charakter hervor* und illustriert das, was Todorov als „psychologische Kausalität" bezeichnet). Ulrich erkennt in der Zweideutigkeit das herrschende Prinzip und versucht, sich mit der Negativität dieses Prinzips als Wissenschaftler zu identifizieren (dritter Versuch): „Aber in der Wissenschaft kommt es alle paar Jahre vor, daß etwas, das bis dahin als Fehler galt, plötzlich alle Anschauungen umkehrt oder daß ein unscheinbarer und verachteter Gedanke zum Herrscher über ein neues Gedankenreich wird [...]." (GW 1, S. 40)

Unverkennbar durchziehen „karnevalistische" Motive diese Zeilen: die Ambivalenz, die Entthronung des Edlen (des „Königs") und der Aufstieg des Verachteten (des „Narren"). Schließlich führt der bereits zitierte Ausdruck „ein geniales Rennpferd", der den klassischen Geniebegriff mit dem Bereich des Animalischen verknüpft und die Ambivalenz in besonders krasser Form erscheinen lässt, bei Ulrich zu der Erkenntnis, „ein Mann ohne Eigenschaften zu sein" (Kap. XIII).

Diese Erkenntnis könnte als der eigentliche und zugleich paradoxe Anfang des Romanfragments betrachtet werden. Sein Paradoxon besteht darin, dass er zugleich die Unmöglichkeit der Handlung und der narrativen Kausalität zum Ausdruck bringt, denn die Geschichte soll zu einem Zeitpunkt beginnen, da der Held (im traditionellen Roman die handelnde Instanz) auf ein aktives Leben verzichtet, um sich einer wissenschaftlichen Kontemplation hinzugeben, die die opake, vieldeutige Wirklichkeit zum Gegenstand hat.

In diesem Zusammenhang ist wohl Musils Bemerkung in den nachgelassenen Fragmenten zu lesen, der zufolge das Erzählen selbst in *Der Mann ohne Eigenschaften* problematisch wird: „Die Geschichte dieses Romans kommt darauf hinaus, daß die Geschichte, die in ihm erzählt werden sollte, nicht erzählt wird." (GW 5, S. 1937). Komplementär dazu heißt es in den *Aphorismen:* „? Paradoxon: den Roman schreiben, den man nicht schreiben kann." (GW 7, S. 826)

In einer soziolinguistischen Situation, in der sich die „Krise des Romans" (Musil) aus der Unmöglichkeit tradierter Erzählschemata erklärt, kann nur die *Ideologie* am kausalen Aufbau der narrativen Syntax festhalten. Den ideologischen Charakter des erzählenden Diskurses hat Musil klar erkannt:

> Äußerlich ist die gegenwärtige Krise des Romans so in Erscheinung getreten. – Wir wollen uns nichts mehr erzählen lassen, betrachten das nur noch als Zeitvertreib. Für das, was bleibt, suchen zwar nicht ‚wir', aber unsere Fachleute eine neue Gestalt. Das Neue erzählt uns die Zeitung, das gern Gehörte betrachten wir als Kitsch. – Das ist aber nun nicht ganz richtig. Kommunisten u Nationalisten u Katholiken möchten sich sehr gern etwas erzählen lassen. Das Bedürfnis ist sofort wieder da, wo die Ideologie fest ist. Wo der Gegenstand gegeben ist. (GW 8, S. 1412)

Und wo die Ambivalenz auf autoritäre Art negiert wird, könnte man hinzufügen.

Man ließe sich allerdings auf eine grobe Vereinfachung ein, wollte man schlicht behaupten, der ideologiekritische *Mann ohne Eigenschaften* sei ein Antiroman ohne Handlung, ohne kausale Abfolge, eine Art paradigmatischer Aneinanderreihung von Szenen oder Episoden, wie man sie etwa in manchen Schriften des spanischen *Costumbrismo* vorfindet. Tatsächlich verdichtet sich die Handlung in diesem Romantorso *stellenweise* zu einer kausalen Kette, so dass aus dieser Sicht Musils Text einen Versuch darstellt, den Roman im Zeitalter seiner Unmöglichkeit zu retten.

Vor allem die ersten acht oder zehn Kapitel des zweiten Buches (GW 3, Kap. I–X), die der Tod des Vaters als zentrales Ereignis beherrscht, könnten als eine kausale Sequenz im Sinne des traditionellen Romans beschrieben werden: Der Tod des Vaters *bringt* die Geschwister (Ulrich und Agathe) zusammen und *begründet* ihre künftige Komplizenschaft, deren erstes *Ereignis* die Fälschung des Testaments ist (Kap. V: „Sie tun Unrecht").

Ebenso wie Proust, den er als Vertreter des „psychisch beinahe Asyntaktischen" betrachtet (GW 8, S. 1211), nimmt Musil dem narrativen Prinzip gegenüber eine ambivalente Haltung an: Einerseits verlässt er es, um eine neue paradigmatische und essayistische Schreibweise (vgl. Zima 2012) ins Auge zu fassen, andererseits überlässt er ebenso wenig wie Proust seine Schreibweise der reinen Assoziation. Im nächsten Abschnitt wird sich zeigen, dass diese Ambivalenz bei Musil auch im Bereich der phrastischen Syntax nachweisbar ist. Wie Proust lehnt er es ab, das Satzgefüge experimentell (etwa im „automatischen Schreiben" der Surrealisten) aufzulösen.

Vor diesem Hintergrund sind Musils Anmerkungen zu James Joyces Roman zu verstehen:

> JOYCE. Ein Profil: der spiritualisierte Naturalismus. – Ein Schritt, der schon 1900 fällig war. Seine Interpunktion ist naturalistisch [...]. Eine andere Kennzeichnung Joyce's und der ganzen Richtung der Entwicklung ist: Auflösung. Er gibt dem heutigen aufgelösten Zustand nach und reproduziert ihn durch eine Art freien Assoziierens. Das hat etwas Dichterisches oder den Schein davon; etwas Unlehrhaftes und Wiederanstimmen eines Urgesangs. (GW 7, S. 858)

Im Gegensatz zu Joyce praktiziere er, Musil, eine „heroische Kunstauffassung". Proust und Musil geben dem „aufgelösten Zustand" nicht nach und halten vor allem an der phrastischen Syntax fest; aber die Krise des syntagmatischen Prinzips verstärkt auch bei ihnen den Hang zum Unbewussten und Assoziativen, das auch zur Grundlage des Musilschen Romans wird.

d) An der Schwelle des Unbewussten: Musils „Essayismus"

Ein Vergleich der beiden umstrittenen Ausgaben von *Der Mann ohne Eigenschaften* (1952 und 1978) könnte wahrscheinlich zeigen, dass der größte Teil des Romans nicht als kausale Struktur beschreibbar und sein Ende nicht nach kausallogischen Gesichtspunkten rekonstruierbar ist. Ähnlich wie die Anordnung von Kafkas *Der Prozeß*, die nach Uyttersprot (1957) auch von Deleuze und Guattari (vgl. Deleuze und Guattari 1975, S. 81) beanstandet wurde, lässt die des Musilschen Textes mehrere Varianten zu und wird noch jahrelang den Zwist der Exegeten nähren. Nicht er interessiert hier, sondern die Frage, nach welchen Kriterien die Zusammenhänge des Romanfragments zu beschreiben sind. Eine ausführliche Analyse könnte dann zeigen, wie die nachgelassenen Texte trotz ihrer topologischen Vertauschbarkeit, die Adolf Frisé bei seiner (bewundernswerten) Arbeit zu schaffen machte, dennoch zusammengehören.

Während in der ersten Ausgabe das Kapitelfragment „Atemzüge eines Sommertags" in einer einzigen Fassung vorkommt, enthält die Ausgabe von 1978 gleich vier Varianten dieses Textes, die Frisé auch nach chronologischen Gesichtspunkten geordnet hat: „Weitere Entwürfe aus den letzten Lebensjahren (1939–1941): Letzte Vorstufe zur Reinschrift ‚Atemzüge eines Sommertags'. Varianten zu den Druckfahnen Kapiteln." (GW 4, S. 1240)

Es kommt zwar häufig vor, dass Autoren ihre Texte umarbeiten oder verschiedene Fassungen eines und desselben Textes veröffentlichen. Bei Musil scheint es jedoch um mehr zu gehen als um Selbstkorrekturen oder um Versuche einer besseren, vollständigeren Darstellung: In *Der Mann ohne Eigenschaften* geht es, wie auch die Kapitelsequenz „Sonderaufgabe eines Gartengitters", „Die Sonne scheint auf Gerechte und Ungerechte", „Versuche, ein Scheusal zu lieben" und „Nachdenken" (Ausgabe von 1952) zeigt, um eine *paradigmatische Schreibweise,* die verschiedene „verwandte" Isotopien abwandelt, wobei die eine oft als metaphorische oder metonymische Darstellung der anderen gelesen werden kann.

Die Texte mit der Überschrift „Atemzüge eines Sommertags" zeigen, dass „Essayismus" als Substitution von Sememen und Semen und als Entwicklung und Verwandlung von Isotopien aufgefasst werden kann. In den ersten beiden Entwürfen spielen die Seme (Oberbegriffe) „Ekstase" („Ekstatische Sozietät", GW 4, S. 1325) „Liebe", „Glaube", „Denken" und „Kontemplation" eine wichtige Rolle. Die Versuche, den Begriff der „Kontemplation" näher zu bestimmen, zeigen, dass die beiden Entwürfe semantisch voneinander abweichen, weil im zweiten Entwurf neue Sememe oder gar Seme die alten verdrängen. Über die „Kontemplation" sagt Ulrich in der ersten Fassung: „Das kann ich nicht erklären. Oder doch: mit einem Wort, das ahnende Denken. Oder mit anderen Worten: So, wie wir denken, wenn wir glücklich sind." (GW 4, S. 1307)

Der Ausdruck „Oder mit anderen Worten…", der eine semantische Variante einleitet, könnte auch den Übergang vom ersten zum zweiten Entwurf (sowie zahlreiche andere Übergänge in Musils Roman) rechtfertigen. Dort heißt es zur „Kontemplation": „Das kann ich dir nicht in Kürze erklären. Oder doch, und sogar mit einem Wort: das Ahnen. Man könnte es auch das Sinnen nennen. Das ahnende und sinnende Denken also." (GW 4, S. 1325)

Durch die Verselbständigung von „Ahnen" und die Einführung des neuen Semems „Sinnen" wird das Sem „Denken" (als „begriffliches Denken") abgeschwächt, und das Sem „Kontemplation" rückt näher zu den Isotopien „Traum" und „Liebe". Zugleich kann die Isotopie der „Kontemplation" als eine metaphorische Darstellung der „Liebe" oder der „ekstatischen Sozietät" (d. h. der „Ekstase") gelesen werden. In den späteren Fassungen von „Atemzüge eines Sommertags" fasst der Ausdruck „das Tausendjährige Reich" metaphorisch-metonymisch die Begriffe „Ekstase", „Liebe", „Traum" und die Vorstellung vom „Orientalisch-Unfaustischen" (GW 4, S. 1239) zusammen.

Eine solche von der semantischen Assoziation geprägte Schreibweise, die eng mit dem Ambivalenz-Phänomen verknüpft ist, weil sie nicht mehr von der eindeutigen Bestimmbarkeit der Tatsachen, Handlungen und Gedanken ausgeht, nennt Musil selbst „essayistisch". Das Subjekt, das sich nur mit Hilfe des sozio-semantischen Kodes konstituieren kann, wird durch die Ambivalenz dieses Kodes gezwungen, sich im Diskurs auf „essayistische", paradigmatische Art zu definieren: „Ungefähr wie ein Essay in der Folge seiner Abschnitte ein Ding von vielen Seiten nimmt, ohne es ganz zu erfassen, – denn ein ganz erfaßtes Ding verliert mit einem Male seinen Umfang und schmilzt zu einem Begriff ein – glaubte er, Welt und eigenes Leben am richtigsten ansehen und behandeln zu können." (GW 1, S. 250)

Dieser Satz gilt nicht nur für Ulrich, sondern auch für Musils Schreibweise, die gegen die begrifflichen Zwänge des Systems polemisiert und dabei zugleich das Syntagma des traditionellen Romans meint: Dieses wird, wie schon Proust erkannte, von der Ambivalenz in Frage gestellt und kann als solches nur noch um den Preis des Anachronismus und des Sturzes in Ideologie verteidigt werden.

Indem Musil den essayistischen Lebensstil seines Helden beschreibt, thematisiert er wie Proust und Kafka auf metaphorische Art seine eigene *Produktionsweise*. Es genügt nicht, diese als paradigmatisch oder assoziativ aufzufassen und auf die Auflösung der Erzählstrukturen in *Der Mann ohne Eigenschaften* hinzuweisen. Dass dieser Roman die traditionelle Erzählstruktur in Frage stellt, ist von verschiedenen Literaturwissenschaftlern bemerkt worden.

So schreibt beispielsweise Sergio Checconi in seinem Musil-Buch über den Zerfall der narrativen Syntax, sie habe bei Musil „die ethische Bedeutung eines Experimentierens mit der Utopie, die in den neuen und freien Formen der Romanstruktur den Prüfstein der eigenen Möglichkeiten findet". (Checconi 1969, S. 139)

Der Textsoziologie ist es jedoch um die zwei komplementären Fragen zu tun: 1) Weshalb (aus welchen gesellschaftlichen Gründen) die Erzählstruktur zerfällt und 2) wie die neue Textkohärenz aussieht, d. h. wie Musils paradigmatische und essayistische Schreibweise im Zusammenhang mit der Ambivalenz beschrieben werden kann.

Im vorigen Abschnitt war die erste dieser beiden Fragen zentral; es war dort vom zersplitterten Romananfang die Rede. Wie im Zusammenhang mit der *Recherche* könnte auch hier Gérard Genette von einem „iterativen Erzählstil" („l'inflation de l'itératif", Genette 1972, S. 153) sprechen. Denn diese drei

Anfänge, die drei unvollendete und unmögliche Geschichten sind, könnten auf semantischer Ebene als Varianten einer semantischen Isotopie gelesen werden, die der Oberbegriff „bürgerliche Karriere" (im historischen, liberalen Sinn) strukturiert. Ein jeder der „Versuche" (=Essays des Schreibens) entwickelt bestimmte Aspekte dieser Isotopie: etwa die Sememe „Abenteuer", „Heldentum", „technischer Fortschritt", „Wissenschaft".

Nirgendwo ist die Beziehung zwischen der Ambivalenz und dem Zerfall der Makrosyntax einerseits und der Entwicklung der neuen paradigmatischen Konstruktion andererseits deutlicher als in diesen drei „Versuchen" des Helden. Sie stellen nicht nur als „Essays", als Versuche über eine ambivalente Wirklichkeit, die kausale Verkettung der traditionellen Erzählung in Frage, sondern entfalten die essayistische Alternative auf semantischer Ebene. Wie in der *Recherche* verdrängen die Entwicklung und die Umwandlung der Isotopien (s. o.) die syntaktische Logik, wobei metonymische und metaphorische Beziehungen den Zusammenhalt des Textes gewährleisten. Sehen wir uns die Entwicklung und die Transformationen der Isotopie „Genialität" in *Der Mann ohne Eigenschaften* näher an.

Zunächst ist es nicht unwichtig festzustellen, dass diese Isotopie in einem metonymisch-synekdochischen Verhältnis zur umfassenderen semantischen Struktur der „Individualität" steht. Gleich im ersten Kapitel, wo der Erzähler einen Verkehrsunfall schildert, um auf die Unfähigkeit des Durchschnittsbürgers zur Initiative hinzuweisen, wird der Niedergang des Individualismus zu einem der Hauptthemen des Textes. In einem Kontext, in dem die Individualität der Personen als fragwürdig erscheint, wird auch der Geniebegriff problematisch: Kann man noch von einem „genialen Menschen" sprechen, oder handelt es sich um einen Anachronismus, da ja der Einzelne von einem anonymen System gehandelt wird (in der doppelten Bedeutung des Wortes)?

Eine solche Frage löst den ironischen Diskurs aus, der aus der Kombination zweier scheinbar unvereinbarer Isotopien, „Genialität" und „Animalität" hervorgeht: „Außerdem lehrt die Zoologie, daß aus einer Summe von reduzierten Individuen sehr wohl ein geniales Ganzes bestehen kann." (GW 1, S. 32) Einst mit der großen Persönlichkeit untrennbar verbunden, wird das Genie im neuen Kontext mit dem Anonymat der Zoologie assoziiert.

Die Handlungssphären der wichtigsten Personen des Romans könnten auf der Isotopieebene der „Genialität" miteinander verknüpft werden. Die Interaktion dieser Personen und ihre aktantiellen Funktionen sind sekundär; sie treten dadurch zueinander in Beziehung, dass sie verschiedene, aber einander ergänzende Aspekte des kontextuellen Sems „Genialität" illustrieren. Der klassische Begriff der „Genialität" fällt den semantischen Verschiebungen (Transformationen) zum Opfer, die aus der Ambivalenz hervorgehen und die Gültigkeit des klassischen Kulturkodes in Frage stellen. Bei Ulrich wird er zur Zielscheibe eines ironischen und kritischen Diskurses, bei Walter wird er durch dessen Mittelmäßigkeit und intellektuelle Ohnmacht diskreditiert, und bei Paul Arnheim artet er in eine Art Hochstapelei aus.

Der Roman verdankt seinen semantischen Zusammenhalt unter anderem den metonymischen Beziehungen, die er zwischen dem Genie-Begriff und diesen drei Personen herstellt, von denen eine jede als „pars pro toto" – und sei es negativ – einige Fazetten des gesamten Genie-Problems erkennen lässt. Wie in der *Recherche* wird die Romanentwicklung „verinnerlicht" (um mit Zéraffa zu sprechen [vgl. Zéraffa 1971]) oder *semantisiert:* „Ein geniales Rennpferd reift die Erkenntnis, ein Mann ohne Eigenschaften zu sein." (GW 1, S. 44)

Das kritische Nachdenken, das sich von Isotopie zu Isotopie bewegt, wird zur wichtigsten Triebfeder des Romans und verdrängt die katastrophenschürzende Interaktion traditioneller Gestalten. Walter, Paul Arnheim und Diotima gehören dem selben semantischen Feld an wie Ulrich, weil auch sie versuchen, das Problem der Genialität (der Individualität) zu „lösen".

In einem Roman ohne Ende, der sich schließlich in eine Ansammlung von Fragmenten und Aphorismen verwandelt (darin ähnelt er Saussures offenem Paradigma) erscheinen diese drei Akteure nicht als „dramatis personae", sondern als Weltanschauungen (Bachtin), denen bestimmte Diskurse über die „Wirklichkeit" entsprechen. Indem der Erzähler diese Diskurse und die ihnen zugrundeliegenden Isotopien miteinander konkurrieren lässt, relativiert und diskreditiert er sie. Das Edle und das Kleinliche, das Erhabene und das Vulgäre, das Ernste und das Groteske gehen in *Der Mann ohne Eigenschaften* karnevalistisch ineinander über.

Musils Ironie ist ein Produkt dieser karnevalistischen *Assoziationen* und *Verwandlungen.* Mit Recht weist Wolfgang Karrer in seinem Buch über *Parodie, Travestie, Pastiche* darauf hin, dass diese Erscheinungen mit Hilfe des Isotopie-Begriffs erklärt werden können: „Parodien, Travestien und Pastiches würden dann als Interferenzen verschiedener Isotopieebenen des Textes beschreibbar." (Karrer 1977, S. 197)

Dies gilt auch für die Ironie: Sie ist häufig das Produkt eines semantischen Parallelismus, in dem der eine Diskurs den anderen Lügen straft: So entwickelt sich beispielsweise die platonische Liebe (und Rhetorik) zwischen Arnheim und Diotima parallel zur sinnlichen Liebe Solimans zu Rachel und wird schließlich restlos von Arnheims Zuneigung zu Leona, der gefräßigen Prostituierten, desavouiert. Der pazifistische Diskurs der Parallelaktion (die Isotopie „Pazifismus") wird unglaubwürdig, ja lächerlich, wenn er von einem Minister und einem General stammt, die den Krieg vorbereiten. Die Diskurse der Juristen und Ärzte über das Verantwortungsbewusstsein des Verbrechers Moosbrugger machen sich gegenseitig lächerlich inmitten eines ambivalenten und polyphonen Textes.

„Vorstellungen, die im Gegensatz zueinander stehen, werden mit Vorliebe im Traume durch das nämliche Element ausgedrückt" (Freud 1971, S. 32), schreibt Freud über die Ambivalenz des Traumes. Es fällt auf und ist hier von Bedeutung, dass er in demselben Kontext (*Über Träume und Traumdeutungen,* Frankfurt, 1971, S. 32–33) die schwache Kausalität des Traumes bespricht und sie zu dessen paradigmatischen (metaphorischen und metonymischen). Verdichtungsmechanismen in Beziehung setzt: „Die *Kausalbeziehung* zwischen zwei Gedanken wird entweder ohne Darstellung gelassen oder ersetzt durch das *Nacheinander* von zwei verschieden langen Traumstücken." Und: „Einer einzigen unter den logischen Relationen, der der *Ähnlichkeit, Gemeinsamkeit, Übereinstimmung,* kommt der Mechanismus der Traumbildung im höchsten Ausmaße zugute." (Ibid., S. 33)

Gerade diese Relationen der Ähnlichkeit (metaphorische oder metonymische Beziehungen zwischen Isotopien), der Gemeinsamkeit und der Übereinstimmung (mehrere Sememe haben ein gemeinsames semantisches Merkmal und können deshalb einem kontextuellen *Sem* untergeordnet werden) spielen in der Textproduktion der neuen Romane Prousts, Musils, Kafkas und Hesses eine entscheidende Rolle.

Es ist wohl kein Zufall, dass sich Musil in seiner Dissertation über Mach *(Beitrag zur Beurteilung der Lehren Machs)* mit dem Problem der *Kausalität* auseinandersetzt und im vierten Kapitel zu dem Schluss kommt, dass der Begriff der Kausalität nicht mehr stichhaltig ist und durch den der Funktion ersetzt werden muss. Es ist bezeichnend, dass er gerade *diesen* Gedanken Machs übernimmt, während er andere verwirft.

In diesem von Musil in seiner Dissertation definierten Sinn ist auch *Der Mann ohne Eigenschaften a-kausal* und *„funktional"*. Mit Recht schreibt Mazzino Montinari in seiner Vorrede zur italienischen Ausgabe der Dissertation über Musils künstlerische Welt: „Diese an Verknüpfungen und ‚funktionalen' Beziehungen (um mit Mach zu sprechen) so reiche Welt kennt keine echten kausalen Verkettungen, dafür kennt sie Situationen und ‚Zustände', die sie mit wissenschaftlicher Genauigkeit rekonstruiert." (Montinari, in: Musil 1973, S. XII) Ähnlich äußert sich Freud zur Traumarbeit.

Nun soll nicht behauptet werden, dass Musils Romanfragment wie ein Traum aufgebaut ist. Aber ebenso wie das „essayistische" Verhalten Ulrichs sind die Utopien des Unbewussten (die „Utopie des anderen Zustandes" und die „Utopie des motivierten Lebens") metaphorische Inszenierungen einer Schreibweise, die das Echte im Unwillkürlichen, in der *Notwendigkeit der semantischen Assoziation* sucht:

> In der Mitte steht etwas, das ich Motivation genannt habe. Im gewöhnlichen Leben handeln wir nicht nach Motivation, sondern nach Notwendigkeit, in einer Verkettung von Ursache und Wirkung; allerdings kommt immer in dieser Verkettung auch etwas von uns selbst vor, weshalb wir uns dabei für frei halten. Diese Willensfreiheit ist die Fähigkeit des Menschen, freiwillig zu tun, was er unfreiwillig will. Aber Motivation hat mit Wollen keine Berührung; sie läßt sich nicht nach dem Gegensatz von Zwang und Freiheit einteilen, sie ist tiefster Zwang und höchste Freiheit. (GW 4, S. 1421)

Mit ähnlichen Worten beschreibt Proust die Authentizität des unwillkürlich erfahrenen Zufalls (der „mémoire involontaire") und Breton den „hasard objectif".

Wie Proust weigert sich Musil, die narrative oder gar die phrastische Syntax aufzulösen; aber daran, dass das onirisch-assoziative Prinzip der metaphorischen Angleichung und der metonymischen Substitution (der Seme, der Isotopien) in der Konstruktion seines Romans eine zentrale Rolle spielt, sollte nicht gezweifelt werden. Aus der paradigmatischen Anordnung des neuen Romans erklärt sich der Widerstand gegen das Erzählen, den Dieter Bachmann in seinem Buch *Essay und Essayismus* bei Musil und Broch entdeckt: „Erzählerische Werke höchsten Anspruchs kommen zustande unter dem denkbar größten Vorbehalt gegen die Legitimität des Erzählens. Aus dieser Spannung entstehen Werke, deren hervorstechendstes Merkmal ihr *Essayismus* ist. Der Widerstand gegen das Erzählen ist ins Werk selbst eingedrungen [...]." (Bachmann 1969, S. 194)

Eine Tagebucheintragung Musils zeigt unmissverständlich, dass er sogar die Auflösung des Satzgefüges ins Auge fasste: „Solange man in Sätzen mit Endpunkt denkt, lassen sich gewisse Dinge nicht sagen – höchstens vage fühlen. Andererseits wäre es möglich, daß man sich so auszudrücken lernt, daß gewisse unendliche Perspektiven, die heute noch an der Schwelle des Unbewußten liegen, dann deutlich und verständlich werden." (Musil 1971, S. 19)

Dass er sich zugleich gegen eine solche Auflösung des syntaktischen Prinzips sträubte, beweisen zahlreiche andere Aphorismen, Anmerkungen (etwa die zu Joyce) und Eintragungen. Ein weiterer Beleg ist die Struktur seines Romans selbst, die wie die der *Recherche* zwischen der syntaktischen Kausalität und deren paradigmatischer Auflösung oszilliert und schließlich aporetisch wird. Proust und Musil wussten, dass sie diese Aporie nicht einseitig zugunsten der Assoziation auflösen konnten, ohne das Subjekt, das Ichprinzip, das diskursiv von der syntaktischen Struktur nicht zu trennen ist, zu opfern. Die avantgardistischen Bewegungen, die ihnen folgten, zeigten in ihrem Aufbegehren gegen überlieferte Formen weniger Skrupel.

Literatur

Adorno, Th. W.: Kleine Proust-Kommentare, in: Ders., *Noten zur Literatur II*, Frankfurt, Suhrkamp, 1961.
Adorno, Th. W.: *Dissonanzen, Musik in der verwalteten Welt*, Göttingen, Vandenhoeck, 1956.
Adorno, Th. W.: *Ästhetische Theorie. Gesammelte Schriften*, Bd. 7, Frankfurt, Suhrkamp, 1970.
Bachmann, D.: *Essay und Essayismus*, Stuttgart, Kohlhammer, 1969.
Bachtin, M.: *Literatur und Karneval. Zur Romantheorie und Lachkultur*, München, Hanser, 1969.
Bachtin, M.: *Probleme der Poetik Dostoevskijs*, München, Hanser, 1971.
Bachtin, M.: *Rabelais und seine Welt. Volkskultur als Gegenkultur*, Frankfurt, Suhrkamp, 1987.
Bardin, L.: *Les Mécanismes idéologiques de la publicité*, Paris, Delarge, 1975.
Baudrillard, J.: *Pour une critique de l'économie politique du signe*, Paris, Gallimard, 1972.
Benjamin, W.: Zum Bilde Prousts, in: Ders., *Über Literatur*, Frankfurt, Suhrkamp, 1969.
Benjamin, W.: *Charles Baudelaire. Ein Lyriker im Zeitalter des Hochkapitalismus*, Frankfurt, Suhrkamp, 1955, 1974.
Boscheinen, S.: *Unendliches Sprechen. Zum Verhältnis von „conversation" und „écriture" in Marcel Prousts A la recherche du temps perdu*, Tübingen, Stauffenburg Verlag, 1997.
Breton, A.: *Arcane 17*, Paris, 10/18, 1965.
Checconi, S.: *Musil*, Florenz, La Nuova Italia, 1969.
Dörner, A., *Vogt*, L.: *Literatursoziologie. Eine Einführung in zentrale Positionen – von Marx bis Bourdieu, von der Systemtheorie bis zu den British Cultural Studies*, Wiesbaden, Springer, 1994, 2013 (2., erw. Aufl.).
Deleuze, G., *Guattari*, F.: *Kafka, Pour une littérature mineure*, Paris, Minuit, 1975.
Ďurišin, D.: *Vergleichende Literaturforschung*, Berlin, Akademie-Verlag, 1976. (Vor allem Ďurišins Kritik an der „mechanistischen" Theorie der Einflüsse.)

Eliade, M.: Morphologie et fonction des mythes, in: Ders., *Traité d'histoire des religions*, Paris, Payot, 1964.
Freud, S.: *Über Träume und Traumdeutungen*, Frankfurt, Fischer, 1971.
Genette, G.: Métonymie chez Proust, in: Ders.; *Figures III*, Paris, Seuil, 1972.
Genette, G.: Discours du récit, in: *Figures III*, op. cit.
Goux, J.-J.: *Freud, Marx. Economie et symbolique*, Paris, Seuil, 1973.
Gramont, E. de: *Mémoires*, Bd. 3 (*La Treizième heure*), Paris, Grasset, 1935.
Grimaud, M.: La Rhétorique du rêve. ‚Swann et la psychanalyse' in: *Poétique*, Nr. 33, Feb., 1978.
Hermant, A.: *Souvenirs du Vicomte de Courpière par un témoin*, Paris, Flammarion, s. d.
Hobbes, Th.: *Leviathan*, London, Penguin, 1951, 1985.
Huet, P. D.: *Traité de l'origine des romans* (1670). Nebst der Happelschen Übersetzung von 1682, Faksimileausgabe, Stuttgart, Metzler, 1966.
Kaiser, G. R.: *Proust, Musil, Joyce. Zum Verhältnis von Literatur und Gesellschaft am Beispiel des Zitats*, Frankfurt, Athenäum, 1972.
Karrer, W.: *Parodie, Travestie, Pastiche*, München, Fink-UTB, 1977.
Kraus, K.: *Grimassen. Ausgewählte Werke*, Bd. 1, Wien, Langen-Müller Vlg. 1971.
Maingueneau, D.: *Contre Saint Proust ou la fin de la Littérature*, Paris, Belin, 2006.
Matoré, G.: *Le Vocabulaire et la société sous Louis-Philippe*, Genf, Droz, 1951.
McPherson, C. B.: *Die politische Theorie des Besitzindividualismus*, Frankfurt, Suhrkamp, 1973.
Montinari, M.: Nota introduttiva, in: R. Musil, *Sulle teorie di Mach*, Mailand, Adelphi, 1973.
Müller, G.: *Dichtung und Wissenschaft. Studien zu Robert Musils Romanen ‚Die Verwirrungen des Zöglings Törleß' und ‚Der Mann ohne Eigenschaften'*, Stockholm, Almqvist & Wiksell, 1971.
Musil, R.: *Aus den Tagebüchern*, Frankfurt, Suhrkamp, 1971.
Musil, R.: *Gesammelte Werke* (=GW) in neun Bänden, hrsg. von A. Frisé, Reinbek, Rowohlt, 1978. (Darin: *Der Mann ohne Eigenschaften*, 1–5 = die hier zitierte Ausgabe.)
Neymeyr, B.: *Psychologie als Kulturdiagnose. Musils Epochenroman „Der Mann ohne Eigenschaften"*, Heidelberg, Winter, 2005.
Nietzsche, F.: *Jenseits von Gut und Böse. Vorspiel einer Philosophie der Zukunft, Studienausgabe*, Bd. 3, Frankfurt, Fischer, 1968a.
Nietzsche, F.: *Zur Genealogie der Moral, Eine Streitschrift, Studienausgabe*, Bd. 4, Frankfurt, Fischer, 1968b.
Nietzsche, F.: *Ecce Homo. Wie man wird, was man ist, Studienausgabe*, Bd. 4, Frankfurt, Fischer, 1968c.
Nöth, W.: Reklame als primitive Textsorte, in: *LiLi* 27/28, 1977.
Prokop, D.: *Massenkultur und Spontaneität. Zur veränderten Warenform der Massenkommunikation im Spätkapitalismus*, Frankfurt, Suhrkamp, 1974.
Proust, M.: *A la recherche du temps perdu*, Paris, Bibliothèque de la Pléiade, [P I, II, III] Gallimard (3 Bde.), hrsg. von P. Clarac und A. Ferré, 1954. (Dt. Übers.: *Auf der Suche nach der verlorenen Zeit*, Frankfurt, Suhrkamp, 3 Bde.: 1953, 1955, 1956, 2000.)
Proust, M.: *Contre Sainte-Beuve précédé de Pastiches et mélanges et suivi de Essais et articles*, Paris, Bibl. de la Pléiade, Gallimard, hrsg. P. Clarac und Y. Sandre, 1971 (=CSB) (dt. Übers.: *Gegen Sainte-Beuve*, Frankfurt, Suhrkamp, 1962).
Ricardou, J.: La Littérature comme critique, in: Ders., *Problèmes du nouveau roman*, Paris, Seuil, 1968.
Roth, O.: La Rochefoucauld: das Wertbewußtsein eines Frondeurs, in: *Romanistische Zeitschrift für Literaturgeschichte*, Jg. 1977, Heft 4.
Schulte-Sasse, J.: *Literarische Wertung*, Stuttgart, Metzler, 1976 (2. Aufl.).
Sohn-Rethel, A.: *Warenform und Denkform. Mit zwei Anhängen*, Frankfurt, Suhrkamp, 1978.
Sutschkow, B.: Marcel Proust, in: *Sinn und Form*, Nr. 25, März 1973.
Tadié, J.-Y.: *Proust et le roman*, Paris, Gallimard, 1971.
Todorov, T.: *Grammaire du Décaméron*, Den Haag, Mouton, 1969.

Todorov, T.: Poetik, in: *Einführung in den Strukturalismus*, Hrsg. F. Wahl, Frankfurt, Suhrkamp, 1973.
Todorov, T.: La Lecture comme construction, in: *Poétique*, Nr. 24, 1975.
Zéraffa, M.: *Roman et société*, Paris, P. U. F., 1971.
Zima, P. V.: Ambivalence et structures narratives, in: Ders.: *L'Ambivalence romanesque. Proust-Kafka-Musil*, Paris, Le Sycomore, 1980, L'Harmattan, 2002 (2., erw. Aufl.).
Zima, P. V.: L'Aporie d'une écriture narcissique, in: *L'Ambivalence romanesque*, op. cit.
Zima, P. V.: *Essay / Essayismus. Zum theoretischen Potenzial des Essays: Von Montaigne bis zur Postmoderne*, Würzburg, Königshausen und Neumann, 2012, Kap. VII: Spätmoderner Essayismus als Konstruktivismus und Utopie: Pirandello und Musil.
Žmegač, V.: Methodologische Überlegungen zum Begriff der Trivialliteratur, in: *Umjetnost Riječi*, 1977.

Textsoziologie und Psychoanalyse: Gesellschaft und Psyche bei Marcel Proust

1 Methodenfragen

Den traditionellen soziologischen und psychoanalytischen Methoden ist ein Problem gemeinsam: Sie orientieren sich an Inhalten und Themen und neigen dazu, die eigentlich sprachlichen Aspekte eines Textes zu übersehen. In Übereinstimmung mit dem bisher Gesagten soll im Folgenden gezeigt werden, dass es möglich ist, Soziologie und Psychoanalyse in einer textsoziologischen Synthese zusammenzuführen, die die *soziolinguistische Situation,* den *Soziolekt* sowie die *semantischen und narrativen Strukturen* des literarischen Textes in den Blick nimmt.

In dieser Synthese von Soziologie und Psychoanalyse wird der Analogie- oder Homologiebegriff (Goldmann) durch den *Soziolekt* ersetzt, der weder thematische Ähnlichkeit noch Widerspiegelung im Sinne von Lukács meint, sondern sowohl im literarischen Text als auch im gesellschaftlichen Kontext vorkommt und in allen seinen Abwandlungen *beobachtet* werden kann. Statt mit Charles Maurons *Psychocritique* (vgl. weiter unten) Analogiebeziehungen zwischen Personen und Protagonisten, Handlungen und Gegenständen zu postulieren, soll hier nach der psychischen und sozialen Funktion von *Sprachstrukturen* im Roman und in seinem sozialen Umfeld gefragt werden. Statt der Frage nach der verborgenen Bedeutung sexueller (mütterlicher, väterlicher oder phallischer) Symbole im Text nachzugehen, soll hier eine Perspektive eröffnet werden, in der bestimmte Sprachformen für den Schriftsteller Proust und die Angehörigen seiner Epoche und Gesellschaft psychologisch bedeutsam erscheinen.

Kurzum, es geht darum, die symbolorientierte, analogische Betrachtungsweise durch eine funktionale zu ersetzen, in der sprachliche Kommunikationssituationen

---

Quellennachweise: Kap. 7. Textsoziologie und Psychoanalyse: Gesellschaft und Psyche bei Marcel Proust: Sociocritique et psychanalyse: société et psyché chez Proust, in: P. V. Zima, Manuel de sociocritique, Paris, Picard, 1985, L'Harmattan, 2000, S. 186–200.

© Der/die Autor(en), exklusiv lizenziert durch Springer-Verlag GmbH, DE, ein Teil von Springer Nature 2021
P. V. Zima, *Textsoziologie,* https://doi.org/10.1007/978-3-476-05816-4_7

und Diskurse beobachtet werden können. Die Frage lautet nicht, ob in Kafkas *Prozeß*-Roman der berühmte Türhüter die Vaterfigur symbolisiert, sondern welche Sprachform auf intertextueller Ebene in den Roman aufgenommen wurde und wie sie von Kafkas Schreibweise umgestaltet wird. Die folgenden Betrachtungen können auch als eine Fortsetzung der Kritik an der Analogie im dritten Kapitel (3, 2, 2–3) gelesen werden.

Als in den 1960er Jahren die französische Nouvelle Critique noch im Mittelpunkt literaturwissenschaftlicher Debatten stand, versuchte Jacques Leenhardt Ähnlichkeiten zwischen den Verfahren der Literatursoziologie und denen der *Psychocritique* Charles Maurons, einer Psychoanalyse der Literatur, aufzuzeigen. (Vgl. Leenhardt 1968.) Ausgehend von den bekanntesten Analysen Goldmanns und Maurons, zeigte er, wie ein bestimmtes soziologisches Argument als Analogon eines psychoanalytischen gelesen werden kann.

Zugleich wurde deutlich, dass sich sowohl Soziologie als auch Psychoanalyse auf Analogien zwischen literarischen und außerliterarischen Situationen und Handlungen verlassen. Goldmanns Beschreibung des Jansenismus als tragischer Weltanschauung, die von den Spannungen zwischen gesellschaftlichen und göttlichen Gesetzen geprägt ist und die „innerweltliche Ablehnung" zeitigt, entspricht in Maurons Racine-Interpretationen die psychische Zerrissenheit des jungen Racine: Er oszilliert zwischen seiner Leidenschaft für das Theater („libidinöse Besetzung") und seinem Überich, das vom Kloster Port-Royal und seinen Verboten symbolisiert wird. (Jean Baptiste Racine – 1639–1699 – genoss eine jansenistische Erziehung in Port-Royal-des-Champs.)

In Maurons psychoanalytischen Interpretationen treten diese Spannungen in Racines Tragödien zutage. Mauron beschreibt die Metamorphosen des Inzest-Verlangens in Racines Werk und teilt sie in drei Phasen ein: 1) Die ödipalen Regungen der Dramen-Protagonisten werden angesichts von mächtigen und sadistischen Vertretern des Überichs verdrängt. 2) In Racines Tragödie *Mithridate* (1673), die nach Mauron eine zentrale Stellung in Racines Werk einnimmt, triumphiert das ödipale Verlangen. Mauron kommentiert: „[...] Es ist bemerkenswert, dass *Mithridate* uns eine Situation vorführt, in der das Ödipale nicht nur eingestanden wird, sondern auch siegt." (Mauron 1957, S. 29) 3) Schließlich wird die Selbstzensur durch das Überich verinnerlicht, und das Inzest-Verlangen schlägt um in Masochismus und Selbstbestrafung.

Die strukturelle Verwandtschaft zwischen dieser psychoanalytischen Deutung und Goldmanns soziologischer Analyse ist frappierend – vor allem, was die Position von *Mithridate* in Racines Werk angeht: 1) In den frühen Tragödien Racines (in *Bérénice* zum Beispiel) finden die Handlungen der Protagonisten im Zeichen der innerweltlichen Ablehnung der sozialen Welt statt, die Goldmann aus den extremen Positionen einiger Jansenisten ableitet. (Vgl. Kap. 3, 3.) 2) In *Bajazet* und *Iphigénie* wird ein Kompromiss mit dieser Welt für möglich gehalten. In Goldmanns Hauptwerk *Der verborgene Gott* wird *Mithridate* als „Höhepunkt der immanenten und innerweltlichen Hoffnung" (Goldmann 1955, S. 395) aufgefasst. 3) In *Phèdre* („Tragödie mit Peripetie und Selbsterkenntnis": Goldmann, ibid., S. 416) werden schließlich die innerweltliche Ablehnung und das göttliche Ideal verinnerlicht. Zugleich wird das tragische, zerrissene Bewusstsein bestätigt.

Es geht hier nicht primär darum, diese Interpretationen, die Racines frühe Dramen (*Alexandre* und *La Thébaïde*) auf recht willkürliche Art ausklammern, zu kritisieren. Mauron und Goldmann erwähnen sie nur beiläufig. Es scheint wichtiger zu sein, sich die psychoanalytischen und soziologischen *Diskurse* näher anzusehen, die den Sinn von Racines Tragödien auf metasprachlicher Ebene konstruieren. Um den von den beiden Theoretikern nicht thematisierten *Konstruktionsvorgang* geht es hier und um den Sinn der Tragödie als Konstrukt.

In der Vergangenheit haben verschiedene Kritiker bemerkt, dass das Konstruktionsverfahren der literatursoziologischen und psychoanalytischen Diskurse auf der *Analogie* gründet. In seinem Kommentar zu Jacques Leenhardts Vortrag (s. o.) geht der Erzähltheoretiker Gérard Genette mit diesem Verfahren streng ins Gericht: „Ich habe den Eindruck, dass es in Goldmanns Arbeiten oft um eine erkünstelte Analogie-Beziehung geht. Ich fürchte, dass das Wort Homologie bei Goldmann oft nur ein eleganterer Ausdruck für eine sehr grobe Analogie ist." (Genette 1968, S. 391) Genette ist nicht der einzige, der sich in diesem Sinne äußert. (Vgl. Bouazis 1970, S. 82–84.)

Dennoch fehlt es dem Postulat einer Analogie/Homologie zwischen dem extremen Jansenismus und Racines Tragödienwelt nicht an Plausibilität. Die jansenistische Theologie erfüllt insofern eine *gesellschaftliche Funktion,* als sie dem vom absoluten Königtum marginalisierten Beamtenadel seine Position erklärt und sie zugleich rechtfertigt: Die Gesellschaft ist eine depravierte Welt, aus der sich der gute Christ zurückziehen sollte. In einem ganz anderen Kontext wird diese funktionale Homologie von Leo Löwenthal in *Literature and the Image of Man* (1957) bestätigt (vgl. Löwenthal 1957). Problematischer als die Analogie oder Homologie selbst erscheint das diskursive Verfahren als Argumentationsmodus, der Analogien oder Homologien *konstruiert.*

Sieht man sich die Argumentation an, die Beziehungen zwischen Theorie und Fiktion postuliert, stellt man fest, dass es sich um ein vierstufiges Modell handelt, das weder bei Goldmann noch bei Mauron reflektiert wird. Es tritt in Maurons Psychocritique am klarsten in Erscheinung:

1. *Freuds Metatext:* Ausgehend von Sophokles' *Ödipus*-Tragödie und den Mythen, aus denen sie hervorging, konstruiert Freud intuitiv ein Aktantenmodell (Greimas), das aus folgenden Hauptaktanten besteht: das *Es,* das *Ich* und das *Überich.* Dieses Modell bildet als Analogon des Dramas die Grundlage des Diskurses, dessen Aufgabe es ist, bestimmte Ereignisse in der Psyche eines Individuums (Protagonisten) zu erklären.
2. *Die Umformung des Metatextes:* Freuds Metatext wird von Mauron im Rahmen seiner Psychocritique durch die Einführung neuer Begriffe wie *obsessive Metapher (métaphore obsédante)* und persönlicher Mythos *(mythe personnel)* umstrukturiert.
3. *Eine Analogie zwischen Text und Metatext:* In seiner neuen und ergänzten Fassung wird Freuds diskursives Schema (insbesondere das dreigliedrige

Aktantenmodell Es, Ich, Überich) auf Racines Tragödien angewandt. In dieser Anwendung spielen Analogien zwischen Freuds Aktanten Es, Ich und Überich und Aktanten der Tragödie wie Rom, Macht und Liebe eine wichtige Rolle. Diese Analogien werden postuliert, und ihre Plausibilität variiert von einer Interpretation Maurons zur nächsten. (Mit ein wenig Übertreibung könnte man behaupten, dass die Psychoanalyse, die aus der antiken Ödipus-Tragödie hervorging, indirekt Analogien zwischen dieser Tragödie und der des 17. Jahrhunderts herstellt.)

4. *Eine Analogie zwischen den Metatexten:* In seinem Kommentar deckt Leenhardt eine Analogie zwischen dem Metatext der Psychoanalyse und dem der Soziologie auf, indem er metonymische Übereinstimmungen zwischen Maurons und Goldmanns Deutungen aufzeigt: ödipale Bindung – Ablehnung der sozialen Welt; Sieg des ödipalen Verlangens – Versöhnung mit der Welt; repressive Rückkehr des Überichs – Verinnerlichung des Ideals usw. (Es geht hier um Analogie-Beziehungen zwischen Begriffen und Aktanten: Leenhardt 1968, S. 381.)

Diese Kommentare zielen nicht auf ein Analogie-Verbot im wissenschaftlichen Bereich. Analogien und Homologien können durchaus die Erkenntnis fördern, etwa wenn gezeigt werden kann, wie in einem Gedicht die phonetische Ebene (z. B. als Alliteration) mit der semantischen Übereinstimmt. Das Ziel kann nicht ein kruder Empirismus sein, der alle Analogien, Metaphern und Metonymien aus der Wissenschaft ausschließt und nur nachweisbare Fakten und die ihnen entsprechende und möglichst quantifizierbare Begrifflichkeit zulässt.

Goldmanns und Maurons Arbeiten lassen den sterilen Charakter eines solchen Positivismus erkennen, indem sie zeigen, wie Analogien oder Homologien in Soziologie und Psychologie die Erkenntnis fördern, solange sie auf soziale und psychische Tatsachen (etwa Racines Erziehung oder die Stellung des Beamtenadels) bezogen werden können. Diese Arbeiten lassen zugleich aber die Grenzen und Schwächen des analogisierenden Verfahrens erkennen, weil sich dieses oft in wenig überzeugende Abstraktionen verirrt und willkürlich wirkt.

Im Gegensatz zu Goldmann, der sich kaum jemals mit Sprachstrukturen in Literatur oder Gesellschaft befasst hat, versucht Mauron in zahlreichen Analysen, „obsessive Metaphern" (z. B. ödipaler, inzestuöser Art) in literarischen Texten (etwa in Gedichten Baudelaires oder Mallarmés: vgl. Mauron 1968, S. 60–61) aufzuzeigen, um aus ihnen „das Bild eines persönlichen Mythos" (Mauron 1983, S. 32) rekonstruieren zu können.

Wie Goldmann versäumt er es jedoch, der Frage nachzugehen, welche Sprachformen die fiktionale Welt mit der sozialen oder psychischen verbinden. Er nimmt sich durchaus vor, drei Variablen zu untersuchen, zu denen auch „die Sprache und ihre Geschichte" gehören: „Im Falle eines literarischen Werks können diese Variablen in drei Gruppen eingeteilt werden: das Milieu und seine Geschichte – die Persönlichkeit des Schriftstellers und ihre Geschichte – die Sprache und ihre Geschichte." (Mauron 1983, S. 12) Dennoch bleibt die Frage nach der psychischen Funktion von Diskursen unbeantwortet. Trotz seiner Fokussierung auf die literarische Metaphorik stützt sich Mauron allzu sehr auf die einfache Analogie (etwa zwischen Aktanten des Dramas und Aktanten der Psychoanalyse).

Die analogisierende Argumentation, die hier in einem vierstufigen Modell dargestellt wurde und die sich allzu sehr von der empirischen Praxis der Sozialwissenschaften entfernt, kann im Rahmen traditioneller Methoden nicht korrigiert werden, weil sie dort eine unverzichtbare Funktion erfüllt: Sie soll Psychologen wie Freud und Mauron oder Sozialphilosophen bzw. Soziologen wie Lukács und Goldmann helfen, den literarischen Text mit der Wirklichkeit zu korrelieren. Die Beziehung zwischen Literatur und Gesellschaft wird von diesen Autoren als Darstellung oder Abbildung (Widerspiegelung) aufgefasst – nicht als *intertextuelle Verflechtung*.

Der Versuch, literarischen Text und sozialen Kontext aufeinander zu beziehen, scheitert an der Abstraktion, die häufig der Willkür Tür und Tor öffnet und die Textstrukturen unberücksichtigt lässt. So ist beispielsweise Goldmanns Versuch, die Passivität einiger Protagonisten in den Romanen Alain Robbe-Grillets aus der Verdinglichung in der kapitalistischen Gesellschaft abzuleiten, zu schematisch. Die Probleme der Sprache und der Erzählung (Erzählbarkeit), die Romanautoren vor allem beschäftigen, werden ausgeblendet.

Die von Goldmann postulierte thematische Analogie von kapitalistischer Verdinglichung und Handlungsstruktur erscheint nahezu unwesentlich, wenn Verdinglichung als Sprachproblem bei Autoren wie Robbe-Grillet, Ponge oder Beckett aufgefasst und auf ihre experimentellen Texte bezogen wird. In diesem Zusammenhang sei lediglich an Sartres Bemerkungen zu Francis Ponge erinnert: „Ponge und Parain hatten im voraus den Menschen durch das Sprechen definiert. Da das Sprechen nichts galt, waren sie verratzt." (Sartre 1978, S. 109–110)

Im Folgenden wird eine zugleich soziologische und psychoanalytische Lektüre von Marcel Prousts *Recherche* vorgeschlagen, die zeigen soll, dass es möglich ist, auf das analogisierende Verfahren zu verzichten und die empirischen Grundlagen der Argumentation zu festigen. Dabei spielen die folgenden beiden Überlegungen eine entscheidende Rolle: 1) Die Beziehung zwischen Text und sozialem Kontext soll als *intertextueller Prozess* aufgefasst werden, in dessen Verlauf Literatur auf gesprochene oder geschriebene, fiktionale oder nichtfiktionale Diskurse reagiert und sie kritisch-ironisch in Pastiche oder Parodie verarbeitet und verwandelt. 2) Die so verwandelten, dem Roman oder dem Drama anverwandelten Sprachformen erfüllen in einer literarischen Gattung besondere ästhetische, psychische und soziale Funktionen, deren Analyse eine *Erklärung der Textstruktur* ermöglicht. Mit anderen Worten: Die im sechsten Kapitel kommentierte Struktur von Prousts Roman *A la recherche du temps perdu* wird abermals *im Zusammenhang mit den im Roman auftretenden Sprachformen* erklärt.

Die für den Roman wichtigste Sprachform ist, wie sich im vorigen Kapital gezeigt hat, die mondäne *Konversation als Soziolekt der Mußeklasse* (*leisure class*, Veblen): einer Synthese aus Großbürgertum und Adel, die die Lebensgewohnheiten des Pariser Faubourg Saint-Germain um 1900 prägt.

Der Faubourg ist eine Salongesellschaft, zu deren herausragenden Gestalten der *Causeur* gehört. Er ist ein Narzisst und ein Meister der Konversation, der in diesem mondänen Soziolekt, den die Mußeklasse pflegt, seinen Narzissmus verwirklicht, indem er sich in den bewundernden Augen der Umstehenden spiegelt. Auch Prousts Erzähler Marcel tritt zunächst als Causeur und Künstler der Konversation auf: bis er merkt, dass die Konversation als narzisstische Ausrichtung auf die Anderen unproduktiv und leer ist und dass die wahre Kunst nicht im gesprochenen Wort zu finden ist, sondern im literarischen Schreiben, das einen ganz anderen Narzissmus befriedigt. Im Folgenden soll diese Entwicklung auf psychoanalytischer und textsoziologischer Ebene nachgezeichnet werden.

2 Mondäner Narzissmus und Konversation

Ohne behaupten zu wollen, dass die im Roman beschriebenen inzestuösen Beziehungen zwischen dem Ich-Erzähler Marcel und seiner Mutter oder zwischen Proust und seiner Mutter, mit denen sich Milton Miller (1956), Serge Doubrovsky (1974) oder Manfred Schneider (1975) ausführlich befassen, nicht von Belang sind, bin ich der Ansicht, dass sie als solche die Romanstruktur nicht erklären können. Nur wenn es gelingt, die Bedeutung des inzestuösen Verlangens für Narzissmus und Sprache zu erkennen, können Psyche, Gesellschaft und Textstruktur in ihrer Wechselbeziehung beschrieben werden. In diesem Kontext fällt der Analyse von Themen (Eros, Snobismus, Reise usw.) bestenfalls die Rolle eines Hilfsmittels zu.

Die biografischen Arbeiten über Proust – von André Maurois über George Painter bis Friedrich Krotz (1990) – bestätigen die Hypothese, dass die affektiven Beziehungen zwischen Proust und seiner Mutter besonders intensiv waren (vgl. Painter 1966, S. 88). In diesen Arbeiten werden auch die inzestuösen Szenen im Roman zur Sprache gebracht: etwa die bekannte Szene aus *Du côté de chez Swann (Combray)*, in der Marcel sich aller Mittel bedient, die ihm in der Familienwelt zur Verfügung stehen, um sich den Besitz seiner Mutter zu sichern. Er erreicht schließlich, dass sie mit ihm in sein Zimmer geht, um ihm den gewohnten Gute-Nacht-Kuss zu geben, während der Vater schlafen geht.

Zu Recht betont Manfred Schneider, dass es in dieser berühmt gewordenen Szene nicht einfach um die Person der Mutter geht, sondern um eine *Regression in die mütterliche Welt*, die in der *Recherche* zwei Gestalten vertreten: die Mutter und die Großmutter, die zusammen einen mütterlichen Aktanten (*actant duel*, Greimas) bilden, der in der Psyche des Erzählers mit der väterlichen Welt rivalisiert (vgl. Schneider 1975, S. 86–87).

Nicht die Analogie zwischen biografischen und fiktionalen Fakten soll hier im Mittelpunkt stehen, sondern die These, dass die Welt des Inzest-Verlangens zugleich die des literarischen Schreibens ist. Denn die mütterliche Welt von Combray ist zugleich die literarische Racines, Corneilles, Augustin Thierrys, Madame de Sévignés und George Sands, die den Erzähler seit seiner Kindheit begleitet. Die Liebe, die Marcel für seine Mutter und seine Großmutter empfindet, vermischt sich oft mit der Sehnsucht nach dem Schreiben: nach der Literatur, welche die beiden Frauen immer wieder zitieren oder vorlesen. Die im Roman als modellhaft dargestellten Beziehungen zwischen Madame de Sévigné und ihrem Sohn werden nicht nur evoziert, sondern vom Erzähler Marcel gelebt.

Aus psychoanalytischer Sicht fällt dem Buch *François le Champi* von George Sand, aus dem Marcels Mutter ihrem Sohn immer wieder vorlesen muss, eine Schlüsselfunktion zu, weil in ihm die Inzest-Problematik zentral ist. Der Text ist insofern symbolträchtig, als er von einer Müllerin handelt, die nach dem Tod ihres von Eifersucht geplagten Mannes ihren Adoptivsohn, den „Champi", heiratet (Sand 1850, 1962, S. 286–287).

Einige Textpassagen aus *François le Champi* sollten parallel zu den entsprechenden Passagen in der *Recherche* gelesen werden. Wie Marcel verlangt François le Champi nach dem mütterlichen Kuss: „Also es ist so ... dass Sie Jeannie ziemlich oft küssen und dass Sie mich seit dem Tag, von dem vorhin die Rede war, nie geküsst haben." (Sand 1850, 1962, S. 256) Wie in Prousts Roman steht der Vater (bei Sand der Müller als Adoptivvater) zwischen Mutter und Sohn: „Die Angelegenheit verschlimmerte sich nur: Blanchet schwor, dass sie in diesen Abschaum aus dem Hospiz verliebt war, dass er sich für sie schämte und dass er fest entschlossen war, ihn zu erschlagen und wie Getreide zu mahlen, wenn sie ihn nicht ohne Federlesens aus dem Haus warf." (Ibid., S. 286–287)

Sowohl in der *Recherche* als auch bei Sand werden die väterlichen Widerstände überwunden (in der *Recherche* zeitweise), und es kommt zu einer Vereinigung von Mutter und Sohn. Während in Prousts Roman das Inzest-Verlangen nur auf symbolischer Ebene befriedigt wird, kann es in *François le Champi* zu einer faktischen Befriedigung kommen, weil es sich um einen Adoptivsohn handelt, so dass das Inzesttabu nicht wirksam wird.

Ein weiteres bedeutsames Element in Sands Text ist der Vorname der Adoptivmutter, die *Madeleine* Blanchet heißt. Vor diesem Hintergrund könnte man sich mit Clive Gordon fragen, ob die von der *Madeleine* (einem kleinen Kuchen) am Anfang der *Recherche* geweckten Erinnerungen nicht aus einem sublimierten inzestuösen Verlangen hervorgehen: „In der Madeleine-Szene vertreibt die Madeleine die Unbilden des Lebens." (Gordon 1980, S. 154)

Somit zeichnen sich zwei verschiedene Beziehungen zwischen dem Inzest-Verlangen und dem literarischen Schreiben ab: Die erste ist direkt und tritt am deutlichsten in der mütterlichen Lektüre von *François le Champi* zutage; die zweite ist durch die „unwillkürliche Erinnerung" vermittelt, die einerseits als Grundlage des Proustschen Schreibens, andererseits als sublimierte Form des Inzest-Verlangens betrachtet werden kann.

Diese Deutung der Beziehungen zwischen Mutter und Sohn in der *Recherche* ist deshalb von Belang, weil sie eine Erklärung des *Narzissmus* ermöglicht, der in Prousts Roman eine zentrale Stellung einnimmt. Die Entstehung des Narzissmus ist unauflöslich mit dem Inzest-Verlangen des Sohnes verquickt, das im erotischen Bereich einen einmaligen Charakter hat. Zu ihm bemerkt Freud: „Vielleicht mit einziger Ausnahme der Beziehung der Mutter zum Sohn, die, auf Narzißmus gegründet, durch spätere Rivalität nicht gestört und durch einen Ansatz zur sexuellen Objektwahl verstärkt wird." (Freud 1982, Bd. 9, S. 95)

In der *Recherche* wie auch in den zahlreichen Proust-Biografien kann man beobachten, wie die Genese des Narzissmus im Inzest-Verlangen mit der Entstehung der Homosexualität einhergeht. Freud erklärt:

> Der Knabe verdrängt die Liebe zur Mutter, indem er sich selbst an deren Stelle setzt, sich mit der Mutter identifiziert und seine eigene Person zum Vorbild nimmt, in dessen Ähnlichkeit er seine Liebesobjekte auswählt. Er ist so homosexuell geworden; eigentlich ist er in den Autoerotismus zurückgeglitten, da die Knaben, die der Heranwachsende jetzt liebt, doch nur Ersatzpersonen und Erneuerungen seiner eigenen kindlichen Person sind, die er so liebt, wie die Mutter ihn als Kind geliebt hat. Wir sagen, er findet seine Liebesobjekte auf dem Wege des Narzißmus. (Freud 1982, Bd. 10, S. 125)

Die Identifizierung mit der Mutter mündet nicht nur in die homosexuelle Suche nach dem „Sohn", sondern bewirkt zugleich – und dies ist hier entscheidend – eine Permanenz des Inzest-Verlangens, das zum narzisstischen, auf das eigene Ich gerichteten Verlangen wird. Das narzisstische Subjekt reproduziert in allen denkbaren Varianten die vom Inzestverbot geprägte Situation, in der es versucht, das Verlangen der Anderen zu wecken, ohne es befriedigen zu können, *weil es sich unbewusst an das Inzesttabu hält.*

Immer wieder versucht der Ich-Erzähler Marcel, zum *Objekt des Verlangens anderer Protagonisten* zu werden und in den Augen Gilbertes, Odette Swanns und der Herzogin von Guermantes begehrenswert zu erscheinen. Doch jedes Mal, wenn die bewunderte und begehrte Person beginnt, sich für ihn zu interessieren, ihn zum Objekt ihres Verlangens zu machen, wird sie ihm gleichgültig. Er hat nur das Verlangen der Anderen (nach ihm) im Sinn, nicht die Verwirklichung dieses Verlangens, die entweder von „väterlichen" Gestalten oder von ihm selbst vereitelt wird.

Die Beziehung zwischen dem Inzest-Verlangen und dem Narzissmus als „Verlangen nach dem Verlangen" („désir du désir") beschreibt Moustafa Safouan:

> Anders gesagt, das Verlangen nach der Mutter wird durch ein Verlangen nach ihrem Verlangen erhalten. Da dieses Verlangen dem Subjekt verborgen bleibt (es ist dies auch für die Mutter selbst, da es unbewusst ist), wird das Verlangen nach dem Verlangen (désir du désir) zu einem Verlangen, begehrt zu werden (désir de demande). [...] Das Verlangen nach dem Verlangen, das ein Verlangen nach Liebe ist, wird zur festen Form dadurch [...], dass es zu einer Libidobesetzung des Spiegelbildes führt, welche die analytische Theorie als narzisstisch beschrieben hat. (Safouan 1968, S. 265)

In diesem psychoanalytischen Zusammenhang sollte die Szene gedeutet werden, in der sich Marcel einem Fischermädchen nähert. Ihre Bedeutung rührt daher, dass sie den narzisstischen Charakter von Marcels Liebe erkennen lässt und außerdem zeigt, dass Prousts Erzähler – wie übrigens die meisten Protagonisten der *Recherche* – keine wirklichen sexuellen Objekte und keine „Objektliebe" (Freud) kennt. Die Personen, die er zu lieben glaubt, dienen ihm nur als *Vorwand* für sein narzisstisches Verlangen. (Vgl. Zima 2009, S. 97.)

Marcel ist auf Reisen mit Madame de Villeparisis und trifft mitten in der Landschaft auf ein Fischermädchen, das auf einem Brückengeländer sitzt und fischt.

2 Mondäner Narzissmus und Konversation

Marcel ist von der (scheinbaren) Unzugänglichkeit der Unbekannten fasziniert: „Das Innere der schönen Fischerin war mir offenbar noch verschlossen, ich zweifelte, ob ich in ihr Bewßtsein eingedrungen sei, selbst nachdem ich bemerkt hatte, wie mein Bild sich flüchtig im Spiegel ihrer Augen abzeichnete [...]." (Proust 1953, 2000, S. 942)

Symptomatisch sind hier die beiden Wörter „abzeichnete" („refléter") und „Spiegel" („miroir"), weil sie die reflexive oder elliptische Struktur des narzisstischen Verlangens evozieren. Sie lassen zugleich den Nexus zwischen dem Narzissmus und dem „imaginären Stadium" im Sinne von Lacan erkennen: einer Phase der individuellen Entwicklung, in der sich das Kind mit dem Anderen spiegelbildlich identifiziert und dadurch ein Identitätsbewusstsein ausbildet (vgl. Lacan 1966, S. 95).

In der folgenden Textpassage tritt der narzisstische, auf das Ich ausgerichtete Charakter des Proustschen Verlangens klar zutage: *Es wurzelt in einem Bedürfnis, begehrt und bewundert zu werden.* Marcels Ziel ist klar: Es gilt, das Verlangen des Mädchens zu wecken:

> Aber als ich die Worte ‚Marquise' und ‚zwei Pferde' ausgesprochen hatte, kam bereits eine große Beruhigung über mich. Ich spürte, daß die Fischerin sich an mich erinnern würde, und mit der Angst, ich würde sie nicht wiederfinden können, schwand auch schon in mir der Wunsch, sie überhaupt später noch einmal zu sehen. (Proust 1953, 2000, S. 943)

Im narzisstischen Verlangen befriedigt sich das Subjekt selbst. Es handelt sich jedoch nicht um eine direkte Befriedigung wie in den autoerotischen Szenen ganz am Anfang der *Recherche,* sondern um eine indirekte Befriedigung, die sich des Anderen (seiner Bewunderung) als eines Katalysators bedient. Nicht auf den Besitz des Objekts (des jungen Mädchens) zielt das narzisstische Subjekt, sondern auf das eigene Ich. Das Objekt ist nur Vorwand.

Es ist interessant zu beobachten, dass die elliptische Struktur des narzisstischen Verlangens alle Bereiche des Proustschen Romans durchzieht, in denen auch nicht-erotische Objekte wie Balbec, Venedig oder bestimmte scheinbar unzugängliche Salons erotisch besetzt werden: Der Erzähler begehrt sie, ohne sie sich wirklich aneignen zu wollen. Ihre Inbesitznahme bringt in allen Fällen Enttäuschungen mit sich.

Vor diesem Hintergrund versteht man besser, was Proust meint, wenn er in einem Brief an die Prinzessin Bibesco von der Unendlichkeit des Verlangens, der *pérennité du désir,* spricht (vgl. Bibesco 1956, S. 87). Das narzisstische Verlangen, das aus dem Inzest-Verlangen hervorgeht, will nicht befriedigt werden: denn sein verdrängtes und vergessenes Objekt ist die verbotene Mutter.

In diesem Kontext nimmt die Szene mit dem Fischermädchen neue, soziale Konnotationen an, sobald sie zu den mondänen Ambitionen und Wünschen des Erzählers in Beziehung gesetzt wird: zu Marcel als Snob, Dandy und Causeur. Denn die Verbindung zwischen dem narzisstischen Verlangen und der Salonkonversation, dem Soziolekt der Mußeklasse, fällt mit der zwischen Psychoanalyse und Textsoziologie zusammen. Wie der Causeur, der spricht, um zu glänzen, um von den Anderen bewundert zu werden, deren Augen das begehrte Bild widerspiegeln, ist der Erzähler der *Recherche* darauf aus, seinen Narzissmus in der Konversation zu befriedigen: „Aber als ich die Worte ‚Marquise' und ‚zwei Pferde' ausgesprochen hatte, kam bereits eine große Beruhigung über mich." (Proust 1953, 2000, S. 943)

An dieser Stelle wird deutlich, dass in der *Recherche* Snobismus, Dandyismus und Konversation *eine Struktur* aufweisen und zusammen eine Art *Syndrom* bilden, das eine besondere psychische Funktion erfüllt: Sie ermöglichen eine Umwandlung des narzisstischen Verlangens, das sich vom autoerotischen Impuls ablöst und sich in der mondänen Kommunikation der Salongesellschaft als sekundärer Narzissmus verwirklicht. „Der Dandy ist ein Narzisst", bemerkt Philippe Jullian in seinem Buch über Robert de Montesquiou: „Er will sich in bewundernden Blicken spiegeln und sucht im Porträt die bewundernden Komplimente seines Spiegels." (Jullian 1965, S. 64) Was Jullian im Zusammenhang mit Montesquiou sagt, gilt auch für den Erzähler Marcel und für Proust selbst. In der Salonkommunikation versuchen sie, ihr Verlangen, das einen reflexiven Charakter hat, zu befriedigen: ein Verlangen nach dem Verlangen oder: *ein Verlangen, begehrt zu werden.*

Für den Erzähler Marcel, wie für Proust selbst, wird die mondäne Kommunikation zum Selbstzweck – zumindest eine Zeit lang. Wie die Dandys des 19. Jahrhunderts kann sich der Erzähler Marcel in *Le Côté de Guermantes* ein Leben ohne Gesellschaft und Konversation nicht vorstellen. Voller Ungeduld angesichts einer unvorhergesehenen Verspätung, brennt er darauf, Monsieur de Charlus zu erzählen, was sich im Salon der Herzöge von Guermantes kurz vor seinem Abschied zugetragen hat. In der folgenden Passage ist gar von einem „Wortrausch" die Rede: „Ich hatte ein solches Verlangen danach, daß Monsieur de Charlus die Geschichten anhörte, auf deren Weitergabe an ihn ich brannte, daß ich grausam enttäuscht war bei dem Gedanken, der Herr des Hauses schlafe vielleicht und ich werde heimgehen und mit meinem Wortrausch fertigwerden müssen." (Proust 1955, 2000, S. 1982)

Im Laufe der Romanhandlung löst sich Marcel von dieser Wortsucht, wendet sich von der mondänen Gesellschaft des Faubourg Saint-Germain ab und sucht sein Heil im literarischen Schreiben. Er erkennt den inauthentischen, nihilistischen Charakter der mondänen Rede, die er durch das literarische Schreiben ersetzt, das dennoch unzertrennlich mit der „mütterlichen" Welt des Unbewussten, des narzisstischen Verlangens und der „unwillkürlichen Erinnerung" („mémoire involontaire") verbunden ist: „Mehr als alles andere würde ich jene Worte ausscheiden, die von den Lippen eher als vom Geiste gewählt werden, jene Worte voller Humor, wie man sie in der Konversation gebraucht und nach einem langen Gespräch mit den anderen auch weiterhin in einer ganz künstlichen Weise sich selbst gegenüber verwendet […]." (Proust 1956, 2000, S. 3988)

Es steht noch die Erklärung der psychischen Funktion dieses Bruchs mit der mondänen Kommunikation aus. Die Entdeckung der „unwillkürlichen Erinnerung" und des aus ihr hervorgehenden literarischen Schreibens leitet eine zweite Umwandlung des Narzissmus bei Proust ein.

2 Mondäner Narzissmus und Konversation

Während die erste Umwandlung das narzisstische Verlangen aus der inzestuösen Fixierung auf die Muttergestalt hinausführt, indem sie dieses Verlangen auf die Kommunikation und Interaktion mit den Anderen richtet, macht die zweite Umwandlung die erste gleichsam rückgängig, indem sie zusammen mit der Nichtigkeit der Konversation die der Anderen verkündet: „Nichts in den Anderen", notiert Proust in einem seiner postum veröffentlichten *Carnets,* in denen sich auch komplementäre Bemerkungen finden: „Stille Kontakt mit / sich selbst [...] nicht vergessen: / Schriftsteller der Einsamkeit und / Schriftsteller der Gesellschaft [...]. Verlogenheit der Freundschaft / denn nichts in den // Anderen [...]. Die Wirklichkeit ist in / einem selbst." (Proust 1976, S. 71, S. 98, S. 101) Analoge Behauptungen finden sich in der *Recherche:* „[...] Während wahre Bücher Kinder nicht des hellen Tageslichts und der hellen Plauderei sein sollten, sondern der Stille und der Dunkelheit." (Proust 1956, 2000, S. 3988)

Vor diesem Hintergrund ist auch Prousts Kritik an Sainte-Beuve zu verstehen der in diesem Zusammenhang vom Erzähler erwähnt wird: Er schreibt im Stil der Konversation und lässt sich dadurch alle Wahrheitsmomente einer mit dem Unbewussten liierten Literatur entgehen (vgl. Proust, *Contre Sainte-Beuve,* 1971, S. XX).

Aus psychoanalytischer Sicht erscheint der Bruch mit dem kommunikativen Narzissmus der mondänen Welt und mit der Ausrichtung auf die Anderen als eine Rückkehr zum Ausgangspunkt auf höherer Ebene: als Projektion der Libido auf das Ich des einsam produzierenden Schriftstellers, auf die unbewussten Regungen der „unwillkürlichen Erinnerung" und auf die Muttergestalt, die der Autor gewordene Erzähler jedoch durch das narzisstisch besetzte Schreiben ersetzt. (In dieser Hinsicht kann die Entwicklung des Erzählers Marcel parallel zu der Prousts betrachtet werden.) In diesem Prozess tritt an die Stelle des einfachen Autoerotismus vom Anfang des Romans (*Combray*) die Selbstreflexion und Selbsterforschung des reifen Schriftstellers in der *Wiedergefundenen Zeit.*

Zieht man die Narzissmus-Theorien in Betracht, die nach Freud von Melanie Klein (1948) und Heinz Kohut (1973) entwickelt wurden, scheint es möglich, die gängige Deutung zu korrigieren, nach der die von Proust und seinem Erzähler ins Auge gefasste Lösung einer infantilen Regression gleichkommt. Obwohl es durchaus legitim ist, im Zusammenhang mit der *Wiedergefundenen Zeit* von einer Rückkehr des Erzählers in die mütterliche Welt von *Combray* zu sprechen, gilt es zu berücksichtigen, dass das erzählende Ich nicht zu der von der Muttergestalt beherrschten autoerotischen Phase zurückkehrt, sondern sich als Schriftsteller *im Rahmen des sekundären Narzissmus* mit der Literatur als *Ichideal* identifiziert.

Eine Definition des Ichideals schlägt Léon Grinberg in einem Brief an Freud vor: „Das normale Ich-Ideal bestimmt seinerseits die Werte und Ideale, nach denen ein Individuum strebt [...]." (Grinberg, in: Sandler 2000, S. 145) Komplementär dazu verhält sich eine neuere Definition von Günter H. Seidler, der das Ichideal als ein „Ensemble von handlungsleitenden Idealen" (Seidler 2002, S. 20) auffasst (vgl. auch Zima 2009, S. 55–59).

So ist es zu erklären, dass die narzisstische Einsamkeit des Künstlers nicht länger die des einsamen Kindes von *Combray* ist. Denn das Verlangen des

Künstlers hat nicht mehr die Mutter zum Objekt, sondern das sozial anerkannte Ichideal, das in Prousts Fall die Literatur ist: „Das wahre Leben, das endlich entdeckte und aufgehellte, das einzige infolgedessen von uns wahrhaft gelebte Leben, ist die Literatur [...]." (Proust 1956, 2000, S. 3985)

Diese Entwicklung zum Ichideal hin wird von nachfreudianischen Narzissmustheorien analysiert, zu denen Giorgio Sassanelli bemerkt: „Die Rückführung aller Narzissmusformen zum Sekundärnarzissmus, der als Identifizierung des Ich mit einem idealisierten Objekt definiert wird, zeichnet sich klar bei einigen Autoren der Klein-Schule ab." (Sassanelli 1982, S. 47) Auch bei Proust ist diese Entwicklung vom primären, autoerotischen zum sekundären, auf ein Ichideal ausgerichteten Narzissmus zu beobachten.

3 Von der Psychoanalyse zur Textsoziologie

Alle Versuche, Psyche und Gesellschaft miteinander zu verknüpfen, zielen letztlich auf eine Vermittlung individueller und kollektiver Haltungen oder Dispositionen. Als einer der ersten hat der slowakische Literaturwissenschaftler Dionýz Ďurišin, auf die soziale Bedingtheit der menschlichen Psyche hingewiesen (vgl. Ďurišin 1976, S. 93), und Erich Köhler erklärt in seinem Buch *Ideal und Wirklichkeit,* „wie erst von [der] Funktion der höfischen Liebe her die blasphemische Erhöhung der Frau verständlich wird" (Köhler 1970, S. 141) Dies bedeutet konkret, dass jede Art von Eros – sowohl der objektorientierte als auch der narzisstische – gesellschaftlich, kollektiv vermittelt ist.

Diese Vermittlung soll im Folgenden noch einmal auf sprachlicher, intertextueller Ebene nachgezeichnet werden. Es gilt, eine Alternative zu den analogisierenden Verfahren Goldmanns und Maurons (s. o.) zu entwerfen. Da hier die Annahme zentral ist, dass die mondäne Konversation der Soziolekt einer *Mußeklasse (leisure class,* Veblen) ist, ist es nicht notwendig, von einer Analogie zwischen Literatur und Gesellschaft, Roman und Wirklichkeit auszugehen. Freilich kann auch die Textsoziologie nicht ganz auf das „mimetische" Argument verzichten: Auch sie muss davon ausgehen, dass bestimmten Vorgängen im fiktionalen Bereich Vorgänge, Probleme und Widersprüche in der Gesellschaft *entsprechen.* Die methodologische Perspektive ändert sich allerdings wesentlich, wenn man unter „Vorgängen" nicht länger (wie Lukács, Goldmann oder Mauron) menschliche Handlungen und Ereignisse versteht, sondern *Prozesse der Intertextualität und der Textstrukturierung.*

Für die Textstruktur der *Recherche* ist – wie bereits im vorigen Abschnitt angedeutet – der *Gegensatz von mondäner Konversation und literarischem Schreiben* entscheidend. Es gilt daher, die psychoanalytische Funktionsbestimmung dieser beiden Textarten durch eine soziologische zu ergänzen.

Die Konversation erscheint sowohl in der *Recherche* als auch außerhalb des Romans als ein Diskurs, der sich vornehmlich an den *Anderen* orientiert. Der Causeur interessiert sich weder für den ästhetischen noch für den kognitiven, moralischen oder politischen Wert seiner Rede. Er will vor allem die Umstehenden beeindrucken, um seinen mondänen Wert, seinen „Marktwert" als Nachfrage zu steigern. In seinen Augen ist der gepflegte sprachliche Ausdruck als Ästhetik der Sprache ebenso wenig Selbstzweck wie sein philosophisches, politisches oder literarisches Wissen, mit dessen Hilfe er glänzt.

Es ist zwar richtig, dass er vor allem die ästhetischen Aspekte der Sprache pflegt; sein Ästhetizismus ist jedoch ein Vorwand, der wie die anderen Qualitäten seiner Rede dem durch die Nachfrage vermittelten Narzissmus dient. Seiner glänzenden Rhetorik liegt jenes Prinzip des „Für-Anderes-Seins" zugrunde, das Adorno in seiner *Ästhetischen Theorie* mit dem Marktgesetz verknüpft. (Vgl. Adorno in Kap. 6.) Sein Wohlgefallen an der gelungenen Formulierung oder dem treffenden Reparti ist alles andere als interesselos; es dient seinem *amour propre*. Mehr noch: Die Konversation ist für ihn ein strategisches Spiel, in dem es darauf ankommt, den Rivalen sprachlich zu überrunden, aus dem mondänen Feld zu schlagen. Dazu bemerkt Sabine Boscheinen: „Ein Ziel des Spiels ist es, dem anderen durch öffentliche Vorführung seiner Schwächen und Nachteile eine Niederlage zu bereiten […]." (Boscheinen 1997, S. 89)

Der Nexus von psychoanalytischer und soziologischer Betrachtung kommt dadurch zustande, dass gezeigt wird, wie der Narzissmus des Causeurs (auch des Snobs und des Dandys) sich in der Kommunikation, dem mondänen Tausch, verwirklicht. Den Narzissmus als solchen gibt es in allen gesellschaftlichen Schichten; seine extremen Formen, die im Snobismus und vor allem im Dandytum zum Ausdruck kommen, sind am ehesten in einem sozialen Milieu anzutreffen, dessen Angehörige so viel Muße haben, dass sie sich vorwiegend mit der eigenen Person und ihrem Image beschäftigen können. Dies trifft für die Großbürger und Adeligen des Faubourg Saint-Germain zu, die von Obligationen, Aktien und Renten leben und die Kommunikation als Konversation um ihrer selbst willen pflegen.

Die sozialen Formen des Narzissmus (der Snobismus und der Dandyismus) sind somit für eine Mußeklasse charakteristisch, die vom akkumulierten Kapital lebt. Das Rentier-Dasein, das sowohl für die fiktive Gesellschaft der *Recherche* als auch für die von Proust erlebte soziale Wirklichkeit typisch ist, ist eine der Besonderheiten der Dritten Republik. Über sie schreiben Azéma und Winock: „Man hat Angst, zu viel zu produzieren; man verherrlicht das soziale Ideal des Rentier." (Azéma und Winock 1970, S. 129) Diese von den beiden Historikern beschriebene Situation entspricht Veblens Beschreibung der Mußeklasse: „Die wesentlichen Normen der müßigen Klasse bestehen in der demonstrativen Verschwendung von Zeit und Energie und in der Nicht-Beteiligung am Arbeitsprozeß […]." (Veblen 1899, 2011, S. 320)

Die soziologisch-psychoanalytische Argumentation basiert nicht ausschließlich auf der Analogie zwischen sprachlicher Kommunikation und dem Tauschprinzip der Tauschökonomie, sondern auch auf dem Gedanken, *dass die ökonomische und soziale Existenzgrundlage der Mußeklasse sich in ihrem kulturellen Leben manifestiert.*

Sie geht zugleich von der Überlegung aus, dass das Individuum Marcel Proust seinen von der inzestuösen Bindung an die Mutter bedingten Narzissmus noch am ehesten in der mondänen Kommunikation (im *witty talk,* würde Oscar Wilde sagen) des Faubourg verwirklichen konnte.

In diesem Kontext wäre auch der Frage nachzugehen, weshalb gerade Marcel Proust (und nicht etwa sein Bruder) die Pariser Salongesellschaft beschrieb und kritisch analysierte. Diese Frage ist nicht eindeutig zu beantworten (etwa im Zusammenhang mit Prousts psychischer Entwicklung). Denn zugleich drängt sich die verwandte Frage auf, warum nicht etwa Robert de Montesquiou, der eine ähnliche Veranlagung hatte wie Proust, die *Recherche* schrieb – sondern auf ganz andere Weise literarisch tätig war.

Die Theorie – vor allem die Soziologie – hat es nicht mit dem Einmaligen, dem Unwiederholbaren zu tun, sondern mit dem Allgemeinen, das auch dem Einmaligen innewohnt: etwa mit dem sozial bedingten Narzissmus mondäner Redner oder Dandys. Auch die Psychoanalyse befasst sich trotz ihrer therapeutischen Ausrichtung auf den Einzelfall mit dem Allgemeinen und seinen Regelmäßigkeiten. Daher kann sie nicht die Frage beantworten, warum *dieser* Neurotiker Künstler und *jener andere* Beamter oder Verbrecher wird.

Es bleibt die Frage nach der Funktion des anderen Diskurstyps, der in Prousts Roman der Konversation opponiert: nach dem literarischen Schreiben. Im psychoanalytischen Zusammenhang erschien das Schreiben als die *Grundlage des künstlerischen Ichideals,* an dem sich Erzähler und Autor schließlich orientieren. Es ist zusammen mit der Literatur und der Kunst (als Kunstproduktion) in der mütterlichen Welt von *Combray* beheimatet, die immer wieder mit der Salonwelt der mondänen Adeligen und Großbürger kontrastiert wird.

Im soziologischen Kontext erscheint das Schreiben als der wiedergefundene ästhetische Wert: als die authentische Alternative zu der durch den Tauschwert vermittelten mondänen Kommunikation. Anders ausgedrückt: Dem strukturellen und strukturierenden Gegensatz zwischen gesprochenem und geschriebenem Wort entspricht auf soziologischer Ebene der Gegensatz zwischen Tauschwert und Gebrauchswert. Im sechsten Kapitel hat sich gezeigt, dass dieser Gegensatz zwischen gesprochenem und geschriebenem Wort den gesamten Roman durchzieht. Die Kritik an der Konversation führt einerseits dazu, dass der Erzähler sich (paradoxerweise) vom erzählenden, sprechenden Diskurs traditioneller Romane distanziert und das lineare, anekdotische Erzählen zusammen mit der narrativen Kausalität in Frage stellt. Sie führt andererseits dazu, dass er als Autor eine paradigmatische (und parataktische) Schreibweise entwickelt (etwa in *Noms de pays: le nom*), die er aus dem Unbewussten und der unwillkürlichen Erinnerung ableitet.

„Von diesem Standpunkt aus, fährt M. Proust fort, wäre mein Buch als Versuch einer Aneinanderreihung von ‚Romanen des Unbewussten' [zu lesen]." („De ce point de vue, continue M. Proust, mon livre serait peut-être comme un essai d'une suite de ‚Romans de l'Inconscient' […]." (Proust 1971, S. 557) Essayistisch und solidarisch mit den assoziativen Verfahren der Traumarbeit, stellt Prousts Roman einen Versuch dar, auch auf narrativer Ebene mit der kommunikativen Rede der Konversation zu brechen. Die Traumszene und das Textfragment widersetzen sich dem kausallogisch aufgebauten, linearen Erzählen eines Balzac. Gegen ihn führt

Proust seinen fiktiven Romancier Bergotte ins Feld, der die neue, die essayistisch-paradigmatische Schreibweise ankündigt. (Vgl. Kap. 5.)

Auf der Ebene der Wortzeichen ergreift Proust Partei für den einmaligen, unvertauschbaren *Namen (le Nom)* gegen das austauschbare und nützliche *Wort* der Konversation: gegen „le mot". Im Text versucht er, die kommunikative Funktion der Zeichen zu schwächen, indem er die Signifikanten von den Signifikaten ablöst.

Auch aus soziologischer Sicht kann im Zusammenhang mit dem Schreiben von einer Rückkehr nach *Combray,* in die Kindheit und zum Ausgangspunkt des Romans die Rede sein. Nur ist *Combray* in diesem Fall nicht mehr die mütterliche Welt der „Madeleine", sondern die Welt der bildungsbürgerlichen Familie: wohl der einzige Bereich der spätliberalen und nachliberalen Ära, dessen Werte von der Vermittlung durch den Tauschwert weitgehend verschont geblieben waren.

Durchaus legitim ist daher die Frage, ob Proust mit seinem monologischen und apodiktischen Plädoyer für die Kunst in *Contre Sainte-Beuve* und im Roman nicht ein bildungsbürgerliches Ideologem *par excellence* verteidigt: die Autonomie der Kunst und ihre universelle Geltung als oberster kultureller Wert. Eine umfassende und radikale Kritik dieses Ideologems findet sich in Dominique Maingueneaus Buch *Contre Saint Proust* (vgl. Maingueneau 2006, S. 166–171 und Kap. 5).

In einer Gesellschaft, in der Kunst und Literatur in ein hochspezialisiertes „System" (Luhmann) oder „Feld" (Bourdieu) verbannt wurden, ist Literatur als oberster Wert und säkularisierte Nachfolgerin der Religion nicht mehr zu verteidigen. Auch der Religion wurde ein besonderes Subsystem zugewiesen, auch ihre Wertsetzungen sind nicht mehr allgemein verbindlich. Dies ist wohl einer der Gründe, warum Autoren wie Robbe-Grillet oder Jürgen Becker sehr viel vorsichtiger mit Werturteilen umgehen als Proust.

Dennoch besteht der Wert von Prousts *Recherche* darin, dass der Roman als eine radikale Sprachkritik an der Tauschgesellschaft und als Plädoyer für das Besondere, Einmalige gelesen werden kann – und auch gelesen wird.

Literatur

Azéma, J.-P., Winock, M.: *La Troisième République (1870–1949)*, Paris, Calmann-Lévy, 1970.
Bibesco, Princesse de: *Au Bal avec Marcel Proust*, Paris, Gallimard, Cahiers Marcel Proust II, 1956.
Boscheinen, S.: *Unendliches Sprechen. Zum Verhältnis von „conversation" und „écriture" in Marcel Prousts „A la recherche du temps perdu"*, Tübingen, Stauffenburg, 1997.
Bouazis, Ch.: La théorie des structures d'œuvres: problèmes de l'analyse du système de la causalité sociologique, in: R. Escarpit (Hrsg.), *Le Littéraire et le social*, Paris, Flammarion, 1970.
Chvatík, K.: *Tschechoslowakischer Strukturalismus. Theorie und Geschichte*, München, 1981.
Doubrovsky, S.: *La Place de la madeleine*, Paris, Mercure de France, 1974.
Ďurišin, D.: *Vergleichende Literaturforschung. Versuch eines methodisch-theoretischen Grundrisses*, Berlin, Akademie-Verlag, 1976.
Freud, S.: Massenpsychologie und Ich-Analyse, in: *Studienausgabe*, Bd. 9: *Fragen der Gesellschaft. Ursprünge der Religion*, Frankfurt, Fischer, 1982.

Freud, S.: Eine Kindheitserinnerung des Leonardo da Vinci, in: *Studienausgabe*, Bd. 10: *Bildende Kunst und Literatur*, Frankfurt, Fischer, 1982.
Genette, G.: in: *Les Chemins actuels de la critique*, Paris UGE (10/18), 1968.
Goldmann, L.: *Le Dieu caché. Etude sur la vision tragique dans les Pensées de Pascal et dans le théâtre de Racine*, Paris, Gallimard, 1955.
Goldmann, L.: *Racine*, Paris, L'Arche, 1956, 1970.
Goldmann, L.: *Structures mentales et création culturelle*, Paris, Anthropos, 1970.
Gordon, C.: *Aspects of Structure in Proust's „A la recherche du temps perdu"*, Ph. D. Diss., Trinity College, Cambridge, June 1980.
Jullian, P.: *Robert de Montesquiou. Un Prince 1900–1930*, Paris, Perrin, 1965.
Klein, M.: *Contributions to Psychoanalysis 1921–1945*, London, The Hogarth Press, 1948.
Köhler, E.: *Ideal und Wirklichkeit in der höfischen Epik. Studien zur Form der frühen Artus- und Graldichtung*, Tübingen, Niemeyer (2. Aufl.), 1970.
Kohut, H.: *Narzißmus. Eine Theorie der psychoanalytischen Behandlung narzißtischer Persönlichkeitsstörungen*, Frankfurt, Suhrkamp, 1973, 1976.
Krotz, F.: *Das Kind und Combray in Marcel Prousts „A la recherche du temps perdu"*, Heidelberg, Winter, 1990.
Lacan, J.: *Ecrits I*, Paris, Seuil, 1966.
Leenhardt, J.: Psychocritique et sociologie de la littérature, in: *Les Chemins actuels de la critique*, Paris, UGE (10/18), 1968.
Löwenthal, L.: *Literature and the Image of Man*, Boston, Books for Libraries Press, 1957, 1970.
Maingueneau, D.: *Contre Saint Proust ou la fin de la Littérature*, Paris, Belin, 2006.
Maurois, A.: *A la Recherche de Marcel Proust*, Paris, Hachette, 1949.
Mauron, Ch.: *L'Inconscient dans l'œuvre et la vie de Racine*, Paris, Corti, 1957.
Mauron, Ch.: *Mallarmé l'obscur*, Paris, Corti, 1968.
Mauron, Ch.: *Des Métaphores obsédantes au mythe personnel. Introduction à la psychocritique*, Paris, Corti, 1983.
Miller, M.: *Nostalgia. A Psychoanalytic Study of Marcel Proust*, Boston, Houghton Mifflin, 1956.
Painter, G. D.: *Marcel Proust* (2 Bde.), Paris, Mercure de France, 1967.
Proust, M.: *Contre Sainte-Beuve précédé de Pastiches et mélanges et suivi de Essais et articles* (Hrsg. P. Clarac, Y. Sandre), Paris, Gallimard, Bibl. de la Pléiade, 1971.
Proust, M.: *Le Carnet de 1908*, Paris, Gallimard, Cahiers Marcel Proust VIII, 1976.
Proust, M.: *Auf der Suche nach der verlorenen Zeit*, Frankfurt, Suhrkamp (3 Bde.), 1953, 1956, 2000.
Safouan, M.: De la structure en psychanalyse. Contribution à une théorie du manque, in: O. Ducrot et al.: *Qu'est-ce que le structuralisme?*, Paris, Seuil, 1968.
Sand, G.: *François le Champi*, Paris, Ed. Garnier Frères, 1962.
Sandler, J. (Hrsg.): *Über Freuds „Zur Einführung in den Narzißmus"* (New Haven-London 1991), Stuttgart-Bad Canstatt, Frommann-Holzboog, 2000.
Sartre, J.-P.: *Der Mensch und die Dinge*, Reinbek, Rowohlt, 1978.
Sassanelli, G.: *Le basi narcisistiche della personalità*, Torino, Boringhieri, 1982.
Schneider, M.: *Subversive Ästhetik. Regression als Bedingung und Thema von Marcel Prousts Romankunst*, Tübingen, Niemeyer, 1975.
Seidler, G. H. (Hrsg.), *Das Ich und das Fremde. Klinische und sozialpsychologische Analysen des destruktiven Narzissmus*, Gießen, Psychosozial-Verlag, 2002.
Veblen, T.: *Theorie der feinen Leute. Eine ökonomische Untersuchung der Institutionen* (1899), Frankfurt, Fischer, 2011 (2. Aufl.).
Zima, P. V.: *L'Ambivalence romanesque. Proust, Kafka, Musil*, Paris, Le Sycomore, 1980, L'Harmattan, 2002.
Zima, P. V.: *Der europäische Künstlerroman. Von der romantischen Utopie zur postmodernen Parodie*, Tübingen, Francke, 2008.
Zima, P. V.: *Narzissmus und Ichideal. Psyche – Gesellschaft – Kultur*, Tübingen, Francke, 2009.

Bemerkungen zur Romansoziologie

1 Vom Besonderen zum Allgemeinen

Angesichts der zahlreichen und umfangreichen Primär- und Sekundärtexte, angesichts der immer lauter vorgebrachten Forderung, Aussagen über Literatur sollten verifizierbar oder falsifizierbar sein, hat es die Romansoziologie besonders schwer. Immerhin hat sie sich in den Theorien Lukács' oder Goldmanns kein geringes Ziel gesetzt: Sie möchte die Entwicklung des modernen Romans im sozio-historischen Rahmen erklären.

Diesem Ziel kann sie sich nur unter bestimmten Voraussetzungen nähern: 1) Wenn es ihr gelingt, auf die Textstruktur einzugehen und zu zeigen, dass gesellschaftliche Probleme als sprachliche gedacht werden können. 2) Wenn sie, von Modellanalysen ausgehend, dartun kann, dass Theoreme, die auf einen, zwei oder mehrere Autoren anwendbar sind, in anderen Romantexten ihre Gültigkeit nicht einbüßen und dass sie sowohl die Gemeinsamkeiten als auch die Unterschiede zwischen diesen Texten erklären können.

In diesen Bemerkungen, die sich gleichsam als Epilog an das sechste und siebente Kapitel anschließen, geht es darum, anhand der beiden textsoziologischen Modelle einige *Hypothesen* zu formulieren und zugleich die *Aufgaben* einer Romansoziologie zu umreißen.

Es wäre zugleich trivial und unproduktiv, wollte man an die Soziologie des Romans die gleichen Anforderungen stellen wie an eine Textsemiotik, die nur einige Seiten (u. U. nur wenige Zeilen) zum Gegenstand hat. Eine Analyse des Romans *Der Mann ohne Eigenschaften*, die Greimas' semiotischer Arbeit über Maupassants *Deus amis* (6 Seiten Primärtext, 260 Seiten Kommentar) vergleichbar wäre, ist undurchführbar. Goldmanns *Soziologie des modernen Romans* zeigt jedoch, wie wichtig es ist, dass die Textstruktur wenigstens in großen Zügen beschrieben wird. Andernfalls besteht die Gefahr, dass es zu fragwürdigen Verallgemeinerungen und zur Aufstellung historischer Schemata kommt, die dem spezifischen Charakter der Werke Abbruch tun.

Bekanntlich gliedert Goldmann in seiner historischen Darstellung die Romanentwicklung in drei Phasen: Die erste Entwicklungsstufe ist die des liberalen Individualismus, dessen „problematische Werte" die traditionelle Romanform – etwa bei Stendhal (vgl. Mouillaud 1972) oder Balzac – ermöglichen. Die zweite Stufe ist die des Monopolkapitalismus, dessen wirtschaftliche und politische Konzentrationen den Niedergang der individuellen Initiative und der individualistischen Ideologie einleiten. Die Krise des Romans, der Romanform und des Helden fällt mit dieser Phase der kapitalistischen Entwicklung zusammen. Die Einheit des Individuums und des Helden wird grundsätzlich in Frage gestellt. Als literarische Beispiele, die Zeugnis vom Zerfall des individualistischen Wertbewusstseins ablegen, nennt Goldman: „Joyce, Kafka, Musil, Sartres *Ekel*, Camus' *Der Fremde*." (Goldmann 1964, S. 298)

In der letzten Phase, die von systematischen Interventionen des Staates in der monopolistischen Wirtschaft gekennzeichnet wird, verschwindet die individuelle Initiative in einem sich selbst regulierenden System. Dies hat zur Folge, dass im Noveau Roman (Goldmann geht nur auf Robbe-Grillet ein) der Held als handelnde Instanz zur Bedeutungslosigkeit herabsinkt. (Vgl. Voßkamp 1978; Zima 1985 und 1986.)

In dem hier entworfenen Zusammenhang interessiert hauptsächlich (aber nicht ausschließlich) die „Krise des Romans", die „zweite Phase", in der bei Goldmann Kafka, Sartre und Camus unversehens zu Nachbarn und Geistesverwandten werden. In einem textsoziologischen Rahmen wäre – vor allem in Anbetracht der beiden Modellanalysen – eine solche Verwandtschaft kaum zu rechtfertigen. Dazu sind die Unterschiede zwischen *La Nausée (Der Ekel)* und *L'Etranger (Der Fremde)* einerseits und den Texten Musils oder Kafkas zu groß. Zwar sollten die Unterschiede zwischen den Romanen Prousts, Musils, Kafkas und Joyces nicht vernachlässigt werden: Sie werden von Musil selbst in seinen Anmerkungen zu Joyce thematisiert (s. o.) und treten in Kafkas bewusster Abkehr von der „Traumarbeit" und der Psychologie deutlich in Erscheinung. Aber die gemeinsamen Merkmale, die von der Ambivalenz-Problematik bis zur paradigmatischen Schreibweise reichen, sind entscheidend und berechtigen zu der Annahme, dass es sich um *genetisch* verwandte Strukturen handelt.

Die Romane Sartres und Camus' hingegen sind aus einer völlig anderen soziolinguistischen Situation hervorgegangen, in der die Ambivalenz und ihre Folgen nicht mehr problematisiert, sondern als *faits accomplis* akzeptiert werden. In Camus' *L'Etranger* führt nicht eine ambivalente Haltung, etwa eine Hassliebe zur Mutter, zur Identitätskrise des Subjekts und zur Krise der Erzählform, sondern der Gegensatz *Liebe (Leidenschaft)/Gleichgültigkeit* wird als solcher indifferent. Es ist wohl ein „Zufall", der Zufall als eine Erscheinungsform des Tauschwerts, wenn sich der Held seiner Mutter gegenüber gleichgültig zeigt: Er hätte sie ebenso gut lieben oder hassen können.

Anders tritt Stephan Dedalus in Joyces *Ulysses* auf: Aus religionsfeindlicher Überzeugung lehnt er es ab, für seine sterbende Mutter zu beten („Why? Because you have the cursed Jesuit strain in you, only it's injected the wrong way", erklärt Buck Mulligan; Joyce 1971, S. 14). Hier spielen Wertsetzungen eine wichtige Rolle, selbst wenn sie negiert werden. Anders bei Camus: Zugleich mit der obligaten Entrüstung der Moralisten karikiert sein Text die Hüter eines anachronistischen Kulturkodes *(irrelevanter Gegensätze),* die Meursault verurteilen, weil er ihnen als Gleichgültiger den Verfall ihres Wertsystems vor Augen führt (vgl. Zima 1983, 2004).

Meursault wird verurteilt, *weil* er einen Araber tötet *und* dem Tod seiner Mutter mit Gleichgültigkeit begegnet. Es scheint, als ermögliche die völlige „In-Differenz", die Vertauschbarkeit der Werte, eine neue narrative Kausalität, die jedoch *an sich,* als „mögliche Geschichte", ebenso gleichgültig und zufällig ist wie die Entscheidungen und Werte der fiktionalen Welt. Fragen, die noch bei Musil, Proust, Kafka oder Joyce eine Rolle spielten: Wer ist Albertine? und: Welche der Albertine-Geschichten ist wahr? Wer ist der Mann ohne Eigenschaften? Und: Ist sein Leben als Roman (als Erzählung) darstellbar? Ist Josef K. schuldig? Kann seine Schuld oder Unschuld im Verlauf der Erzählung erwiesen werden? – entscheiden bei Camus nicht mehr über das Verhältnis von Semantik und Makrosyntax.

Das Problem der semantischen In-Differenz tritt an die Stelle der Ambivalenz-Problematik, die noch in Joyces *A Portrait of the Artist as a Young Man* die Identität des Subjekts bedroht. Im Laufe eines Gesprächs, in dem von der Zweideutigkeit der Person Christi die Rede ist, fragt Stephen seinen Freund Cranly: „[…] Are you trying to make an convert of me or a pervert of yourself?" („[…] Versuchst du, mich zu bekehren, oder dich selbst zu verderben"; Joyce 1972, S. 242) Das Wort „pervert" *(pervertere* = umkehren) sollte hier als ein besonders prägnanter Ausdruck der semantischen Ambivalenz aufgefasst werden. Das Wortspiel *convert/pervert,* das die Austauschbarkeit der Gegensätze andeutet, ist kein Zufall (vgl. Zima 2008, S. 113–124).

Zugleich mit der Ambivalenz-Problematik, die in die der Indifferenz (als letztes Stadium der Ambivalenz) übergeht, verschwinden die Widersprüche des Subjekts: die zwischen dem Bewussten und dem Unbewussten, dem *Überich* und dem *Es,* der syntaktischen Konstruktion und der Assoziation des Traums. Überhaupt spielt der *Traum* bei Sartre und Camus – anders als bei Kafka, Hesse, Musil und Proust – eine untergeordnete Rolle. Vor allem in dieser Hinsicht stehen die Romanciers der Jahrhundertwende den Surrealisten näher als Camus oder Sartre. Mit der Verwandtschaft zwischen Prousts onirischen Gegenständen und den *objets trouvés,* der unwillkürlichen Erinnerung und dem *hasard objectif* Bretons habe ich mich an anderer Stelle ausführlich befasst (vgl. Zima 1986).

Ein gründlicher Vergleich würde wahrscheinlich noch andere Unterschiede erkennen lassen, die Goldmann nicht wahrnehmen kann, weil er existenzielle Probleme („problematisches Individuum", „authentische Werte") unmittelbar in die fiktionale Wirklichkeit hineinträgt, ohne sich mit der semantischen Grundlage des Textes und der Beziehung zwischen Semantik und Syntax zu befassen.

2   Exkurs zu Kafka und Hesse

Anders fiele wahrscheinlich ein Vergleich zwischen Musil und Proust einerseits und Kafka oder Hesse anderseits aus. Denn hier überwiegen die Gemeinsamkeiten, und auch die oft krassen Unterschiede lassen sich auf eine gemeinsame Problematik zurückführen. Schon Kafkas Bemerkungen zur Sprache und Kommunikation legen die Vermutung nahe, dass er sich, wenn auch auf ganz andere Art, mit ähnlichen Problemen auseinanderzusetzen hatte wie Musil oder Proust. In den *Hochzeitsvorbereitungen* geht er auf die Zweideutigkeit des „Ich" im sprachlichen Bereich ein: „Geständnis und Lüge ist das Gleiche. Um gestehen zu können, lügt man. Das, was man ist, kann man nicht ausdrücken, denn dieses ist man eben; mitteilen kann man nur das, was man nicht ist, also die Lüge. Erst im Chor mag eine gewisse Wahrheit liegen." (Kafka 1965, S. 241)

Musils skeptische Bemerkungen zu dem, was heute als „gesellschaftliche Kommunikation" bezeichnet wird, lassen eine ideelle Verwandtschaft beider Autoren vermuten: „Die wahre Wahrheit zwischen zwei Menschen kann nicht ausgesprochen werden. Jede Anstrengung wird zum Hindernis." (Musil 1971, S. 128) In der Unmöglichkeit der „wahren Wahrheit" ist die Ambivalenz der „falschen Wahrheit" implizit, eine Ambivalenz, die die Gespräche zwischen Prousts Erzähler und Albertine beherrscht, einer bisexuellen Frau, die lügt, um „gestehen zu können".

Die Ambivalenz, welche die soziolinguistische Situation Kafkas kennzeichnet, dringt über die Sprache in einen Roman wie *Der Prozeß* ein, in dem die Charaktere ebenso opak sind wie die Handlungen (die „Funktionen") und die Aussagen. Am Anfang des Textes steht das Paradox, das ebenso wie Musils Ironie aus der Ambivalenz hervorgeht: „Jemand mußte Josef K. verleumdet haben, denn ohne daß er etwas Böses getan hätte, wurde er eines Morgens verhaftet." (Kafka 1960, S. 7) Die eindeutige Behauptung, K. habe nichts Böses getan, steht in flagrantem Widerspruch zu seiner Verhaftung und lässt sowohl beim Erzähler als auch beim Leser die *Frage* nach dem „wahren" Sachverhalt aufkommen.

Diese offene Frage, die einem polyphonen (pluridiskursiven) Text im Sinne von Bachtin zugrunde liegt, wird zusammen mit dem Paradox zum wichtigsten strukturierenden Element im *Prozess*-Roman, der mit offenen Fragen endet:

> Wer war es? Ein Freund? Ein guter Mensch? Einer, der teilnahm? Einer, der helfen wollte? War es ein einzelner? Waren es alle? War noch Hilfe? Gab es Einwände, die man vergessen hatte? Gewiß gab es solche. Die Logik ist zwar unerschütterlich, aber einem Menschen, der leben will, widersteht sie nicht. Wo war der Richter, den er nie gesehen hatte? Wo war das hohe Gericht, bis zu dem er nie gekommen war? Er hob die Hände und spreizte alle Finger. (Kafka 1960, S. 165)

In diesem Text sind Ambivalenz, Paradox und Frage aufs Engste miteinander verwoben. Absolute Gegensätze stoßen zusammen, ohne – wie bei Hegel – zur Synthese, zur Affirmation zu verschmelzen: Gewiss gibt es Einwände, die man vergessen hatte, und dennoch wird K. „hingerichtet", so wie er trotz seiner

„Unschuld" verhaftet wurde. Die Logik ist unerschütterlich, und dennoch widersteht sie einem, der leben will, nicht. Die *semantische Zweiwertigkeit* lässt als Paradox die zahlreichen Fragen aufkommen, die unbeantwortet bleiben.

Über Schuld und Unschuld Josef K.'s erfährt der Leser selbst am Ende des Romans nichts Endgültiges. Auch die erhellende Bemerkung des Geistlichen: „Man hält wenigstens vorläufig deine Schuld für erwiesen", ist von der Ambivalenz geprägt, denn sie mündet in die entscheidende Frage des Romans: Ist Josef K. schuldig oder ist das Gericht gegen ihn voreingenommen oder gar korrupt? Das allgegenwärtige Gericht, zu dem auch der Maler Titorelli und der Geistliche gehören, ist in Kafkas *Prozeß* die „Wirklichkeit" schlechthin. Sie ist ebenso vieldeutig und unergründlich wie die Person des Helden: „,Täusche dich nicht', sagte der Geistliche. ,Worin sollte ich mich denn täuschen?' fragte K. ,In dem Gericht täuschst du dich', sagte der Geistliche [...]" (Kafka 1960, S. 155)

Besonders charakteristisch für die Zweideutigkeit in Kafkas Roman ist die „Unmoral" der moralischen Instanz, des Gerichts, dessen Beamte pornografische Schriften lesen und von dem K. behauptet, es bestehe nur aus „Frauenjägern" (Kafka 1960, S. 154). Es ist wohl kein Zufall, dass der Maler Titorelli die „Gerechtigkeit" so darstellt, dass sie schließlich an eine „Göttin der Jagd" erinnert: Auch hier tritt die Ambivalenz der semantischen Welt zutage.

Sie ist auch bei Kafka für den Zerfall der narrativen Syntax verantwortlich, weil sie den Erzähler (als *sujet d'énonciation*, Greimas) daran hindert, die narrativen Instanzen wie Subjekt, Antisubjekt, Helfer, Widersacher oder Auftraggeber eindeutig zu bestimmen. In seiner Analyse der *Decameron*-Novellen stellt Tzvetan Todorov fest, dass bestimmte Handlungen aus gesellschaftlichen Gründen (die sich aus dem spätfeudalen System erklären) ausschließlich von bestimmten Personen verrichtet werden können: Während die Funktion „angreifen" sowohl den Diener als auch seinen Herrn charakterisiert und als bilateral definiert werden kann, wird die Funktion „schaden" ausschließlich mit dem sozial Höhergestellten assoziiert. (Vgl. Todorov, in: Wahl 1973.) Die semantische Ambivalenz von Kafkas *Der Prozeß* steht in schroffem Gegensatz zum intakten Kulturkode des *Decameron*: Bei Kafka ist es nicht nur unmöglich, bestimmte Handlungstypen mit sozialen Attributen von Personen zu verknüpfen (dies war in den Romanen der frühbürgerlichen Ära der Fall), sondern auch eine Person als „Helfer" oder „Widersacher", als „Subjekt" oder „Antisubjekt" zu definieren.

Nirgendwo werden charakterliche „Indizes" (Barthes) und Funktionen wie „helfen", „verteidigen", „angreifen", „schaden" so vieldeutig wie im *Prozeß*-Roman. War es nicht gerade die Hilfe der Frauen – etwa Lenis oder der Frau des Gerichtsdieners –, die Josef K. unablässig suchte, die ihn ins Verderben führte? Diese Meinung vertritt der Geistliche im vorletzten Kapitel *(Im Dom)*. Aber es ist eben nur eine Meinung, die innerhalb des Textes einen *möglichen* kausalen Zusammenhang postuliert. Andere Zusammenhänge und kausale Abläufe sind ebenfalls denkbar und werden von einem paradigmatisch und vieldeutig strukturierten Romanfragment nicht ausgeschlossen. (So können zum Beispiel Deleuze und Guattari in ihrem Kafka-Buch behaupten, das Ende des *Prozeß*-Romans sei keineswegs aus den vorhergehenden Szenen ableitbar und könne sogar als eine weitere Traumszene aufgefasst werden, die keineswegs – wie Max Brod meint – den Schluss bilden müsse; vgl. Deleuze und Guattari 1975.)

Die Zwistigkeiten der Exegeten, die zweifelnde und verzweifelte Reaktionen auf den polysemen und offenen Text sind, hat Kafka selbst thematisiert. Wie Prousts und Musils Romane kann *Der Prozeß* stellenweise als eine Inszenierung der literarischen Produktion gelesen werden: „‚Mißverstehe mich nicht‘, sagte der Geistliche, ‚ich zeige dir nur die Meinungen, die darüber bestehen. Du mußt nicht zuviel auf Meinungen achten. Die Schrift ist unveränderlich und die Meinungen sind oft nur ein Ausdruck der Verzweiflung darüber‘." (Kafka 1960, S. 158)

Dieser Satz, der die Polysemie der Parabel (als Produkt der Ambivalenz) zum Gegenstand hat, ist eine „Antwort" auf Josef K.'s Frage, ob der Mann vom Lande getäuscht worden sei. Die kausalen Zusammenhänge der Parabel sind nicht zu ermitteln, und die Frage, ob der Mann vom Lande getäuscht wurde oder sich einer Selbsttäuschung hingab, ist ebenso wenig zu beantworten wie die nach der Schuld oder Unschuld K.'s.

Die Parabel selbst ist insofern a-kausal (in Bezug auf ihren Kontext), als sie im Roman keine „philosophische Kausalität" im Sinne von Todorov begründet: K's Interpretationen heben ihre Polysemie (das Zusammenwirken mehrerer heterogener Isotopien) nicht auf: ebenso wenig wie die theologischen, soziologischen oder psychoanalytischen Deutungen der Literaturwissenschaftler. Man könnte Kafkas paradoxen und fragenden Text analog zum ironisierenden *Mann ohne Eigenschaften* als Anti-Ideologie auffassen: als einen offenen und vieldeutigen Diskurs, der die Ambivalenz zur Polysemie verarbeitet und die Eindeutigkeit begrifflicher (philosophischer, ideologischer) Systeme in Frage stellt.

Dennoch hat die Parabel eine Funktion im Romanfragment: keine kausalsyntaktische, sondern eine assoziative, paradigmatische. Synekdochisch stellt sie als *pars pro toto* den Gesamttext dar. Funktional stimmt sie mit Prousts *Eine Liebe von Swann* und mit Hesses *Tractat vom Steppenwolf* überein.

Zu einer der wichtigsten und wohl auch ergiebigsten Aufgaben des hier entworfenen textsoziologischen Ansatzes gehört die Beschreibung der Ambivalenz und ihrer Funktionen in Hesses Werk. Hier kann der Zusammenstoß semantischer Gegensätze unmittelbar zum Zerfall der Person (des Subjekts) in Beziehung gesetzt werden. Nicht nur die Vereinigung von Mensch und Tier in der Gestalt des Steppenwolfs, des „Wolfsmenschen", sondern auch die des Kleinbürgers Klein mit dem Kriminellen (und dem Komponisten) Wagner, die in Hesses Novelle *Klein und Wagner* die Zerrissenheit Harry Hallers antizipiert, ist auf die psychisch-soziale Zweideutigkeit des Subjekts zurückzuführen. Eine Analyse der Ambivalenz in der Novelle *Klein und Wagner* wäre für ein textsoziologisches Verständnis des *Steppenwolf*-Romans unerlässlich. Klein gerät in eine Welt, die jenseits von Gut und Böse liegt, „die nicht mehr meine frühere und nicht mehr die anständige ist, in eine Welt, wo anständig oder unanständig nichts mehr bedeutet, wo jeder für sich das schwere Leben zu leben sucht". (Hesse 1973, S. 30)

Wie bei den anderen Romanciers des beginnenden 20. Jahrhunderts führt auch bei Hesse die Ambivalenz als Zusammenstoß der Gegensätze zur Krise des Subjekts und zur Spaltung der Person im psychoanalytischen Sinne. Von Klein

2 Exkurs zu Kafka und Hesse

heißt es wie später von Harry Haller: „Er spürte wohl, daß der Zwiespalt in ihm selbst lag. Da war wieder Wagner, da war wieder die Welt des Schönen, aber ohne Zucht, des Reizenden, aber ohne Verstecktheit, ohne Scheu, ohne schlechtes Gewissen. Da steckte ein Feind in ihm, der ihm das Paradies verbot." (Hesse 1973, S. 41)

In Hesses *Der Steppenwolf* stecken die einander befehdenden und unvereinbare Werte verkörpernden Akteure in einer einzigen „Person", die deshalb als einheitliches Subjekt mit ihrem Untergang konfrontiert wird. Die Begegnung mit Hermine, deren zweideutige „knabenhafte" Erscheinung an Musils androgyne Träume, an Clarisse und an Prousts bisexuelle Wesen erinnert, führt zu der Flucht Harry Hallers vor seinem alten „Ich" und zu der sein Leben verändernden Erkenntnis: „[...] Mein Abschied von der bürgerlichen, der moralischen, der gelehrten Welt, war ein vollkommener Sieg des Steppenwolfes." (Hesse 1972a, S. 92 – 93)

An dieser Stelle wird deutlich, weshalb die zeitgenössische Narrativik (vor allem die eines A. J. Greimas) den Begriff der fiktionalen „Person" für ideologisch hält: Wo innerhalb eines und desselben Subjekts zwei verschiedene Akteure oder Aktanten versuchen, zwei einander ausschließende „narrative Programme" zu verwirklichen, wird der Subjekt-Begriff als solcher fragwürdig.

Die Narrativik reagiert auf diese Zerfallserscheinung, indem sie den Begriff der „Person" durch den des „Aktanten" ersetzt. Wie so oft richtet sich die Literaturtheorie nach den praktischen Erfahrungen der Literatur. Diese Erfahrungen haben bei Hesse, ähnlich wie bei Proust und Musil, zwei einander ergänzende Aspekte: a) den Zerfall des Kodes und der semantischen Tiefenstruktur und b) den Übergang zu einer paradigmatischen Schreibweise, die die Ambivalenz verarbeitet und der von ihr zerrütteten Kausalität absagt.

Hesses Beschreibung des „Magischen Theaters" ist eine Aneinanderreihung von Traumszenen, die jäh aus der Vergangenheit auftauchen wie Prousts Kindheitserinnerungen am Ende der *Wiedergefundenen Zeit*. Nicht zufällig steht auf einem der Plakate des „Magischen Theaters", die nacheinander, aber nicht in kausaler Abfolge aufleuchten: „Inbegriff der Kunst. Die Verwandlung von Zeit in Raum durch die Musik." (Hesse 1972b, S. 208) Ebenso wie die *Recherche* neigt Hesses experimenteller Roman dazu, Zeitempfinden und Chronologie durch die zeitlose Assoziation des Traums zu ersetzen, die das narrative Syntagma paradigmatisch zersetzt. Von ihm behauptet Barthes, es bringe die „chronologische Illusion" hervor.

Zusammen mit dem Syntagma und seiner Tiefenstruktur löst sich das Subjekt als wertende, unterscheidende und für kausallogische Konstruktionen verantwortliche Instanz auf. Die Auflösung der syntaktischen Konstruktion begleitet die der fiktionalen „Person": „Er hielt mir einen Spiegel vor, wieder sah ich darin die Einheit meiner Person in viele Ichs zerfallen, ihre Zahl schien noch gewachsen zu sein." (Hesse 1972c, S. 209) Ähnlich wie im Surrealismus findet bei Hesse, Musil und Proust eine „Rückverwandlung der Kultur in Natur" (Gisela Steinwachs) statt, die schon in Hesses *Kurgast*-Novelle vorgezeichnet ist, wo die Verwandtschaft mit Nietzsche besonders deutlich in Erscheinung tritt: „Solang es noch Marder gab, noch Duft der Urwelt, noch Instinkt und Natur, solange war für einen Dichter die Welt noch möglich, noch schön und verheißungsvoll." (Hesse 1972b, S. 53)

An dieser Stelle wird ein Unterschied, der Kafka von Autoren wie Hesse, Musil, Proust oder Joyce trennt, sichtbar: Bei Kafka erscheint die Natur als etwas Bedrohliches, Tierisches, als Regression in eine infantil-unmenschliche Welt. Kafka weigert sich, in der Flucht ins Unbewusste eine Befreiung zu sehen. Es ist bezeichnend, dass er, statt wie Proust Baudelaires *Analogie* zu feiern, von der Metapher behauptet, sie lasse ihn „am Schreiben verzweifeln", und das Unbewusste der „Innerlichkeit" nicht als Erlösung vom „Ich", sondern als Alptraum, als *Qual* empfindet (vgl. Falk 1961, S. 111–112). Noch klarer als Musil, der Joyces Auflösung des Satzgefüges nicht zustimmen kann, vertritt Kafka eine heroische Kunstauffassung, weil er erkennt, dass sich die Wertfreiheit des Marktgesetzes, die In-Differenz der Werte, im Unbewussten erst recht durchsetzt.

Kafkas Erzähler ist ein Träumer *malgré lui*. Adorno hat wohl Recht, wenn er von der „Allgegenwart des Traums" bei Kafka spricht: „Mit der Liquidation des Traums durch dessen Allgegenwart verfolgt der Epiker Kafka den expressionistischen Impuls so weit wie nur die radikalen Lyriker. Sein Werk hat den Ton des Ultralinken [...]." (Adorno 1976, S. 327) Im Unterschied zu den anderen Romanautoren sieht Kafka vor allem den aporetischen Charakter der subjektiven Befreiung und stellt deshalb das „Ich" der spätkapitalistischen Ära als eine zum Untergang verurteilte Größe dar, die auf keinerlei „Erlösung" hoffen kann. Diese Einstellung verbindet ihn mit der Kritischen Theorie, der er in dieser Hinsicht näher steht als Musil, Proust oder Hesse, die – trotz aller Skepsis – ihr Heil in der Welt des Unbewussten suchen und die Aporie, die ihrer Erlösung zugrunde liegt, nicht immer erkennen.

Hesse fasst sogar eine Überwindung der sozialen Werte und Vorurteile in einer Art von psychoanalytischem Naturzustand ins Auge, wenn er in *Eigensinn* schreibt:

> Dies ist dasselbe, was die Psychoanalyse verlangt, woher ich es ja zum Teil auch habe: Wir sollen, wenigstens für ein einziges Mal, alle Werturteile weglassen und uns selber ansehen, so wie wir sind [...]. Und erst von da aus, von diesem Nullpunkt aus sollen wir wieder versuchen fürs praktische Leben Werttafeln aufzustellen, Ja und Nein, Gut und Böse zu trennen, Gebote und Verbote aufzustellen. (Hesse 1972c, S. 138)

Die skeptischen und selbstkritischen Einschränkungen die er anschließt, sollten nicht darüber hinwegtäuschen, dass er sich von der analytischen „Wende nach Innen" nicht nur wie Musil eine Befreiung des „Ich" im „allozentrischen Zustand" (Musil), sondern wie Proust, der mit Freuds Schriften nicht vertraut war, eine Entdeckung neuer, authentischer Werte verspricht. Zugleich bedauert Hesse die Krise der Werte und der wertenden Gegensätze. Er versteht sie als ein Ergebnis der Vermittlung durch den Markt, den Tauschwert:

> Die Literatur ist Unterhaltung, Spiel, Scharlatanerie, das Ganze eine Börse des Geschäfts und der Eitelkeit. Die Unterschiede zwischen guter und schlechter Literatur, die ich früher sehr ernst nahm, fallen mir mehr und mehr dahin, und zwischen Ernst Zahn und Thomas

> Mann, zwischen Ganghofer und Hermann Hesse ist kein nennenswerter Unterschied mehr, auch das Bessere und Beste unserer Zeit ist Schwindel. Überall mangelt die Basis einer Moral und Heiligkeit, eines wahrhaft ernsten Strebens um überpersönliche Werte. (Ibid., S. 147)

Nirgendwo tritt die Aporie des Romans der Jahrhundertwende so klar zutage wie hier: Gut und Böse, Schön und Hässlich, Wahr und Falsch sind ohne gesellschaftliche und kulturelle Voraussetzungen (ohne spezifische Kulturkodes) nicht denkbar. Ihre Zerstörung durch das Marktgesetz kann nicht durch eine Rückkehr zur Natur, zum Unbewussten, zu Prousts *instinct artistique* wettgemacht, höchstens bestätigt werden. Das übersah Proust, als er meinte, die Kunst mit Hilfe der „unwillkürlichen Erinnerung", des Unbewussten, legitimieren oder gar retten zu können. Die surrealistische Avantgarde zeigte später, dass Experimente mit dem Unbewussten und Kunst als gesellschaftliches Faktum, als Institution unvereinbar waren: Konsequent plädierten sie für die Abschaffung der Institution. (Vgl. Bürger 1974, S. 26–35.)

Die Psychoanalyse vermag die aus der Ambivalenz hervorgegangene Krise des Romans nicht aufzuheben. Sie selbst ist ein Produkt der Ambivalenz (der Vermittlung), und ihre Bedeutung für manche Romane der Jahrhundertwende, in denen sie teils ernst genommen, teils ironisch verarbeitet wird, erklärt sich aus der sich verstärkenden Zweideutigkeit des „Ich" (des individuellen Subjekts), das nunmehr als eine „rationalisierende" Instanz erscheint, die sich selbst und andere „belügt", um den unvereinbaren Anforderungen des „Es" und des „Überichs" zu genügen.

Die semantische Ambivalenz, die auf den Kode einwirkt, eröffnet neue wissenschaftliche Perspektiven und lässt das Subjekt als eine Einheit der Gegensätze, als eine polarisierte, zerfallende Struktur erscheinen. Thomas Mann erkannte dies, als er in seinem Vortrag zum Thema „Freud und die Zukunft" sagte:

> Denn das Unbewußte, das Es, ist primitiv und irrational, es ist rein dynamisch. Wertungen kennt es nicht, kein Gut und Böse, keine Moral. Es kennt sogar nicht die Zeit, keinen zeitlichen Ablauf, keine Veränderung des seelischen Vorgangs durch ihn [...]. Was nun das Ich selbst und überhaupt betrifft, so steht es fast rührend, recht eigentlich besorgniserregend damit. Es ist ein kleiner, vorgeschobener, erleuchteter und wachsamer Teil des ‚Es' – ungefähr wie Europa eine kleine Provinz des weiten Asiens ist. (Mann, in: Freud 1953, S. 138–139)

Das Subjekt wird als zweideutig und widersprüchlich definiert: Es vereinigt das „Überich" und das „Es", Kultur und Natur, Zeit und Zeitlosigkeit, Rationales und Irrationales, „Europa" und „Asien".

Sofern die Psychoanalyse aus der gleichen soziolinguistischen Situation und deren Widersprüchen hervorgeht wie die Romane des frühen 20. Jahrhunderts und sich von dem Verlangen leiten lässt (das sie mit Proust, Kafka und Musil verbindet), vom Individualismus „das Wesentliche [...] hinüberzuretten" (Musil), kann sie den Romantext nur unvollständig, gleichsam als Analogon zu sich selbst, erklären. Der Textsoziologie fällt in dieser Situation die Aufgabe zu, den Rahmen abzustecken, in dem sowohl die fiktionale Struktur des Romans als auch die theoretische der Psychoanalyse erklärt werden kann.

3 Zur Entwicklung des französischen Romans

In der Evolution des Romans bilden die Romane der Jahrhundertwende eine Art Wendepunkt, von dem die Textsoziologie ausgehen könnte, um einerseits die neuen Entwicklungen bei Sartre, Camus und im Nouveau Roman zu untersuchen; andererseits, um gleichsam retrospektiv die Beziehung zwischen Ambivalenz und narrativer Syntax in den Romanen der liberalen und frühbürgerlichen Ära zu beschreiben. Die Hypothese, mit der sich eine ausführliche historische Untersuchung zu befassen hätte, lautet: *Die allmähliche Zunahme der semantischen Ambivalenz bewirkt eine graduelle Schwächung des syntaktisch-kausalen Gefüges und führt nach Flaubert und Maupassant zur „Krise des Romans"*. (Vgl. Zima 1986, Kap. II.)

Parallel zu dieser Entwicklung wäre die der Psychologie nachzuzeichnen: Ian Watt beruft sich auf Mme de Staël, um nachzuweisen, dass die Entwicklung des Romans nicht vom philosophischen Interesse für die *Psyche des Individuums* zu trennen ist. Was er mit den Worten „the novel's subjective and analytic approach to character" (Watt 1974, S. 200) umschreibt, sollte zusammen mit den psychologischen Theorien des 17. und 18. Jahrhunderts als ein Produkt der individualistischen Marktgesellschaft und ihrer sozio-kulturellen Ambivalenzen aufgefasst werden.

Deutlich treten diese in einigen poetologischen, politischen und psychologischen Schriften des Christian Thomasius in Erscheinung, der sich folgendermaßen zu den menschlichen „Affekten" und zur „Affektiertheit" äußert: „Alle *affecten* sind solche Bewegungen, die den Menschen innerlich am stärcksten antreiben etwas äußerlich zu tun oder zu reden. So ist demnach alles dasjenige Reden oder anderes Thun, damit man seine *affecten* zu verbergen sucht, *affectiret* und folglich gezwungen." (Thomasius, in: Wahrenburg 1976, S. 203) Das Verborgene kann das Gegenteil dessen sein, was „affektiert" wird. Hier ist die Thematik der späteren Psychologie, ja sogar der Psychoanalyse, bereits vorgezeichnet.

Während aber die Psychologie und der psychologische Roman die charakterlichen Zweideutigkeiten untersuchen und die Widersprüche der Leidenschaften darstellen, ohne die Einheit des Charakters und die Möglichkeit seiner *Definition* (seiner Erklärung) in Frage zu stellen, hat die Psychoanalyse es, ähnlich wie Prousts, Hesses oder Musils Romane, mit „karnevalistischen" Doppelwesen, mit Masken zu tun. In ihr steigert sich die Zweideutigkeit zum unüberwindlichen Dualismus, der die Einheit des Subjekts und der narrativen Syntax gefährdet.

Es wäre zu zeigen, dass die Romane des 17., 18. und sogar noch die des 19. Jahrhunderts trotz der Zweideutigkeiten und Widersprüche davon ausgehen, dass die „Wirklichkeit" erkennbar und definierbar ist und dass die Unterscheidung zwischen *Schein* und *Sein* (*être* und *paraître*, Greimas) sinnvoll ist: In ihnen ist das Subjekt nicht mit den Masken identisch, die es trägt. (Vgl. Zima 1986, S. 33–38.)

In seiner Studie über Mme de Lafayettes *La Princesse de Clèves* (1678) zeigt Erich Köhler, dass die Anfänge des psychologischen Romans vom Problem der Zweideutigkeit beherrscht werden. Wie in den säkularisierten Philosophien Gassendis, Hobbes' und Descartes' erscheint das Individuum in *La Princesse de Clèves* als ein zweideutiges Wesen, das zwischen der Leidenschaft („passion") und der Tugend („vertu") schwankt. In einem Vergleich von Descartes' *Traité des passions de l'âme* mit Mme de Lafayettes Roman schreibt Köhler: „Er [der Vergleich] läßt zugleich die Folgerung zu, daß die Überzeugung Descartes' von der Beherrschbarkeit der Leidenschaft durch Vernunft und Willen bei Mme de Lafayette erschüttert ist." (Köhler 1976, S. 21)

Wichtig ist jedoch, dass die Ambivalenz, die die Genese des psychologischen Romans (und der Psychologie) erklären könnte, noch nicht ausgeprägt genug ist, um den Zerfall der narrativen Kausalität zu bewirken. In seiner Studie weist Köhler überzeugend nach, dass die Psychologie der Charaktere, dadurch, dass sie die Handlungen und Ereignisse (eindeutig) erklärt, zur Grundlage einer „psychologischen Kausalität" („causalité psychologique", Todorov) wird: „Die Kausalität des äußeren Schicksals und die Kausalität des Psychologischen verschlingen sich vermöge einer richtigen Fabel zur notwendigen Durchführung des Themas." (Köhler 1976, S. 80)

In *L'Ambivalence romanesque* (Zima 1980, 2002) habe ich zu zeigen versucht, dass diese Kausalität der psychischen Faktoren, der Handlungen und Ereignisse noch in Balzacs *Illusions perdues* erhalten bleibt. Ebenso wie Stendhals Erzähler ist der Balzacs gut „informiert" („informé", Proust, s. o.) und weist den Leser unmissverständlich auf den Unterschied zwischen „wahr" und „falsch", zwischen „Sein" und „Schein" hin. Gleich am Anfang der Romanhandlung wird Mme de Bargetons „falsche" Zuneigung zu Lucien de Rubempré durchleuchtet und erklärt. Der Leser weiß, dass Lucien sich täuschen lässt und erfährt, *wie* diese Täuschung durch bestimmte Eigenschaften der Frau und ihres Liebhabers bedingt wird.

Bekanntlich hat Proust Balzac seine explizite, erklärende Darstellungsweise übelgenommen und sie mit dem Stil der Konversation, der kommunikativen Rede, verglichen. Balzacs Erzähler weiß zu viel, erklärt zu viel und macht einen zu spärlichen Gebrauch von der Andeutung, von der polysemen Figur: „Der Stil deutet nichts an, er spiegelt nichts wider, er erklärt. Er erklärt im übrigen mit Hilfe von höchst packenden Bildern, die aber nicht mit dem übrigen verschmolzen sind, die begreiflich machen, was er sagen will, wie man es in der Unterhaltung begreiflich macht [...]." (Proust 1962, S. 114)

Hier geht es um wesentlich mehr als um Stilfragen: Hinter Prousts Kritik an Balzacs „Konversationsstil" verbirgt sich der Zweifel an der erzählenden Rede, an der „parole" als „récit" (Erzählung), die meint, auf fiktionaler Ebene eine durchsichtige, erklärbare zweite Welt schaffen zu können, in der Charaktere, Handlungen und Situationen noch mehr oder weniger eindeutig bestimmbar sind. Prousts und Musils Zweifel an der Möglichkeit, die „Wirklichkeit" als fiktionale Welt erzählerisch zu erfassen, und ihr Hang zur polysemen Schreibweise erklären Prousts Bruch mit Balzac, einen der bedeutendsten Brüche innerhalb der *literarischen Evolution*.

Komplementär zur Kritik an Balzacs erzählender und erklärender Schreibweise verhält sich Prousts Bewunderung für Gustave Flaubert, vor allem für dessen Roman *L'Education sentimentale*. Dies ist kein Zufall, denn es ließe sich wahrscheinlich zeigen, dass die ersten Zweifel an der narrativen Syntax in Flauberts Werk aufkommen, in dem so zwiespältige Gestalten auftreten wie Frédéric Moreaus Freund Sénécal. Im Rahmen des hier entwickelten Ansatzes ließe sich wahrscheinlich die These zahlreicher Literaten und Literaturwissenschaftler erhärten, nach der Flaubert einen Wendepunkt in der französischen Romanentwicklung ankündigt. Seine zum Paradigmatischen tendierende Konstruktion antizipiert nicht nur Proust, sondern auch Joyce.

Von Interesse sind in diesem Zusammenhang R. K. Cross' Bemerkungen über die Verwandtschaft zwischen Flaubert und Joyce:

> „Wie wir bereits im vorigen Kapitel angedeutet haben, gehörte es zu den größten Verdiensten Flauberts, dass er die Fiktion von dem befreite, was E. M. Forster als den ‚anekdotischen Zwang' bezeichnet. Dies bedeutet keineswegs, dass in *Madame Bovary* Anekdoten und Handlungen völlig fehlen. Den narrativen Duktus hält Flaubert in seinem ganzen Buch durch, und ein halbes Dutzend wichtiger Stellen gestaltet er zu hochbrisanten dramatischen Szenen aus, um die Handlung voranzutreiben. Die Abschwächung des Anekdotischen tritt viel deutlicher im *Ulysses* in Erscheinung, obwohl selbst dort die dramatische Charakterentwicklung eine wesentliche Rolle spielt [...]. Es ist jedoch eine Tatsache, dass nach Flaubert das narrative Element nicht länger den Kern der fiktionalen Welt ausmacht." (Cross 1971, S. 95–96)

Eine gründliche Untersuchung der Beziehungen zwischen Ambivalenz und narrativen Strukturen bei Flaubert (und Zola) wäre vonnöten. Sie könnte nicht nur Flauberts Schreibweise im sozialen Kontext erklären, sondern auch zeigen, weshalb Flauberts Weggefährte Maupassant in seinem Aufsatz über den Roman („Le Roman") die traditionelle „Intrigue" kritisiert und den Vorschlag macht, das Leben in seinem „normalen Zustand" („à l'état normal") darzustellen, statt die „Krisen des Lebens" („les crises de la vie") zu erzählen. (Vgl. Maupassant 1959, S. 10.)

Sie könnte zugleich erklären, weshalb Lukács sich in seinem Aufsatz „Erzählen oder Beschreiben?" von Flaubert und Zola distanziert und über Flauberts *Madame Bovary* schreibt: „Das Bild erlangt eine Bedeutung, die nicht aus dem inneren menschlichen Gewicht der Ereignisse folgt [...]." (Lukács, in: Brinkmann, 1974, S. 39) Lukács' hegelianischer und teleologischer Diskurs sperrt sich gegen die Erkenntnis der wachsenden Ambivalenz, die dazu führt, dass der *historische Prozess* nicht mehr als sinnvolle Kausalität, als Makrosyntagma darstellbar ist. Die hegelianische „intolerance of ambiguity", von der Adorno spricht (s. o), ist ein Versuch, das System als syntaktische Einheit zu retten: zu einem Zeitpunkt, da die Krise des semantischen Kodes die eindeutige Bestimmung der Tiefenstrukturen und der Aktanten erschwert. Hier setzt die Diskurskritik an.

Literatur

Adorno, Th. W.: *Prismen. Kulturkritik und Gesellschaft*, Frankfurt, Suhrkamp, 1955, 1976.
Bürger, P.: *Theorie der Avantgarde*, Frankfurt, Suhrkamp, 1974.
Cross, R. K.: *Flaubert and Joyce. The Rite of Fiction*, Princeton, Princeton University Press, 1971.
Deleuze, G., *Guattari*, F.: *Kafka. Pour une littérature mineure*, Paris, Minuit, 1975.
Falk, W.: *Leid und Verwandlung. Rilke, Kafka, Trakl und der Epochenstil des Impressionismus und Expressionismus*, Salzburg, O. Müller Vlg., 1961.
Goldmann, L.: *Pour une sociologie du roman*, Paris, Gallimard, 1964. (Dt. Übers.: *Soziologie des modernen Romans*, Neuwied und Berlin, Luchterhand, 1970.)
Hesse, H.: *Der Steppenwolf*, Frankfurt, Suhrkamp, 1972a.
Hesse, H.: *Kurgast*, Frankfurt, Suhrkamp, 1972b.
Hesse, H.: *Eigensinn*, Frankfurt, Suhrkamp, 1972c.
Hesse, H.: *Klein und Wagner*, Frankfurt, Suhrkamp, 1973.
Joyce, J.: *A Portrait of the Artist as a Young Man*, London, Penguin, 1972.
Joyce, J.: *Ulysses*, London, Penguin, 1960, 1971.
Kafka, F.: *Der Prozeß*, Frankfurt, Fischer, 1960.
Kafka, F.: *Das Kafka-Buch*, Frankfurt, Fischer, 1965.
Köhler, E.: Madame de Lafayettes *La Princesse de Clèves*. Studien zur Form des klassischen Romans, in: E. Köhler, *Vermittlungen*, München, Fink, 1976.
Lukács, G.: Erzählen oder Beschreiben?, in: R. Brinkmann (Hrsg.), *Begriffsbestimmung des literarischen Realismus*, Darmstadt, Wissenschaftliche Buchgesellschaft, 1974.
Mann, Th.: Freud und die Zukunft, in: S. Freud, *Abriß der Psychoanalyse. Das Unbehagen in der Kultur*, Frankfurt, Fischer, 1953.
Maupassant, G. de.: Le Roman, in: Ders., *Pierre et Jean*, Paris, Garnier, 1959.
Mouillaud, G.: *Le Rouge et le Noir de Stendhal. Le roman possible*, Paris, Larousse, 1972.
Musil, R.: *Aus den Tagebüchern*, Frankfurt, Suhrkamp, 1971.
Proust, M.: *Gegen Saint-Beuve*, Frankfurt, Suhrkamp, 1962.
Thomasius, Ch.: *Allerhand bißher publizierte Teutsche Schriften*, S. 425, Zitat aus: F. Wahrenburg, *Funktionswandel des Romans und ästhetische Norm*, Stuttgart, Metzler, 1976.
Todorov, T.: Poetik, in: *Einführung in den Strukturalismus* (Hrsg. F. Wahl), Frankfurt, Suhrkamp, 1973.
Vosskamp, W.: Methoden und Probleme der Romansoziologie, in: *Internationales Archiv für Sozialgeschichte der deutschen Literatur*, Tübingen, Niemeyer, Bd. 3, 1978.
Watty I.: *The Rise of the Novel*, 1957, London, Pelican, 1974.
Zima P. V.: Zur Kritik der Romansoziologie, in: Ders., *Kritik der Literatursoziologie*, Frankfurt, Suhrkamp, 1978.
Zima P. V.: *Der gleichgültige Held. Textsoziologische Untersuchungen zu Sartre, Moravia und Camus*, Stuttgart, Metzler, 1983, Trier, Wiss. Verlag Trier, 2004.
Zima P. V.: *Roman und Ideologie. Zur Sozialgeschichte des modernen Romans*, München, Fink, 1986.
Zima P. V.: *Der europäische Künstlerroman. Von der romantischen Utopie zur postmodernen Parodie*, Tübingen, Francke, 2008.

Diskurskritik 9

1 Theorie und Fiktion

Eugenio Coserius Gedanke, dass der fiktionale Text als Sprachexperiment mit Universalcharakter aufgefasst werden kann, ist eingangs in den „Programmatischen Bemerkungen" erwähnt worden. Er erklärt, weshalb hier die Problematik theoretischer Diskurse aus der fiktionalen Produktion abgeleitet wird und nicht umgekehrt: Die theoretische, begriffliche Rede, die nach der Monosemierung ihrer lexikalischen Einheiten strebt, hat sich auch. wie Sohn-Rethel und Adorno gezeigt haben, mit den Folgen der Vermittlung und der Ambivalenz auseinanderzusetzen. Anders als etwa der Roman hat sie jedoch einen relativ homogenen, auf den begrifflichen Bereich beschränkten Charakter. Ihr fehlt die Möglichkeit fiktionaler Texte, dem mimetischen Impuls auf sprachlicher Ebene zu folgen und die verschiedenen Soziolekte und Diskurse in ihren gesprochenen oder geschriebenen Formen nachzuahmen.

Erscheint die Vermittlung durch den Tauschwert in der Theorie ausschließlich als ein Problem der begrifflichen Rede und ihrer widersprüchlichen Definitionen und Unterscheidungen, so kann sie in der Romanliteratur bald in der mondänen Konversation (Proust), bald in der politischen, juristischen, theologischen oder wissenschaftlichen Rhetorik (Musil) oder im Reklamejargon (Joyce, Jürgen Becker) zum Ausdruck kommen. Stärker als im begrifflichen Diskurs der Philosophie erscheint die Vermittlung in den mimetischen Darstellungen der Fiktion als Universalproblem, als ein Problem, das alle Bereiche des Lebens, *alle Soziolekte* erfasst.

Während eine Theorie andere, ihr *fremde* Sprachäußerungen nur in Form von Zitaten verarbeiten kann, kann der fiktionale Text sowohl zitieren als auch nachahmen. In den meisten Fällen ahmt er nach, wobei er sich bald der philosophischen, bald der „mondänen" oder gar der literaturwissenschaftlichen Sprache bedienen kann (etwa bei Calvino). Musils *Der Mann ohne Eigenschaften* und Prousts *Recherche* enthalten zahlreiche Passagen, die in ästhetischen, literaturwissenschaftlichen oder philosophischen Abhandlungen stehen könnten. Die Ambivalenz, ein Grundproblem der Philosophie (etwa Hegels oder Nietzsches) und der Theorie, wird in ihnen auf eine allgemeinsprachliche Ebene projiziert.

Auf dieser Ebene wird deutlich, dass die Ambivalenz mehr ist als eine Begleiterscheinung der Krise, die das philosophische System (Hegels) erschüttert: Als sprachliche Erscheinung schlechthin lässt sie vermuten, dass die Sprache als historisches und gesellschaftliches System in eine Krise geraten ist. Die ins Extreme gesteigerte begriffliche Abstraktion, die Adorno, Sohn-Rethel und Rossi-Landi in den idealistischen Systemen Kants und Hegels aus der Vermittlung durch den Tauschwert ableiten, ist nur ein Aspekt der soziolinguistischen Entwicklung. Sicherlich hat Ferruccio Rossi-Landi Recht, wenn er zu Hegels Philosophie bemerkt: „Die Idee erfasst alle Bereiche, weil das Geld alle Bereiche erfasst und sich durch seine vom allgemeinen Tauschwert bedingte Neutralität in jede beliebige Ware, d. h. in jeden beliebigen Gebrauchswert verwandelt." (Rossi-Landi 1978, S. 186)

Im semantischen Bereich werden jedoch die zunehmende Neutralität und Abstraktheit des begrifflichen Denkens durch die wachsende Ambivalenz der durch den Tausch vermittelten Wortzeichen bedingt. Diese Ambivalenz als Markterscheinung führt schließlich in der dialektischen Philosophie zur Überwindung absoluter Dichotomien und zu der Erkenntnis, dass Gegensätze eine Einheit bilden. Diese Erkenntnis, die, wie schon Karl Löwith wusste (vgl. Löwith 1977), Hegel mit Nietzsche verbindet, ermöglicht einerseits das historische System Hegelscher Prägung, in dem die grundverschiedenen Philosophien Platos, Spinozas, Hobbes' und Kants *vergleichbar* werden; andererseits führt sie als *extreme* Ambivalenz im ausgehenden 19. Jahrhundert zum Zerfall des begrifflichen Systems, welches auf der Annahme gründet, dass seine Referenten trotz ihrer Widersprüchlichkeit und Ambivalenz als historische Erscheinungen eindeutig definierbar sind.

Hegel zweifelte nicht an der Erkennbarkeit der Wirklichkeit (der geistigen und der materiellen), und seine Philosophie ist ein groß angelegter Versuch, diese Wirklichkeit als sinnvolle historische Totalität darzustellen, durchschaubar zu machen. Das Subjekt soll von seinem Objekt Besitz ergreifen, es als sein eigenes Produkt erkennen.

Diese systematische Aneignung der Wirklichkeit wird in einer soziolinguistischen Situation unglaubwürdig, in der Hegels Definitionen (Spinozas, Leibniz', Kants) als einseitig, als „Karikaturen" erscheinen. Noch heute versuchen Marxisten wie Pierre Macherey (in *Hegel ou Spinoza*), Hegel seine Gewalttour nachzuweisen und zu zeigen, wie er die von ihm kritisierte und überwundene Philosophie zurechtstutzt. Weil Spinoza nicht in Hegels System aufgeht, von ihm nicht „verdaut" wird, tritt der illusorische Charakter des Hegelschen Makrosyntagmas zutage: seine Unfähigkeit, die Wirklichkeit zu erfassen (zu *sein*), die Ambivalenz zu überwinden, durch Synthesen zu bändigen.

1 Theorie und Fiktion

Das Wesen der *extremen* Ambivalenz, die bei Nietzsche, Musil, Kafka und Hesse zentral ist, besteht darin, dass sie die *bestimmte Negation* Hegels nicht mehr zulässt. In der *Wissenschaft der Logik* (Bd. 1) heißt es noch:

> Indem das Resultierende, die Negation, *bestimmte* Negation ist, hat sie einen *Inhalt*. Sie ist ein neuer Begriff, aber der höhere, reichere Begriff als der vorhergehende; denn sie ist um dessen Negation oder Entgegengesetztes reicher geworden, enthält ihn also, aber auch mehr als ihn, und ist die Einheit seiner und seines Entgegengesetzten. – In diesem Wege hat sich das System der Begriffe überhaupt zu bilden – und in unaufhaltsamem, reinem, von außen nichts hereinnehmendem Gange sich zu vollenden. (Hegel, *Logik*, Bd. 1, 1970, S. 49)

Nur weil die Synthese der Gegensätze zu einer neuen positiven und eindeutigen Definition *führt* und dabei einen neuen Begriff hervorbringt, kann es zur Bildung eines narrativen Syntagmas kommen, das die Geschichte und ihre Bewusstseinszustände zum Gegenstand hat. Nur weil das System ausschließlich seinen eigenen Gesetzen gehorcht und Andersartiges als Seinesgleichen definiert, vermag es, seine Einheit zu wahren.

Bei Nietzsche und den Junghegelianern, deren Hegelkritik Sidney Hook in *From Hegel to Marx* in allen Einzelheiten untersucht (vgl. Hook 1962), ist dieses synthetische Fortschreiten des Begriffes nicht mehr denkbar, weil die extreme Ambivalenz die hegelianische Synthese sprengt: „Man darf nämlich zweifeln [...]", schreibt Nietzsche, „ob es Gegensätze überhaupt gibt [...]." (Nietzsche 1968, Bd. 3, S. 27)

Und wenn es sie gibt, dann sind sie nicht in einer höheren, umfassenderen Wahrheit zu vereinigen, sondern entziehen sich dem wahrheitssuchenden Diskurs. Albertine ist treu und untreu, wahrhaft und falsch zugleich; Josef K. ist sowohl schuldig als auch unschuldig, sowohl Mensch als auch Tier, ohne dass eine übergreifende, synthetische Definition des Charakters in Aussicht gestellt würde.

Indem der Roman in einer bestimmten soziolinguistischen Situation gezwungen wird, die semantische Ambivalenz verschiedener Soziolekte zu verarbeiten, zerrüttet er, ohne dass die Autoren es beabsichtigten, die eigene narrative Syntax: „Die Geschichte dieses Romans kommt darauf hinaus, daß die Geschichte, die in ihm erzählt werden sollte, nicht erzählt wird." (GW 5, S. 1937) Parallel zum Roman kritisiert Musil (sein Erzähler) das philosophische Systemdenken: „Er war kein Philosoph. Philosophen sind Gewalttäter, die keine Armee zur Verfügung haben und sich deshalb die Welt in der Weise unterwerfen, daß sie sie in ein System sperren." (GW 1, S. 253)

Musils fiktionaler Text, der gesprochene und geschriebene Diskurse intertextuell verarbeitet, lässt deutlich die Beziehung zwischen der semantischen Ambivalenz und der Krise des narrativen Syntagmas (des Systems) in Erscheinung treten: sowohl im fiktionalen als auch im theoretischen Bereich. Der Zerfall der narrativen Syntax, den Musil in seinem sprachlichen Universalexperiment als einheitliches philosophisch-fiktionales Problem darstellen kann, erscheint aus historischer Sicht, in der die literarischen und philosophischen Reihen nur als autonome Prozesse beschreibbar sind, als zwei parallel verlaufende

Entwicklungen: Parallel zur narrativen Syntax des Romans zerfällt das System (die „Makrosyntax" des theoretischen Diskurses, würde Greimas sagen).

Eine zugleich philosophische und literaturwissenschaftliche Studie, die von einer diskursiven Verwandtschaft zwischen Balzacs *Menschlicher Komödie* und Hegels systematischer Philosophie ausginge, könnte vielleicht im Anschluss an Adorno, Sohn-Rethel und Rossi-Landi dartun, wie die Zweideutigkeit sowohl im fiktionalen als auch im begrifflichen Text *Ungleichnamiges vergleichbar* macht und damit die Systembildung begünstigt (vgl. Nykrog 1965). Im nächsten Schritt könnte sie zeigen, wie eben diese Zweideutigkeit als extreme semantische Ambivalenz das System als narrative Syntax zerfallen lässt.

Nietzsche als Philosoph des ausgehenden 19. Jahrhunderts (1844 bis 1900) wendet sich zugleich mit den Romanciers – Flaubert, Proust, Gide, Musil, Kafka – von der systematischen und „narrativen" Darstellung der Wirklichkeit ab. Seine essayistische, fragmentarische und aphoristische Schreibweise könnte und sollte mit den Romanen der Jahrhundertwende verknüpft werden. Nicht so sehr, weil Nietzsche Autoren wie Proust, Gide oder Musil nachhaltig beeinflusst hätte, sondern weil er, ähnlich wie sie, die semantisch-ideologische Ambivalenz zu verarbeiten hatte und sie schließlich zum Ausgangspunkt seiner Systemkritik (seiner Kritik der „Metaphysik") machte.

Als besonders nützlich erweist sich in diesem Zusammenhang Greimas' Gedanke, dass sowohl fiktionale als auch begriffliche Texte als narrative, syntaktische Prozesse und als Handlungsstrukturen darstellbar sind. Diese Einsicht ermöglicht einen textsoziologischen (strukturellen) Vergleich von Theorie und Fiktion, der wesentlich mehr über deren Affinitäten aussagt als rein thematische Analysen oder Mutmaßungen über Einflüsse.

Welche Bedeutung hat nun der hier skizzierte Vergleich zwischen der fiktionalen und der theoretischen Entwicklung für die Diskurskritik? Am Ende des vorigen Kapitels wurde deutlich, dass Lukács' Kritik an bestimmten Romanen (Flauberts, Zolas), die die narrative Syntax in Frage stellen, ideologisch motiviert ist: dass die ästhetischen und „stilistischen" Probleme der politischen Brisanz nicht entbehren. Die Art zu schreiben ist selbst ein soziales Faktum. Der fiktionale Zweifel des Romanciers an der Möglichkeit eines systematischen Diskurses über eine ambivalente Wirklichkeit fordert die Überzeugung des Systemdenkers heraus, dass die Wirklichkeit „definierbar" ist und dass die bestimmte Negation noch legitimiert werden kann.

Lukács, der schon in *Die Seele und die Formen* das System der „Großen Ästhetik" herbeisehnt, die den fragmentarischen Essay ablösen soll (S. 29–30), hätte dem folgenden Satz Hegels aus der *Wissenschaft der Logik* zustimmen können: „Wie würde ich meinen können, daß nicht die Methode, die ich in diesem Systeme der Logik befolge – oder vielmehr die dies System an ihm selbst befolgt –, noch vieler Vervollkommnung, vieler Durchbildung im einzelnen fähig sei; aber ich weiß zugleich, daß sie die einzige wahrhafte ist." (Hegel, *Logik,* Bd. 1, S. 50) Der Geist, der aus diesem Satz spricht, ist derselbe, der später Lucien Goldmann in dem Glauben bestärkte, die strukturalistisch-genetische Interpretation eines literarischen

1 Theorie und Fiktion

Werkes sei die einzige, die trotz ihrer Lücken und Mängel die sinnvolle Totalität der Werkelemente erklären könne.

Die Ambivalenz der sprachlichen Erscheinungen, auf die seinerzeit schon die Kritische Theorie hinwies und die später von der Rezeptionsästhetik im Namen eines eklektischen Idealismus gegen die marxistische Literaturtheorie gewendet wird, lässt Zweifel an dem „einzig wahrhaften" Diskurs aufkommen: zumal an seinem Anspruch, das Wesen der Wirklichkeit, ja diese selbst, zu verkörpern.

Adorno mag die gesellschaftskritischen und die mystifizierenden Elemente in Georges Lyrik nicht auf einen Nenner bringen: Ihr Antagonismus wird nicht auf „höherer Ebene" in einer sinnvollen Totalität oder Synthese aufgehoben. Ebenso wenig ließe sich Lukács' „jakobinische" Interpretation Hölderlinscher Texte mit der „ontologischen" Heideggers im Rahmen *einer* semantischen Totalität versöhnen. Die Entdeckung der radikalen Ambivalenz, die nur in einer bestimmten soziolinguistischen Situation *denkbar* ist, hält die logische „Selbstverwirklichung" des Systems auf. Es zerfällt, weil seine triadische, zur Synthese drängende Bewegung abgebrochen wird. Sein Residuum ist der Widerspruch, der aus der Ambivalenz hervorgeht und sowohl in der Kritischen Theorie (Adornos) als auch in Kafkas *Prozeß*-Roman das vordialektische (Pascalsche) Paradoxon entstehen lässt (vgl. Goldmann 1973, Zima 1974).

Über dieses Paradoxon darf sich eine kritische Diskurstheorie nicht hinwegsetzen. Als Erbin der Romane Musils, Kafkas und Prousts muss sie der semantischen Ambivalenz Rechnung tragen und sich selbst als Theorie *und* Ideologie in Frage stellen. Ihre *paradoxe Wahrheit* besteht darin, dass sie jederzeit bereit ist, ihr eigenes wertendes *parti pris* (das sie durchaus ernst nimmt) anzuzweifeln und sich um der Wahrheit willen selbst aufzugeben. Diese Wahrheit wird nicht hypostasiert – etwa als reine Form oder als absolute Idee. Sie ist vielmehr das Ziel aller *rationalen*, d. h. *sich selbst reflektierenden Diskurse,* die den offenen Dialog eingehen, bei dem nicht vorab (teleologisch, siehe Kap. 3) feststeht, was herauskommen soll. Da sie sich nicht a priori als „wahr", sondern als *wahrheitssuchend* definiert, akzeptiert sie weder den absoluten Gegensatz, den Dualismus des ideologischen Mythos, noch die völlige Ambivalenz als Austauschbarkeit aller Werte, als Indifferenz des Marktgesetzes. Vielmehr versucht sie in Anlehnung an Hegel, die Gegensätze als komplementär zu denken; ohne jedoch hegelianische Synthesen ins Auge zu fassen.

Marcel Prousts Kritik der falschen, illusorischen Gegensätze innerhalb der mondänen Kommunikation und sein mythisches (ideologisches) Streben nach dem absoluten Unterschied gehören zusammen; nicht jedoch als Bestandteile einer sinnvollen (harmonischen) Totalität, sondern als unversöhnliche Aspekte eines Widerspruchs, an dem die *Recherche* leidet. Auch die mystifizierenden Aussagen in Georges Lyrik sind von den gesellschaftskritischen Stellen nicht zu trennen; dennoch bleibt der Widerspruch (Georges *Ambivalenz*) bestehen, wird nicht in einer positiven Synthese – in einer „kohärenten Weltanschauung", wie sie Goldmann vorschwebte – negiert, aufgehoben.

2 Diskursanalyse als Ideologiekritik

Es gibt wahrscheinlich zwei Möglichkeiten, Diskurse als Produkte kollektiver Sprachen und Interessen zu charakterisieren: 1. eine funktionale Typologie, die Sprachhandlungen nach formalen und pragmatischen Gesichtspunkten einteilt und 2. eine Typologie, die ideologiekritisch verfährt und versucht, *innerhalb* einer bestimmten diskursiven Form, etwa der fiktionalen oder der theoretischen, typische Aspekte oder Charakteristika zu unterscheiden.

a) Kritik eines formalen Ansatzes

Die rein formale Darstellung diskursiver Formen könnte man mit Louis Althusser und Luis J. Prieto als „naturalistisch" oder „neutralistisch" bezeichnen. Sie geht davon aus, dass es innerhalb der natürlichen Sprache Spezialsprachen gibt („Soziolekte" im Sinne von Greimas, s. o.), die als Idealtypen ideologisch neutral sind und von jeder beliebigen gesellschaftlichen Gruppe benutzt werden können. Ihre ideologische Funktion besteht gerade darin, dass sie die Frage nach der Ideologie im Diskurs, d. h. in der sprachlichen Form, verdrängt und eine wertfreie Klassifizierung der Diskurse anstrebt.

Sie ist das Ergebnis einer Sprachauffassung (etwa bei Ferdinand de Saussure oder Zellig Harris), die von der Neutralität und Natürlichkeit des Sprachsystems ausgeht und die Frage, wie gesellschaftliche Konflikte *innerhalb* der Sprache und *innerhalb* einer diskursiven Struktur ausgetragen werden, ausklammert. Sie ist bereits in den zwanziger Jahren von Bachtin und Vološinov radikal kritisiert worden und wird auch von Prieto, Rossi-Landi und Louis-Jean Calvet in Frage gestellt. (Dass sich Calvet und Rossi-Landi – in *Ideologia,* S. 165–166 – beide auf Bachtin und Vološinov berufen, ist sicherlich kein Zufall.) In neuester Zeit stellt Norman Fairclough, der sich ebenfalls auf Bachtin bezieht, im Rahmen der Critical Discourse Analysis eine Beziehung zwischen ideologischer „Naturalisierung" und dem *common sense* her: „Ideologies come to be ideological common sense to the extent that the discourse types which embody them become naturalized." (Fairclough 2015, S. 113)

Wie sieht eine formale Typologie aus und welche Auffassung der Sprachhandlung liegt ihr zugrunde? – Einer der ersten, der eine diskursive Typologie ins Auge fasste, war Charles Morris in *Writings on the General Theory of Signs* (Den Haag, 1971). In einem Kapitel, das den Titel „Types of discourse" trägt, geht es dem Autor in erster Linie darum, die Folgen der Spezialisierung innerhalb der Sprache zu erforschen und die „besonderen" Sprachen systematisch zu beschreiben: „In the course of time various specializations of this common language have appeared in order that certain purposes may be more adequately met. Such specializations of language will be called *types of discourse.*" (Morris 1971, S. 203)

Morris' Klassifizierung ist funktional im funktionalistischen Sinn: Sie fasst sowohl das Gesellschaftssystem als auch das Sprachsystem als homogene

2 Diskursanalyse als Ideologiekritik

Einheiten auf, innerhalb derer bestimmten Spezialstrukturen besondere Funktionen zufallen. In ihr erscheinen Sprachhandlungen als wertneutrale Instrumente gesellschaftlicher Interaktion, die jeder beliebigen sozialen Gruppe zur Verfügung stehen.

Morris unterscheidet letztlich sechzehn Diskurstypen, die er mit Hilfe der Kategorien „Modus" („mode") und „Gebrauch" („use") voneinander abzugrenzen sucht. Er unterscheidet vier Modi: *designative, appraisive, prescriptive* und *formative* und vier Gebrauchsarten: *informative, valuative, incitive* und *systemic*. Die Kombination von „designative" und „informative" ergibt den wissenschaftlichen Diskurs, während Kombinationen wie „appraisive"+„valuative", „prescriptive"+„valuative" oder „appraisive"+„incitive" jeweils poetische, politische und moralische Diskurse zeitigen.

Der von Morris beschriebene „politische Diskurs" ist an sich wertneutral und kann sowohl konservativen als auch fortschrittlichen Interessen dienen. Morris interessiert nicht, wie sich der reaktionäre Diskurs (etwa der eines Charles Maurras) vom liberalen oder revolutionären (etwa eines Jules Guesde) unterscheidet. Er versucht, *den* politischen Diskurs schlechthin – als Idealtypus, als ahistorische Struktur – zu definieren: „Political discourse, in common with most types of discourse, is both an agency for social conservatism and for social reconstruction [...]. Its adequacy is to be measured in terms of its effectiveness for advancing the purposes for which it is used." (Morris 1971, S. 224)

Gegen eine solche Beschreibung des „politischen" Diskurses ließe sich vom textsoziologischen Standpunkt aus zweierlei einwenden: 1) Interessant für eine kritische Diskursanalyse ist gerade die Frage, wie sich die *Struktur* eines konservativen Diskurses von der eines revolutionären oder liberalen unterscheidet: Wie unterscheidet sich Guesdes revolutionäre Rhetorik von der eines Maurras? – *Den* politischen Diskurs gibt es nicht; es gibt nur politische Diskurse, von denen ein jeder auf semantischer und syntaktischer Ebene bestimmte (unaustauschbare) soziale Interessen artikuliert. Angezweifelt wird hier die von Morris vorgeschlagene Relevanz (Prieto): die Klassifizierung, die seinem eigenen wertfreien Diskurs zugrunde liegt. Nicht die Unterschiede *politisch/poetisch, wissenschaftlich/fiktiv* etc. sind soziologisch *relevant* (im strengen Sine des Wortes), sondern Unterschiede wie *liberal/traditionalistisch, reformistisch/revolutionär, kritisch/ideologisch*.

2) Die „Leistungsfähigkeit" („effectiveness") eines Diskurses kann nicht zum entscheidenden Kriterium einer kritischen Textsoziologie werden, die die instrumentelle Vernunft ablehnt und zugleich deren Beharren auf der Trennung von Zweck und Mitteln. Es geht darum, den leistungsfähigsten Diskurs zu kritisieren, der einem falschen Zweck dient.

Dass Morris' Typologie, die eng mit dem pragmatischen Ansatz der frühen amerikanischen Semiotik verknüpft ist (vgl. Morris 1972, Kap. 4), ihre Aktualität nicht eingebüßt hat, zeigen neuere Arbeiten, etwa die eines Götz Wienold. In seinem Artikel über „Das Konzept der Textverarbeitung und die Semiotik der Literatur" unterscheidet er fünf Sprachtypen:

Mir scheint es sinnvoll, wenigstens folgende fünf Typen der Verwendung von Sprache zu unterscheiden:
Konversation
Lernen (von Sprache)
Rezitieren (Deklamieren) von Dramen
Erzählen
Inschriften. (Wienold 1977, S. 49)

Obwohl sich diese – zweifellos unvollständige und stark an der Fiktion orientierte – Klassifizierung in vieler Hinsicht von der Morrisschen unterscheidet, hat sie eines mit ihr gemeinsam: die Absicht, Sprachtypen unabhängig von ideologischen Motivationen als „wertfreie" Strukturen zu definieren. Die zwei kritischen Argumente, die Morris' Typologie auf den Plan ruft, lassen sich auch gegen Wienold ins Feld führen. Letztlich denkt er, ähnlich wie sein amerikanischer Vorläufer, an der Tatsache vorbei, dass die Sprache kein wertneutrales System ist und dass gesellschaftliche Interessen und Funktionen den diskursiven Strukturen nicht äußerlich, sondern immanent sind.

Dies übersieht auch Jenny Simonin-Grumbach, wenn sie in ihrem ansonsten präzisen und anregenden Entwurf einer Diskurstypologie („Pour une typologie des discours": Simonin-Grumbach 1975, S. 87–88) den Gegensatz *mündlich/schriftlich* als relevant betrachtet und im Anschluss an Emile Benveniste den *Diskurs (discours)* von der *Erzählung (histoire)* unterscheidet. Obwohl der Unterscheidung zwischen Diskurs, einer Sprachstruktur, die Hinweise auf das sprechende Subjekt (Benveniste) oder auf die „Aussagesituation" (Simonin-Grumbach) enthält, und der Erzählung, in der solche Hinweise fehlen, ideologische Bedeutung zukommt, wird sie für die Ideologiekritik nicht fruchtbar gemacht.

Welche Absicht steckt hinter der „Objektivität" oder „Natürlichkeit" (Fairclough) einer bestimmten Erzählung, die das Subjekt der Aussage verbirgt? Wird nicht sowohl in fiktionalen als auch in politischen und theoretischen „Erzählungen" eine Scheinobjektivität erzeugt? Und: Wem dient sie? Dies sind Fragen, auf die die Autorin kaum eingeht, mit denen sich aber Louis Marin in seinem Buch *Le Récit est un piège* ausführlich befasst. (Vgl. Marin 1978.)

In diesem Zusammenhang kommt vor allem Rossi-Landis Kritik an einer rein formalen Diskursanalyse Bedeutung zu. In seinem Buch *Ideologia* wendet er sich gegen das ideologische Vorurteil, wonach die Gesellschaft der Sprache äußerlich sei und kritisiert die folgenden formalistischen Dichotomien, die aus diesem Vorurteil hervorgehen: 1) die Trennung der kollektiven „langue" von der individuellen „parole"; 2) die Trennung von *Sprache (langue, Sprachsystem)* und Ideologie; 3) die Trennung des syntaktisch-semantischen vom pragmatischen (gesellschaftlichen) Bereich der Sprache; 4) die Trennung der verbalen Kommunikation von nicht-verbalen Kommunikationssystemen; 5) die Trennung von Sprache und „Denken" usw.

Diesen Trennungen, die *als Relevanzbezeichnungen* ein zusammenhängendes semantisches Raster bilden können, fällt eine genau definierbare ideologische Funktion zu: Sie alle konvergieren in der formalistischen Feststellung, dass

Sprache und Gesellschaft einander *beeinflussen* können, einander aber *äußerlich* sind.

Ganz im Sinne der Textsoziologie setzt sich Rossi-Landi für eine kritische Diskursanalyse ein, die weder den syntaktischen noch den semantischen Bereich der Sprache von der Ideologie isoliert: „Völlig mythisch ist der Gegensatz zwischen einer Syntax und einer Semantik, die sich den Einwirkungen der Ideologie angeblich entziehen, oder zumindest dazu neigen, sich ihnen zu entziehen (bekanntlich vor allem die Erstere), und einer Pragmatik, die fast ausschließlich mit solchen Einwirkungen zu tun hat." (Rossi-Landi 1978, S. 168)

Rossi-Landis kritische Bemerkungen sind wichtig, weil sie sich implizit und explizit auf drei theoretische Ansätze innerhalb der Diskursanalyse beziehen: auf Zellig Harris, Eliseo Verón und Algirdas J. Greimas. Sie wenden sich gegen Harris' Versuch (in „Discourse Analysis", Harris 1952), die transphrastische Linguistik auf die syntaktische Dimension einzuengen; sie beziehen sich explizit auf Veróns Versuch (in „Ideology and Social Sciences: A Communicational Approach", Verón 1971), die ideologiekritische Argumentation in den pragmatischen Bereich zu verbannen; sie bestätigen schließlich einige Theoreme von Greimas, der die Beziehung zwischen der semantischen Tiefenstruktur des Diskurses und dessen Aktanten (dessen narrativem Ablauf) als ideologiebildend auffasst.

Es scheint übrigens, als habe Verón seinen „Pragmatismus" revidiert und als treffe Rossi-Landis Kritik auf seinen in *Communications* (Nr. 28) veröffentlichten Artikel („Sémiosis de l'idéologie et du pouvoir") nicht mehr ganz zu. Dort heißt es u. a.: „Begibt man sich auf die Ebene der diskursiven Mechanismen, so steht man mitten in der gesellschaftlichen Welt; die diskursive Sinnerzeugung (und es gibt keine, die nicht diskursiv wäre) ist in jeder Hinsicht gesellschaftlich: man hat es mit *verschiedenen* Diskursen zu tun und nicht mit *dem* Diskurs schlechthin." (Verón 1978, S. 12)

Die hier angeschnittenen Probleme konvergieren alle in einem Punkt: in der Erkenntnis, *dass sprachliche Strukturen gesellschaftlich vermittelt sind*. Diese Erkenntnis war im dritten Kapitel dieses Buches zentral. Sie soll hier im Zusammenhang mit der ideologiekritischen Betrachtung theoretischer (begrifflicher) Diskurse weiter ausgearbeitet und konkretisiert werden.

b) Zur ideologiekritischen Analyse theoretischer Diskurse

Aus dem bisher Gesagten lassen sich für die Diskurskritik folgende zwei Überlegungen festhalten: 1) Wie die Soziologie des fiktionalen Textes muss auch die Soziologie theoretischer Texte *immanent* verfahren, d. h. die gesellschaftlichen Interessen und Ideologeme *innerhalb* einer diskursiven Form (der theoretischen) suchen. Es gibt nicht *den* theoretischen (politischen, moralischen, poetischen) Diskurs schlechthin, sondern verschiedene *Typen* innerhalb dieser besonderen sprachlichen Strukturen, deren semantisch-syntaktische Differenzen ideologisch bedingt sind. *Der* theoretische Diskurs als Idealtypus stellt eine formalistische Abstraktion dar, die dazu angetan ist, gesellschaftliche Widersprüche und Antagonismen zu verbergen. 2) Im Anschluss an die Romane Prousts, Musils und Kafkas, im Anschluss an die Kritische Theorie wird die Diskurskritik am Begriff der *Ambivalenz* als einem Kriterium für Rationalität festhalten: Dieses Kriterium soll verhindern, dass der Diskurs den reflexiven Impuls verdrängt, sich implizit oder explizit mit der „Wirklichkeit" *identifiziert* und dem offenen Dialog mit andersartigen Sprachen aus dem Weg geht.

Reflexivität vs. Naturalismus In den einleitenden Bemerkungen war bereits von der Möglichkeit die Rede, die semantisch-ideologischen Prämissen einer Theorie zu reflektieren und grundsätzlich in Frage zu stellen. Aus der Besprechung formaler Ansätze, vor allem der Morrisschen Typologie, geht klar hervor, dass die wissenschaftliche Klassifizierung kein rein technisches oder formallogisches, sondern auch und vielleicht vor allem ein ideologisches Problem ist. Indem Morris den poetischen vom politischen und den moralischen vom wissenschaftlichen Diskurs unterscheidet, entscheidet er sich nicht nur für eine bestimmte Einteilung des Objektbereichs, sondern auch für ein besonderes Ideologem: das der „Wertfreiheit" (siehe Kap. 2).

Das von ihm konstruierte theoretische Objekt (der „Diskurs") unterscheidet sich grundsätzlich von dem eines Eliseo Verón oder eines Ferruccio Rossi-Landi, weil diese Autoren sich – wiederum aus ideologischen Gründen – für eine andere semantische Einteilung, d. h. für eine andere Relevanz im Sinne von Prieto entscheiden. Ihnen ist es nicht um *den* moralischen oder politischen Diskurs zu tun, sondern um die verschiedenen, miteinander kollidierenden diskursiven Formen, die innerhalb der politischen oder moralischen Rhetorik vorkommen. Diese Formen machen eine Einteilung erforderlich, die Morris wahrscheinlich als „unwissenschaftlich" ablehnen müsste, weil für ihn die wissenschaftliche Rede wertfrei (im Weberschen Sinne) zu sein hat.

(Der Einwand, man solle doch Morris' Ansatz mit einer kritischen Analyse verknüpfen, würde einem widerspruchsvollen und fungiblen Eklektizismus Tür und Tor öffnen: Wenn tatsächlich die kritischen Gegensätze *reflexiv/naturalistisch, monologisch/dialogisch* etc. die grundsätzlichen *strukturellen* Unterschiede im diskursiven Bereich erklären sollen, werden Bezeichnungen wie „politischer Diskurs" oder „poetischer Diskurs" fragwürdig, da sie gerade die Unterschiede tarnen, die es aufzudecken gilt.)

Es ließe sich wahrscheinlich zeigen, dass die semantische Dichotomie *wertfrei/wertend (=wissenschaftlich/unwissenschaftlich)* und die von ihr generierten Isotopien nicht nur die Taxonomie der Morrisschen Semiotik beeinflussen, sondern auch ihre aktantielle Struktur und schließlich ihren syntaktischen Ablauf: die Verkettung ihrer Argumente. Im Gegensatz dazu gehen Rossi-Landi, Verón oder Prieto eher von der Dichotomie *kritisch/unkritisch* (ideologisch) aus und gelangen auf diesem Weg zu ganz anderen Taxonomien und Objektbestimmungen. Dabei werden auf „narrativer" Ebene Aktanten wie „Proletariat" (Prieto), „Kritik" (Rossi-Landi) oder „Produktion" (Verón) gegen Aktanten wie „Bürgertum", „Wertfreiheit" („Naturalismus"), „Macht" und „Ideologie" ins Feld geführt.

2 Diskursanalyse als Ideologiekritik

In diesem Zusammenhang ist es möglich, Reflexivität als diskursive Eigenschaft zu definieren und sie gegen den diskursiven „Naturalismus" abzugrenzen. Der von Althusser und Pêcheux kritisierte naturalistische Diskurs, der implizit oder explizit vorgibt, wertfrei zu sein, betrachtet sein Objekt als gegeben, als *natürlich*. Zugleich sieht er sich selbst als ein Produkt der „natürlichen" Sprache, in der es lediglich zwischen vernünftigen und unvernünftigen Definitionen, zwischen logischen und unlogischen Argumenten zu unterscheiden gilt. Sein Subjekt nimmt sich vor, seinen Gegenstand zu beschreiben und zu erforschen wie der Geologe ein Gestein erforscht. Es geht ihm darum, bei der Beschreibung so genau und so gründlich wie möglich zu verfahren. Dabei übersieht es, dass in den Sozialwissenschaften der Gegenstand (etwa *postindustrielle Gesellschaft* oder *Postmoderne*) nicht gegeben ist, sondern von der theoretischen Rede (vom Subjekt) *konstruiert* wird und dass die Konstruktionsverfahren ideologisch motiviert sind (vgl. „Programmatische Bemerkungen", 5).

Sein „Naturalismus" besteht darin, dass es sich von der Annahme leiten lässt, ein Gegenstand der Sozialwissenschaften sei für alle Forscher der gleiche und die Beschreibungen seien „intersubjektiv" überprüfbar. Diese Annahme ist nur dort möglich, wo die Einwirkung der eigenen ideologischen Prämissen auf die Semantik und den syntaktischen Ablauf (die aktantielle Ebene) nicht reflektiert wird: d. h. wo über die gesellschaftlichen und historischen Voraussetzungen der Theorie nicht nachgedacht wird.

Wo das der Fall ist, kann auch die „intersubjektive Testbarkeit" der Theoreme zum Organon der Kritik werden: Wird der ideologische Faktor als semantisch-syntaktische Größe aus der Theoriebildung ausgeblendet, fällt auch die Ursache der theoretischen Differenzen und Auseinandersetzungen weg: *die kollektiven, gesellschaftlichen Interessen*. Wo sie nicht mehr als Bestandteil des Diskurses wahrgenommen werden, kann sich der Wissenschaftler der Illusion hingeben, dass die Entscheidung, ob ein Theorem „richtig" oder „falsch" sei, ein rein individueller, „intersubjektiver" Vorgang ist, der vom Konsens oder Dissens formallogisch geschulter Kolleginnen und Kollegen bedingt wird.

Indessen geht aus dem bisher Vorgebrachten hervor, dass die individualistische Kategorie der „Intersubjektivität" zu einer schlechten Abstraktion wird, wenn es gilt, die Wissenschaftlichkeit der Morrisschen Typologie zu beurteilen. Theoretiker wie Max Bense (der sich auf Peirce und Morris beruft) und Götz Wienold hätten *prinzipiell* nichts gegen Morris' Klassifizierung einzuwenden. Rossi-Landi, Prieto und Pêcheux hingegen würden sie wahrscheinlich als unwissenschaftlich, als „ideologisch" ablehnen. Es geht hier folglich um ein kollektives Problem: um die Beziehung zwischen der diskursiven Struktur und bestimmten gesellschaftlichen, kollektiven Interessen.

Abschließend ließe sich die Forderung nach Reflexivität, die hier zu den Kriterien gehört, welche über die Rationalität einer theoretischen Rede entscheiden, wie folgt formulieren: Die Ambivalenz der Erscheinungen lässt die Annahme, es gebe eine, eindeutig definierbare „Wirklichkeit", nicht mehr zu. Diese Schranke zwingt den theoretischen Diskurs dazu, von der Hypostasierung des Objekts (der Objekte) abzulassen und über die eigenen semantischen und syntaktischen Verfahren nachzudenken, die die *Objektkonstruktion* bedingen. Dieses Nachdenken über die eigenen sprachlichen Voraussetzungen führt zur *Aufdeckung* der eigenen ideologischen (gesellschaftlichen) Prämissen. Ohne sie ist keine Selbstkritik und folglich auch keine Wissenschaftlichkeit im dialektischen Sinne denkbar.

Die Romane der Jahrhundertwende trugen entscheidend zur Diskurskritik bei, indem sie ihre besonderen narrativen Verfahren thematisierten und problematisierten. Reflexivität ist jedoch nicht das einzige Anliegen, das Prousts, Musils und Kafkas Texte mit einer kritischen (dialektischen) Theorie verbindet. Ebenso wichtig, wenn nicht wichtiger, ist ihre Kritik am narrativen Syntagma: am System.

Paradigma (Parataxis) vs. Syntagma (Hypotaxis) Die Forderung nach Reflexivität macht vor dem syntagmatischen Prinzip nicht halt: Sie geht ganz von selbst in Systemkritik über. Die Erkenntnis der eigenen ideologischen Partikularität und Befangenheit, die auf eine ambivalente und widersprüchliche Wirklichkeit reagiert, lässt die Frage nach der systematischen Darstellbarkeit historischer Objekte aufkommen. Was könnte einen bestimmten Diskurs dazu veranlassen, die Widersprüche zu glätten und sich über die Ambivalenz der Sprache hinwegzusetzen, wenn nicht sein ideologisches Streben nach Kohärenz und Herrschaft? Weshalb „verschweigt" Heidegger die „jakobinischen" (politischen) Elemente in Hölderlins Lyrik, während Adorno in seinen Eichendorff-Interpretationen die Isotopien „Negativität" und „Zukunft" allen anderen vorzieht? Sind Philosophen Gewaltherrscher – wie Musils Erzähler meint – oder fallen sie regelmäßig den Zwängen der theoretischen Rede zum Opfer?

Beides trifft wohl zu. Ein reflexives Denken, das seine eigenen semantischen und ideologischen Prämissen in Frage stellt, wird in den meisten Fällen auch zu der Einsicht gelangen, dass der syntaktische Ablauf, der von den semantischen Vorentscheidungen bedingt wird, eine „Falle" ist: Eine Konstruktion, deren Geschlossenheit über ihren hypothetischen und zum Teil *willkürlichen* Charakter hinwegtäuscht. Das Nachdenken über die Ambivalenz der sozialen Erscheinungen, die die semantische Grundlage (die Grundgegensätze, die Taxonomie) in Frage stellt, lässt die ganze systematische Konstruktion als fragwürdig erscheinen.

Deren Kritik setzt freilich voraus, dass die Diskursanalyse nicht wie bei Zellig Harris vorab auf die Verkettung von Sätzen eingeengt wird. Mit Recht wirft D. Maingueneau Harris eine „occultation du sémantique" (Maingueneau 1976a, S. 76) vor, die dazu führt, daß die Diskursanalyse die sozialen Komponenten der Sprache nicht mehr wahrnimmt. In diesem Zusammenhang, in dem der semantische Bereich ausgeblendet wird, kann Harris schreiben: „[...] Die deskriptive Linguistik hat nicht die Möglichkeit, der gesellschaftlichen Situation Rechnung zu tragen: sie kann lediglich die Okkurrenz eines linguistischen Elements in Bezug auf die Okkurrenz anderer linguistischer Elemente definieren." (Harris 1952, S. 6) Das syntaktische Prinzip wird von Harris noch als „natürlich" akzeptiert; seine ideologische Funktion bleibt unerkannt.

2 Diskursanalyse als Ideologiekritik

Wichtig ist auch Nicolas Ruwets Feststellung, dass Harris nicht über eine Analyse der Oberflächenstruktur hinausgeht und die Tiefenstruktur vernachlässigt: „[...] Vor allem semantische und pragmatische Überlegungen lässt Harris absichtlich aus." Und: „[...] Harris wollte die Prinzipien der Textstrukturierung auf einer Ebene finden, die man vereinfachend als die der Oberflächenstruktur bezeichnen könnte [...]." (Ruwet 1975, S. 310) Gerade die Tiefenstruktur setzt Greimas aber als ideologiebildende Instanz zur Makrosyntax des Diskurses in Beziehung, die er als ein Produkt der semantischen Vorentscheidungen betrachtet.

Nirgendwo erscheint der problematische und zugleich ideologische Charakter der makrosyntaktischen Kausalität deutlicher als in den Romanen Musils, Prousts und Kafkas. Über die sprachlichen Experimente und Erfahrungen dieser Autoren kann sich die Theorie – auch die „rein linguistische" – nicht hinwegsetzen. Sie kann nicht so tun, als seien die vielen miteinander konkurrierenden Systeme, die Philosophie und Soziologie (von Hegel bis Parsons) bisher hervorbrachten, wahr; vielmehr stellt sich nach der Lektüre der *Recherche* und von *Der Mann ohne Eigenschaften* die Frage nach der *Konstruktion* einer jeden systematischen Argumentation.

Diskursive Kritik und Selbstkritik führen letztlich zu der Frage, ob der syntaktische Ablauf als solcher, ob das syntagmatische Prinzip an sich ideologisch ist. In dieser Frage gipfelt die Wahrheitssuche der Kritischen Theorie Adornos, der in einem Kommentar zur *Ästhetischen Theorie* nicht nur die Kausalität der Makrosyntax zu hinterfragen sucht, sondern selbst an der Adäquatheit seiner Modellanalysen in der *Negativen Dialektik* zweifelt. Über die Darstellungsschwierigkeiten in seinem postum erschienenen Buch schreibt er:

> Sie bestehen [...] darin, daß die einem Buch fast unabdingbare Folge des Erst-Nachher sich mit der Sache als so unverträglich erweist, daß deswegen eine Disposition im traditionellen Sinn, wie ich sie bis jetzt noch verfolgt habe (auch in der *Negativen Dialektik* verfolgte), sich als undurchführbar erweist. Das Buch muß gleichsam konzentrisch in gleichgewichtigen, parataktischen Teilen geschrieben werden, die um einen Mittelpunkt angeordnet sind, den sie durch ihre Konstellation ausdrücken. (Adorno 1970, S. 541)

Die Absage an den hierarchisch aufgebauten hypotaktischen Diskurs, der die Widersprüche einebnet und die Objekte zurechtstutzt, um sie beherrschen zu können, geht unmittelbar aus der Erkenntnis der objektiven Ambivalenz im semantisch-ideologischen Bereich hervor. Der theoretische Diskurs kann sich nicht über sie hinwegsetzen und so tun, als wären seine Semantik und sein syntaktisches Gefüge die einzig möglichen, oder als wären sie autark, unabhängig von anderen sprachlichen Konventionen. (Letzteres gilt vor allem für analytische Philosophien, die den von Bachtin und Medvedev beschriebenen dialogischen Aufbau der Sprache vernachlässigen.) Das Streben nach einer parataktischen – eher paradigmatischen als syntagmatischen – Anordnung des Textes drückt bei Adorno den Wunsch aus, sich den Objekten essayistisch zu nähern, statt sie mit dem Diskurs zu *identifizieren*. Denn das identifizierende Denken tut nicht nur dem widerspruchsvollen, ambivalenten Gegenstand Gewalt an; *es schließt auch vorab andere, von ihm abweichende Sprachäußerungen aus.*

Polylog vs. Monolog Die enge Beziehung zwischen semantischer Ambivalenz und der „polyphonen" Struktur des Romans stellt als erster Bachtin in seinem Buch über die Poetik Dostoevskijs her. Dort heißt es zur Karnevalisierung, aus der die Ambivalenz hervorgeht: „Die Karnevalisierung hat die *offene Struktur des großen Dialogs* ermöglicht [...]." (Bachtin 1971, S. 200) Ein Diskurs, der sich über die Ambivalenzen der Marktgesellschaft hinwegsetzt, sie undialektisch negiert, wird immer dazu neigen, die Form einer dualistischen Ideologie anzunehmen. Der kritische Diskurs hingegen wird die wachsende Ambivalenz seiner Objekte berücksichtigen, ohne die Suche nach *der* Wahrheit (der er sich *asymptotisch* nähert) aufzugeben.

Als paradigmatische, offene Struktur, die den syntaktischen Abschluss meidet, wird er versuchen, auf konkurrierende Diskurse einzugehen, indem er (parasitär) bestimmte Erkenntnisse der Konkurrenten aufnimmt, oder (selbstkritisch) eigene falsche Hypothesen und Theoreme abstößt. Dadurch vermeidet er den Identitätszwang, der eine jede monologische Sprachkonstruktion beherrscht. Durch Selbstironie suggeriert er – wie Musils *Der Mann ohne Eigenschaften –*, dass er womöglich selbst teilweise „unwahr" ist: „Ironie ist: einen Klerikalen so darstellen, daß neben ihm auch ein Bolschewik getroffen ist. Einen Trottel so darstellen, daß der Autor plötzlich fühlt: das bin ich ja zum Teil selbst." (GW, 5, S. 1939)

Selbstironisch wäre auch die Erkenntnis eines marxistischen Diskurses, wie sehr er dem klerikalen Dogma gleicht, das er ausmerzen möchte. Kritischer wäre die Kritische Theorie, die imstande wäre, sich resignierend einzugestehen, dass sie – darin den Philosophen der „Eigentlichkeit" gar nicht so unähnlich – einen „Jargon der Emanzipation" hervorgebracht hat, der noch in der Rezeptionsästhetik in einem ganz anderen ideologischen Klima weiterwuchert.

Es kann jedoch nicht darum gehen, alle Sprachäußerungen ungeachtet ihres Wahrheitsgehalts zu relativieren, um schließlich die völlige Gleichgültigkeit (die In-Differenz) des Tauschwertes auf theoretischer Ebene zu reproduzieren. Es geht vielmehr darum, nicht nur der Wahrheit über die „Anderen", sondern auch der über „sich selbst" habhaft zu werden. Nur so können vielleicht zwei einander ergänzende Illusionen getilgt werden: Die Annahme, dass die eigene Ideologiekritik nicht wertet und die Überzeugung, der eigene Diskurs sei mit dem Gegenstand identisch.

Es ist bezeichnend, dass Adornos und Horkheimers *Kritik am Identitätsdenken* (am monologischen Denken, würde Bachtin sagen) zu einem der Leitgedanken der kritischen Semiotik wurde. In dem bereits zitierten Aufsatz schreibt Eliseo Verón: „Der ‚ideologische Effekt' hingegen ist der des absoluten Diskurses: eines Diskurses, der sich selbst in Bezug auf seinen Gegenstand als den einzig möglichen darstellt." (Verón 1978, S. 16) Die wissenschaftliche Rede versucht dagegen, die Beziehung zwischen ihr und dem Gegenstand als *Konstruktion* zu denken, zu

2 Diskursanalyse als Ideologiekritik

reflektieren. Dadurch relativiert sie sich (implizit) und räumt anderen Reden das Recht ein, eine andere Beziehung zum selben Gegenstand herzustellen.

Zugleich verzichtet sie auf den Machtanspruch, der einen jeden theoretischen Diskurs seines Wahrheitsgehalts beraubt und ihn dem Irrationellen überantwortet. Um den Preis der systematischen Kohärenz erhält sie sich die Fähigkeit, neue, widersprüchliche Erkenntnisse aufzunehmen, die andere Diskurse dem politischen, ideologischen oder gar „wissenschaftlichen" Anspruch opfern. Diesen Machtanspruch gilt es in der Diskurskritik aufzudecken: „Dieses Geheimnis lüften und einen Diskurs über den Diskurs der Macht zu sprechen, heißt Kritik", schreibt Louis Marin in *Le récit est un piège*. (Marin 1978, S. 10)

Polysemie vs. Monosemie „Einen Diskurs über den Diskurs der Macht zu sprechen...": ist das Hauptanliegen meines vor Jahren verfassten Aufsatzes über den „Mythos der Monosemie", der u. a. die sprachlichen Mechanismen der marxistisch-leninistischen Ästhetik zum Gegenstand hat. In diesem Aufsatz geht es in erster Linie darum, eine Beziehung zwischen den Machtansprüchen einer totalitären Partei und den semantisch-syntaktischen Verfahren ihrer Rhetorik herzustellen. (Vgl. Zima, in: Schmitt 1975.)

Dabei stellt sich heraus: 1) dass sich der Diskurs des sozialistischen Realismus mit der Gesamtheit seiner Referenten (mit der „Wirklichkeit") identifiziert und 2) dass sein Streben nach Identität mit dem Objekt die Leugnung von dessen Vieldeutigkeit oder Polysemie zur Folge hat. Auf die wachsende semantische Ambivalenz, die aus der Vermittlung durch den Tauschwert hervorgeht und von den ideologischen Auseinandersetzungen der modernen Gesellschaft noch gesteigert wird, reagiert er wie die von Musil kritisierten ideologischen Reden: Er geht von bestimmten starren Dichotomien – wie *Sozialismus/Kapitalismus; reaktionär/fortschrittlich; realistisch/naturalistisch* – aus und weigert sich systematisch, seine ideologischen Prämissen zu reflektieren und in einem kritischen Gespräch in Frage zu stellen.

Über die Weltanschauung der Arbeiterklasse, einen von Parteiideologen konstruierten Soziolekt, heißt es: „Als erste konsequent wissenschaftliche Weltanschauung ist sie die einzige in sich logische, wenn man so will, homogene Weltanschauung [...]. Sie ist somit nicht allein eine Angelegenheit des Verstandes, theoretischer Einsichten, sondern zugleich eine Sache tiefer Überzeugung." (Autorenkollektiv 1974, S. 394) Wo feste Überzeugung oder ängstliches Festhalten an der einmal errungenen Macht Selbstkritik und Selbstironie ausschließen, muss die dialogische Öffnung des Diskurses notgedrungen zum Verrat werden: Die semantische Gliederung der diskursiven Grundlage (die Relevanz) liegt „für immer" fest.

An dieser Stelle drängt sich die Frage auf, ob eine ironische Textverarbeitung im fiktionalen Bereich, wie sie etwa in *Der Mann ohne Eigenschaften* durchgeführt wird, nicht einen größeren Erkenntniswert hat und folglich wissenschaftlicher und rationaler ist als die vielen pseudowissenschaftlichen Reden der Politiker, Wissenschaftler, Literaturwissenschaftler und Philosophen. Die Dichotomie *wissenschaftlich/fiktional,* die von vielen Literaturwissenschaftlern noch als *selbstverständlich* – d. h. natürlich, ideologisch im Sinne von Althusser und Fairclough – hingenommen wird, sollte angezweifelt werden. Mag sein, dass Roland Barthes Recht hat, wenn er schreibt: „Wo die Schrift triumphiert, löst sie die Wissenschaft ab, die außerstande ist, den Gegenstand nachzubilden: nur die Metapher ist genau; und es würde genügen, *Schriftsteller* zu sein, um diese musikalischen Wesen, diese körperlichen Schimären, auf völlig *wissenschaftliche* Art darzustellen." (Barthes 1975, S. 224)

Der Identitätszwang, der den Diskurs des sozialistischen Realismus beherrscht, bringt im ästhetischen Bereich eine „intolerance of ambiguity" (Adorno) hervor, die in dem Versuch gipfelt, literarische Texte als monoseme Strukturen darzustellen. Es soll möglich sein, die vieldeutigen „Bilder" der Fiktion mit eindeutig definierbaren Begriffen zu verknüpfen: „Dieser semantische Gehalt ist der gemeinsame Nenner für das Bild und den Wortbegriff." (Autorenkollektiv 1974, S. 389) Diese Feststellung eines S. L. Rubinstein, der von den Autoren des Bandes *Zur Theorie des sozialistischen Realismus* zitiert wird, ist nur scheinbar ein rein semantischer („wissenschaftlicher") Befund. Als Ideologem hat sie dafür zu sorgen, dass sich literarische Figuren trotz ihrer Vieldeutigkeit dem marxistisch-leninistischen Diskurs einverleiben lassen: Sie sollen eindeutig als „humanistisch-fortschrittlich" oder als „modernistisch-dekadent" eingestuft werden können. Tabuisiert wird die „karnevalistische" Erkenntnis, ein literarisches Werk könne „humanistisch-dekadent" oder „fortschrittlich-reaktionär" sein – wie der sozialistische Realismus selbst.

Hier zeigt sich, dass semantische Probleme keineswegs wertfrei zu beschreiben sind, weil ihre Lösung entscheidend zur Bildung von Ideologemen auf diskursiver Ebene beiträgt. Es ist kein Zufall, dass der sozialistische Realismus einen Begriff wie den der „komplexen Isotopie" (Greimas) ablehnen muss. Denn dieser Begriff bezeichnet den heterogenen Charakter der semantischen Isotopien im fiktionalen Text: Sie können nicht auf ein eindeutiges *Isotopieebenengefüge* (vgl. Kallmeyer, Klein u. a. 1974, Bd. 1, S. 148, 160), d. h. auf eine eindeutige Botschaft reduziert werden. Die Definition des fiktionalen Textes als Zusammenspiel heterogener (oder gar widersprüchlicher) Isotopien muss aus ideologischen Gründen von der marxistisch-leninistischen Ästhetik abgelehnt werden.

Die starren Dichotomien, die ihre semantische Grundlage bilden, führen auf aktantieller (makrosyntaktischer) Ebene dazu, dass der Diskurs nach einem dualistischen Schema abläuft, in dem der Held über den Anti-Helden, der Helfer über den Widersacher triumphieren und den negativ konnotierten Aktanten im Auftrag des Auftraggebers (des *Destinateur*) das Objekt (die Wahrheit) entreißen. Es mag noch so viele offene Fragen geben: Das Subjekt (der „Held") der Erzählung, die sozialistische Ästhetik, wird mit Unterstützung des Helfers (der marxistisch-leninistischen Philosophie) ihren Auftrag erfüllen: „Im einzelnen gibt es hier für die Wissenschaft noch viele offene Fragen. Doch wir sind überzeugt, daß die marxistisch-leninistische Philosophie der Ästhetik das entscheidende Rüstzeug in die Hand gibt, sie Schritt für Schritt immer besser und richtiger zu beantworten." (Autorenkollektiv 1974, S. 376) Es handelt sich hier um eine Scheinöffnung, deren rhetorische Funktion angesichts der dualistischen narrativen Schemata *(Subjekt/Antisubjekt; Helfer/Widersacher)* deutlich zutage tritt.

3 Adornos Kritische Theorie als Anti-Diskurs?

Es wäre nun leicht, ein Eigentor zu schießen und die diskursive Besonderheit der Kritischen Theorie, deren gesellschaftliches Engagement hier akzeptiert wird, als Alternative zum falschen Denken darzustellen. Es kann jedoch nicht darum gehen, Adorno in der Diskurskritik den Ehrenplatz zu reservieren, den Lukács in seiner Realismus-Theorie Thomas Mann zuwies. Vielmehr kommt es darauf an, die Entstehung der diskursiven Probleme der Kritischen Theorie in einem textsoziologischen Rahmen zu skizzieren und zu zeigen, welche gesellschaftlichen Werte den Essayismus Adornos, das Denken in Modellen und die parataktische Anordnung der *Ästhetischen Theorie* motivieren. Mit der Frage, wie einige Erkenntnisse und gesellschaftliche Anliegen der Kritischen Theorie (u. a. die Kritik des Herrschaftsprinzips) in der Diskursanalyse berücksichtigt werden könnten, habe ich mich indirekt im vorigen Abschnitt befasst.

a) Liberalismus und Kritische Theorie

Die Beziehung zwischen Ambivalenz und individueller Freiheit braucht nach dem bisher Vorgebrachten nicht nachgewiesen zu werden: Wo die innere Widersprüchlichkeit der Objekte vom Diskurs eingeräumt wird, erkennt das Subjekt, das sich im Diskurs konstituiert, seine eigene Partikularität. Zugleich anerkennt es auch die Partikularität und Daseinsberechtigung der andersgearteten Rede. Um diese ideologiekritische Erkenntnis, die auch politische Anerkennung ist, ist es einem kritischen Denken zu tun, das sich dem Liberalismus verbunden weiß und gleichzeitig mit der liberalen, individualistischen Ideologie hart ins Gericht geht.

Das liberale Wertsystem ist als solches ambivalent. Sein Rationalismus enthält in nuce sein Gegenteil, denn das aufklärerische Prinzip ist nicht vom Mythos zu trennen: „Aber im liberalistischen Rationalismus sind schon jene Tendenzen präformiert, die dann später, mit der Wendung vom industriellen zum monopolistischen Kapitalismus, irrationalistischen Charakter annehmen." (Marcuse 1965, Bd. 1, S. 27) In der Gestalt des „tycoon" ist die der autoritären Persönlichkeit der vorfaschistischen und faschistischen Ära vorgezeichnet.

Das Scheitern des Liberalismus und seiner individualistischen Ideologie wird bei Adorno, Horkheimer und Marcuse zum Ausgangspunkt einer radikalen Kritik an den liberalen Begriffen des „Individuums", des „Subjekts", der „Toleranz" und der „Aufklärung". Es ist jedoch eine Kritik, die ihr eigenes Paradoxon, ihre eigene Ambivalenz thematisiert und reflektiert: Begriffe wie Aufklärung, Subjekt und Individuum werden nicht schlicht negiert, sondern sollen aus ihrer ideologischen (liberalistischen, kapitalistischen) Verstrickung herausgelöst werden. Die Autoren der Kritischen Theorie distanzieren sich vom zerfallenen Liberalismus, um seine Grundwerte in einem neuen Kontext zu retten. Mit Robert Musil könnten sie sagen: „Der Individualismus geht zu Ende. Ulrich liegt nichts daran. Aber das Richtige wäre hinüberzuretten." (Musil 1952, S. 1578)

Das „Richtige" ist die Partikularität des Individuums, des Kunstwerks, des Textes, die keiner erzwungenen Universalität geopfert werden soll:

> Gegenüber den kollektiven Mächten, die in der gegenwärtigen Welt den Weltgeist uspurieren, kann das Allgemeine und Vernünftige beim isolierten Einzelnen besser überwintern, als bei den stärkeren Bataillonen, welche die Allgemeinheit der Vernunft gehorsam preisgegeben haben. Der Satz, daß tausend Augen mehr sehen als zwei, ist Lüge und der genaue Ausdruck jener Fetischisierung von Kollektivität und Organisation, die zu durchbrechen die oberste Verpflichtung von gesellschaftlicher Erkenntnis heute bildet. (Adorno 1971, S. 84–85)

Die Suche nach der „Wahrheit" im Partikularen wird von der Einsicht in die verschleierte Partikularität herrschender Ideologien gespeist, die so tun, als seien sie mit einer eindeutig bestimmbaren „Wirklichkeit" identisch.

In der Kritischen Theorie wird der liberale Gedanke weiterentwickelt, dem zufolge Kritik und Wahrheit nur abseits von Machtansprüchen (abseits von einer falsch verstandenen Praxis) überleben können. In diesem Punkt trifft sich die Kritische Theorie mit dem Kritischen Rationalismus und mit verschiedenen analytischen Philosophien, denen die Forderung nach einer Einheit von Theorie und Praxis schon immer ein Dorn im Auge war. Sie trennt sich von ihnen, sobald sie vorgeben, „wertfrei" über ihre Objekte sprechen zu können, ohne die eigenen ideologischen Prämissen, die die diskursiven Verfahren steuern, zu reflektieren.

b) Partikularität und Essay

Robert Musils und Theodor W. Adornos Vorstellungen vom Essay berühren sich in vielen Punkten. Im Gegensatz zum systematischen theoretischen Diskurs, etwa der Naturwissenschaften, fasst der Essay die von ihm gesuchte Wahrheit als eine mögliche, besondere Wahrheit auf. Er erhebt nicht den Anspruch, allgemein verbindliche Erkenntnisse zu vermitteln. Musil schreibt über ihn:

> Er gibt keine Figuren, sondern eine Gedankenverknüpfung also eine logische u. geht von Tatsachen aus, wie die Naturwissenschaft, die er in Beziehung setzt. Nur sind diese Tatsachen nicht allgemein beobachtbar und auch ihre Verknüpfung ist in vielen Fällen nur eine singuläre. Er gibt keine Totallösung, sondern nur eine Reihe von partikularen. Aber er sagt aus und untersucht. – Maet. [Maeterlinck] hat einmal gesagt: er gibt statt einer Wahrheit drei gute Wahrscheinlichkeiten. (GW 8, S. 1335)

Die Wechselbeziehung zwischen der Erkenntnis der ambivalenten Wirklichkeit und dem Nachdenken über die eigene Partikularität macht die Dynamik der essayistischen Schreibweise aus. Sie visiert nicht *die* Wahrheit, die absolute Idee an, sondern versucht, sich dem Gegenstand zu nähern, indem sie wahrscheinliche von unwahrscheinlichen Hypothesen trennt: Dadurch entgeht sie einem flachen Relativismus, der nicht mehr zwischen Aberglauben und Tatsachen zu unterscheiden vermag. Sie geht aus der Krise des Systems hervor, das sich nach Hegels

Maxime „Das Wahre ist das Ganze" entfaltete und an dessen Ende die absolute Erkenntnis stand.

Vor allem bei Adorno erscheint der Essayismus als eine Antwort auf die Krise des Systems und des Totalitätsbegriffs. Wie Musil geht Adorno davon aus, dass der Essay dem Besonderen (dem „Individuellen") und dessen Ambivalenzen eher Rechnung trägt als das sich absolut setzende System. (Vgl. Zima 2012, S. 154–161.) Der Essay soll den Diskurs vom Identitätszwang befreien: „Seine Totalität, die Einheit einer in sich auskonstruierten Form, ist die des nicht Totalen, eine, die auch als Form nicht die These der Identität von Gedanken und Sache behauptet, die sie inhaltlich verwirft." (Adorno 1958, S. 37)

Festzuhalten ist hier der textsoziologische Gedanke par excellence, dass nicht irgendein „Inhalt" (ein Denotatum) über den Identitätszwang entscheidet, sondern die diskursive Anordnung selbst. Um sie ist es einer ideologiekritischen Diskursanalyse zu tun, die zum ersten Mal von Horkheimer und Adorno in der *Dialektik der Aufklärung* entworfen wurde. Die Anwendung der formalen Logik und die Forderung nach Mathematisierbarkeit erscheinen als Ideologeme: „Die formale Logik war die große Schule der Vereinheitlichung […]. Die bürgerliche Gesellschaft ist beherrscht vom Äquivalent. Sie macht Ungleichnamiges komparabel, indem sie es auf abstrakte Größen reduziert." (Adorno und Horkheimer 1947, S. 17–18)

Im Gegensatz zum klassifizierenden, nach Mathematisierbarkeit strebenden Diskurs des Rationalismus (der analytischen Philosophien) verzichtet der Essay auf den Herrschaftsanspruch und nähert sich seinem Gegenstand mimetisch. Sein mimetischer Impuls nähert ihn dem fiktionalen Text (dem Kunstwerk) an. Adornos Schreibweise verfährt insgesamt nach der Maxime: „Ratio ohne Mimesis negiert sich selbst." (Adorno 1970, S. 489) Dadurch distanziert sie sich vom kausallogischen Ablauf sowie von der Makrosyntax herkömmlicher Theorien und stellt einen Versuch dar, durch Annäherung an die Fiktion ein neues Theoretisieren und eine neue Rationalität zu begründen.

c) Essay, Modell, Parataxis: Das Paradox einer nichttheoretischen Theorie

Die Trennung von Theorie und Herrschaftsprinzip ist wahrscheinlich nur möglich, wo die makrosyntaktische Struktur des Diskurses in Frage gestellt wird. An ihre Stelle soll eine parataktische und paradigmatische treten, die dem Gegenstand und seiner Partikularität gerecht wird. Der makrosyntaktische Ablauf des Diskurses, so wie ihn Greimas beschreibt, wird von semantischen Dichotomien (in der Tiefenstruktur) gesteuert, die auf Aktantenebene eine Auseinandersetzung zwischen Subjekten und Antisubjekten, Helfern und Widersachern, Auftraggebern und Gegenauftraggebern *(anti-destinateurs)* zeitigen.

Dieses narrative Schema, das zwangsläufig mit dem Sieg eines Helden über einen Anti-Helden endet und *in ein positives Prinzip mündet,* will die Kritische Theorie durchbrechen. Nach Wahrscheinlichkeiten spähend, will sie hypothetisch

Beziehungen hersteilen, ohne den kausalen Ablauf und den hierarchischen Aufbau des Systems in Kauf zu nehmen. Das von Greimas beschriebene, aber nicht kritisierte makrosyntaktische Prinzip erscheint in diesem Lichte selbst als Ideologem. (Vgl. Greimas 1976b, S. 38.)

Im Gegensatz dazu zeigt die Verknüpfung verschiedener Essays, wie ein parataktischer und paradigmatischer (nicht-syntagmatischer) Diskurs aussehen könnte: „Er [der Essay] korrigiert das Zufällige und Vereinzelte seiner Einsichten, indem sie, sei es in seinem eigenen Fortgang, sei es im mosaikhaften Verhältnis zu anderen Essays, sich vervielfachen, bestätigen, einschränken; nicht durch Abstraktion auf die aus ihnen abgezogenen Merkmaleinheiten." (Adorno 1958, S. 36)

Das mosaikhafte Verhältnis des Essays zu seinem Objekt antizipiert die parataktische Anordnung der *Ästhetischen Theorie,* deren paradigmatischer, assoziativer Aufbau die kausalen Verkettungen der theoretischen Makrosyntax ablösen soll. Wie sehr Parataxis als Überwindung des hierarchischen Prinzips dem assoziativen, paradigmatischen Impuls folgt, zeigt eine Bemerkung Adornos in seinem Aufsatz über die späte Lyrik Hölderlins. Dort ist von der „rondohaft assoziativen Verbindung der Sätze" (Adorno 1965, S. 186) die Rede. Sie ermöglichen ein „reihendes Verfahren", das sich den Zwängen des kausalen, syntagmatischen Prinzips entzieht: „Musikhaft ist die Verwandlung der Sprache in eine Reihung, deren Elemente anders sich verknüpfen als im Urteil." (Adorno 1965, S. 185)

Die parataktische und zugleich paradigmatische Anordnung der *Ästhetischen Theorie* kann zugleich als Selbstkritik (als Reflexivität) des Adornoschen Diskurses aufgefasst werden: Das „Denken in Modellen", das dem Autor der *Negativen Dialektik* noch als eine mögliche Lösung der diskursiven Problematik vorschwebte, in der die Rettung des Besonderen (des Individuellen) zentral ist (vgl. Adorno 1966, S. 37), bleibt zu sehr dem kausalen Ablauf des „Erst-Nachher" verhaftet (s. o.), um als Alternative zum hierarchischen Diskurs in Frage zu kommen.

Das Objekt ist in seiner Besonderheit nur darstellbar, wenn das Subjekt mit seiner diskursiven Syntax so weit wie möglich zurücktritt, auf die Durchsetzung seiner Subjektivität verzichtet. Doch dieses Zurücktreten der Subjektivität begleitet die Auflösung nicht nur der diskursiven Makrosyntax, sondern des Diskurses schlechthin. Die Aporie Adornos besteht darin, dass er, des Herrschaftsprinzips in der Sprache eingedenk, einen Diskurs sprechen möchte, der keiner mehr ist.

Mit Recht schreiben die Herausgeber der *Ästhetischen Theorie:* „Eine Theorie jedoch, die am individuum ineffabile sich entzündet, am Unwiederholbaren, Nichtbegrifflichen wiedergutmachen möchte, was identifizierendes Denken ihm zufügte, gerät notwendig in Konflikt mit der Abstraktheit, zu der sie als Theorie doch genötigt ist." (In: Adorno 1970, S. 541–542.)

Ergänzend ließe sich von den Romanen der Jahrhundertwende sagen, ihre Aporie sei in den Versuchen ihrer Autoren zu suchen, die von der Ambivalenz zerrüttete narrative Syntax einer radikalen Kritik zu unterziehen und ein neues,

„reihendes" Verfahren zu finden. Der neue Roman sollte aus einem Verzicht auf den Roman, auf das „Erzählen" hervorgehen; das ist sein Paradox. Sowohl im theoretischen als auch im fiktionalen Bereich ging es letztlich darum, die Ambivalenz des Marktes gegen die identifizierenden Zwänge der ideologischen Sprache ins Feld zu führen und dem „individuum ineffabile" in einer offenen paradigmatischen Schreibweise eine letzte Freiheit zu erkämpfen.

4 Dialogizität als Alternative

Vier Jahrzehnte sind vergangen, seit die erste Auflage der *Textsoziologie* erschienen ist. In dieser Zeit hat der Autor die Möglichkeit einer Dialogischen Theorie ins Auge gefasst, die im Laufe der Jahre in *Was ist Theorie?* (2004, 2017) und *Soziologische Theoriebildung* (2020) eine konkrete Gestalt angenommen hat. Sie wurde als Alternative sowohl zu Adornos essayistischer Parataxis als auch zu Jürgen Habermas' Theorie des kommunikativen Handelns konzipiert. Sie soll hier nur in großen Zügen skizziert werden, weil detaillierte Darstellungen in den beiden weiter oben genannten Bänden bereits vorliegen und den Rahmen dieses Epilogs sprengen würden.

Einer der Ausgangspunkte der Dialogischen Theorie ist Habermas' Kritik an der Kritischen Theorie Adornos und Horkheimers in *Der philosophische Diskurs der Moderne*. Habermas' Kernargument lautet, dass die Autoren der *Dialektik der Aufklärung* die modernen Wissenschaften allzu pauschal mit der „instrumentellen Vernunft" als Naturbeherrschung assoziieren und ihr kritisches oder emanzipatorisches Potenzial nicht wahrnehmen:

> Die *Dialektik der Aufklärung* wird dem vernünftigen Gehalt der kulturellen Moderne, die in den bürgerlichen Idealen festgehalten (und mit ihnen auch instrumentalisiert) worden ist, nicht gerecht. Ich meine die theoretische Eigendynamik, die die Wissenschaften, auch die Selbstreflexion der Wissenschaften, über die Erzeugung technisch verwertbaren Wissens immer wieder *hinaustreibt* [...]. (Habermas 1985, S. 137–138)

Wer eine Textsoziologie als Synthese von Semiotik und Soziologie im Rahmen einer kritischen Theorie der Gesellschaft entwirft, wird sich für Habermas' Argumente nicht unempfänglich zeigen. In diesem Buch sollte deutlich geworden sein, dass eine kritische Semiotik im Sinne von Greimas, Prieto oder Rossi-Landi durchaus einer Soziologie anschließbar ist, die sich nicht bei der Hervorbringung technisch oder wirtschaftlich verwertbaren Wissens bescheidet. Sie nimmt die von Habermas erwähnte „Selbstreflexion" durchaus ernst, indem sie über den Diskurs als semantisch-syntaktische und narrative Konstruktion nachdenkt und dadurch einen wesentlichen Beitrag zur Ideologiekritik leistet.

Geht man von Habermas' Kritik an der älteren Kritischen Theorie aus, so mag es nur konsequent scheinen, sich seine Theorie des kommunikativen Handelns zu eigen zu machen. In dieser Theorie geht es primär um rationale Verständigung, die als Richtlinie eine ideale oder idealisierte Sprechsituation voraussetzt, in der sich auf der Grundlage von John L. Austins und John R. Searles Sprechakttheorie das „bessere Argument" schließlich durchsetzt und einem Konsens den Weg ebnet.

Habermas' Hauptproblem besteht darin, dass er in einer sozial und sprachlich fragmentierten Welt dort Gemeinsamkeit und Homogenität voraussetzt, wo Heterogenität herrscht. Charakteristisch für sein Denken ist die folgende Textpassage, die die Voraussetzungen für gelungene Verständigung skizziert: „Man muß dieselbe Sprache sprechen und gleichsam in die von einer Sprachgemeinschaft intersubjektiv geteilte Lebenswelt eintreten, um aus der eigentümlichen Reflexivität der natürlichen Sprache Vorteil zu ziehen […]." (Habermas 1992, S. 65)

In diesen Kontext, der Verständigung und letztlich Konsens ermöglichen soll, ist Habermas' Theorie des kommunikativen Handelns eingebettet. In diesem Kontext ist auch sein *Diskursbegriff* zu verstehen, der nicht Diskurs als Rede oder semantisch-narrative Struktur meint, sondern *Diskurs als klärendes Gespräch auffasst,* in das Kommunikationsteilnehmer eintreten können, um die Geltungsansprüche von problematischen, umstrittenen Argumenten zu erörtern. Habermas spricht in diesem Zusammenhang von einer „Form der Argumentation, in der kontroverse Wahrheitsansprüche zum Thema gemacht werden". (Habermas 1981, Bd. 1, S. 39) So soll Verständigung durch Kommunikation zweiter Ordnung oder Metakommunikation erreicht werden.

Es ist aber nicht einzusehen, warum auf der Metaebene ein Konsens erzielt werden sollte, der auf der Ebene der primären Kommunikation nicht zu erreichen war. Denn die „kontroversen Wahrheitsansprüche", von denen bei Habermas die Rede ist, werden nicht verschwinden, nur weil „Geltungsansprüche" von Argumenten erörtert werden. Nach dem Grund muss man nicht lange fahnden: In dem klärenden Gespräch, das Habermas als „Diskurs" bezeichnet, stoßen wieder Sprachen und Subjektivitäten aufeinander, die unvereinbare Beobachtungen, Erfahrungen und Interessen artikulieren. In dieser Situation, kommentiert Wolfgang Schluchter, „treten freilich dieselben Schwierigkeiten wie bei der Kommunikation erster Ordnung auf. Es droht ein infiniter Regress". (Schluchter 2015, S. 481)

Dieser hängt wohl damit zusammen, dass Habermas mit „Diskurs" ein Gespräch meint, in dem in den meisten Fällen *zwei oder mehrere Diskurse im semiotischen Sinn* – als Reden oder semantisch-narrative Strukturen – zusammenkommen. Zumeist sind diese Reden *semantisch heterogen,* weil sie Wörter und Begriffe mit verschiedenen Bedeutungen versehen. Man braucht nur an das allzu bekannte Gespräch zwischen einem Bauern und einem Touristen zu denken: Tourist: „Herrliches Wetter! Hoffentlich hält es noch!" Bauer: „Wir täten dringend Regen brauchen. Unsere Felder sind ganz vertrocknet!" In den beiden Diskursen haben die *Sememe* „Wetter" und „Regen" zwei grundverschiedene Bedeutungen, und der Tourist wird den Bauern nie davon überzeugen können, dass vertrocknete Felder „herrlich" sind und Regen ein Albtraum ist.

Weniger banal ist das Gespräch zwischen einem Vertreter des Kritischen Rationalismus wie Popper, der behauptet, „wissenschaftliche Theorien müssen falsifizierbar (widerlegbar) sein", und einem Vertreter der Kritischen Theorie wie

4 Dialogizität als Alternative

Habermas, der für diese Art von „Szientismus", der sich an den Naturwissenschaften orientiert, kein Verständnis aufzubringen vermag.

Jean-Claude Passeron, ein Weggefährte Pierre Bourdieus, der ein ganzes Buch zu diesem Problem verfasst hat, in dem er nachzuweisen versucht, dass Poppers Widerlegbarkeitspostulat in der Soziologie nicht gilt (vgl. Passeron 1991), würde die Argumente der kritischen Rationalisten auch nicht nachvollziehen: selbst nicht in einem klärenden Gespräch, das Geltungsansprüche von Argumenten untersucht. Es droht tatsächlich ein „infiniter Regress", wie Schluchter bemerkt, *weil in jedem Soziolekt ein anderes Argument für überzeugend gehalten wird.*

Innerhalb eines Soziolekts, etwa dem des Kritischen Rationalismus, ist durchaus ein intersubjektiver Konsens über die Rolle der Falsifizierbarkeit oder Widerlegbarkeit von Theorien zu erzielen – auch ohne klärendes Gespräch. Zwischen Soziolekten ist das viel schwieriger. Habermas geht diesem Problem aus dem Weg, indem er eine „gemeinsame Lebenswelt" postuliert, die ihm als Grundlage der Verständigung, der „idealen Sprechsituation" dient. Antje Linkenbach übertreibt kaum, wenn sie zu Habermas' Konzept der „idealen Lebenswelt", die Grundlage der „idealen Sprechsituation" oder Verständigung sein soll, bemerkt: „Das Konzept der Lebenswelt scheint für Habermas seine Stütze am ehesten in den archaischen Gesellschaften zu finden [...]." (Linkenbach 1986, S. 268)

Von diesen Gesellschaften haben wir uns aber im Laufe der Jahrhunderte weit entfernt und leben in stark fragmentierten, pluralisierten Gesellschaften, in denen jede politische, religiöse oder wissenschaftliche Gruppe ihre besondere Wahrheit verkündet (vor allem in der Soziologie ist das der Fall). Es erscheint daher sinnvoll, Habermas' idealistisches Streben nach Homogenität und Konsens umzukehren und *Erkenntnis im partiellen Dissens zwischen Soziolekten und ihren Diskursen zu suchen.* Eine *Wechselbeziehung von Konsens und Dissens* scheint weitaus fruchtbarer zu sein als ein zwanghaftes Streben nach Konsens, das die Alterität der Diskussionsteilnehmer nicht wahrnimmt oder gar unterdrückt. In diesem Sinne kommentiert Luhmann Habermas' Kommunikationstheorie: „Aber Kommunikation findet ja überhaupt nur da und deswegen statt, weil und wenn es Differenzen gibt. Bei völlig gleichen Interessenlagen erübrigt sich Kommunikation." (Luhmann 2008, S. 97)

Die Dialogische Theorie, die aus der Textsoziologie hervorgeht und ihre Terminologie verwendet, macht aus der Not der fragmentierten Gesellschaft eine Tugend und versucht, den Erkenntnisprozess durch eine *systematische Zusammenführung heterogener theoretischer (wissenschaftlicher) Soziolekte* zu fördern. Dabei fällt der *Alterität* als sprachlicher Andersartigkeit eine wesentliche Rolle zu. Die Dialogizität als Öffnung zum Anderen und als Selbsterkenntnis zugleich soll der Wahrheitsfindung dienen. Es geht um das „Verhältnis zum Anderen" und um den reflexiven Versuch, „sich selbst als einen Anderen vorzustellen". (Bachtin 1977, S. 156) Tzvetan Todorov erklärt: „Bachtin geht vom Einfachsten aus: Wir können uns niemals in unserer Gesamtheit wahrnehmen; zur Selbstwahrnehmung brauchen wir [...] den Anderen." (Todorov 1979, S. 503)

Auf diesen Hintergrund projiziert, erscheint Adornos Werk in einem anderen, dialogischen Licht, und der folgende Satz aus der *Negativen Dialektik* zeigt, dass

Adorno nicht nur als Denker der Mimesis und der Parataxis, sondern auch – mit Bachtin – als Theoretiker des Dialogs und einer zum Dialog drängenden, offenen Dialektik gelesen werden kann: „Denken braucht nicht an seiner eigenen Gesetzlichkeit sich genug sein zu lassen; es vermag gegen sich selbst zu denken, ohne sich preiszugeben; wäre eine Definition von Dialektik möglich, so wäre das als eine solche vorzuschlagen." (Adorno 1966, S. 142) Diese dialogische Einladung zum „Gegen-sich-selbst-Denken" verträgt sich durchaus mit Adornos Essayismus und seiner Parataxis, deren Öffnung zum Anderen und zur Andersartigkeit des Objekts überall in seinem Werk zu beobachten ist.

Im Grunde setzt jedes Gespräch, soll es fruchtbar sein und nicht ein Zusammenprall zweier Monologe, die Fähigkeit, „gegen sich selbst zu denken, ohne sich preiszugeben", voraus. Selbst dort, wo Gesprächspartner monologisch auf ihren Thesen beharren, bahnt sich Erkenntnis einen Weg aus dem scheinbar ausweglosen Gegeneinander. Die scheinbar sterile Auseinandersetzung zwischen russischen Formalisten und Marxisten in den 1920er Jahren, in deren Verlauf die Formalisten die Form und ihren Wandel durch Innovation als treibende Kräfte der literarischen Entwicklung betonten, während die Marxisten den sozialen Prozess und seine Ideologien für alle Veränderungen verantwortlich machten, zeitigte eine neue Erkenntnis: nämlich den Gedanken, *dass die Form selbst gesellschaftlich ist* und dass Literatur über die Sprache auf die Gesellschaft bezogen werden sollte. Aus dieser Erkenntnis ist die Textsoziologie als Soziosemiotik hervorgegangen.

Die Dialogische Theorie hält Ausschau nach solchen Erkenntnissen, indem sie auf Metaebene einander widersprechende Theorien zusammenführt, um in Vergleichen, Geistergesprächen und real stattfindenden Diskussionen das Gegen-sich-selbst-Denken so weit zu treiben, bis es neue Erkenntnisse zeitigt. Zu ihren Modellen gehört auch der Dialog zwischen Luhmann und Bourdieu, der schließlich ein Ineinander von sozialer Differenzierung und Machtausübung erkennen lässt. Während Luhmann zeigt, wie soziale Differenzierung autonome soziale Systeme – von der Wirtschaft und der Politik bis zur Kunst – entstehen lässt, weist Bourdieu immer wieder darauf hin, dass die Systemautonomie in vielen Fällen durch Machtausübung in Frage gestellt wird, weil etwa Journalisten von ihrem „Feld" aus versuchen, in die Wissenschaft und hier vor allem in die Soziologie hineinzuregieren: „Ein sehr autonomes Feld ist das der Mathematik [...]. (Mein Traum ist, daß es in der Soziologie auch so zuginge; leider mischt sich da jeder ein [...])." (Bourdieu 1998, S. 88)

Während Luhmann Differenzierung als Entstehung autonomer, „autopoietischer" (sich selbst reproduzierender) Systeme auffasst, unterscheidet Bourdieu *Autonomiegrade* und stellt dadurch Luhmanns radikale Autonomieauffassung in Frage. Im Anschluss daran kann gezeigt werden, wie der Machtfaktor zugleich mit der Differenzierung Systeme hervorbringt: Bewegungen, Parteien, Seilschaften, Mafien. Liest man Luhmann mit Bourdieu, kann man zeigen, wie das Ineinander von Differenzierung und Machtausübung Systeme hervorbringt – und man versteht den Gesellschaftsprozess besser. Freilich ist es auch notwendig, die Perspektive umzukehren und Bourdieu mit Luhmann zu fragen, ob er durch seine Darstellung der vielen machtvermittelten *Interferenzen zwischen den Feldern* nicht sein Konzept der Feldautonomie auflöst.

Die Dialogische Theorie ist bemüht, durch die Zusammenführung heterogener Positionen oder Soziolekte Sprache, Literatur und Gesellschaft umfassender und konkreter zu verstehen. Nicht eine totale, aufs Ganze gehende Theorie, die nie total genug ist und stets konkurrierende Ansätze auf den Plan ruft, schwebt ihr vor, sondern *Erkenntnis durch Dialogizität.* Solche Erkenntnis ist stets provisorisch und für neue Erkenntnisse offen. Sie ist vom Bewusstsein durchdrungen, dass alle Erkenntnis Konstruktion ist und durch neue, bessere Konstruktionen ersetzt werden kann.

Dieser Korrekturprozess wird nicht von Poppers Falsifizierung oder Widerlegung (von Theorien oder Theorieteilen) angetrieben, sondern von Otto Neuraths *Erschütterung.* In seiner Rezension von Karl R. Poppers Buch *Logik der Forschung* (1934, Rez. 1935) schreibt Neurath: „Wo Popper an die Stelle der ‚Verifikation' die Bewährung einer Theorie treten läßt, lassen wir an die Stelle der ‚Falsifizierung' die ‚Erschütterung' einer Theorie treten [...]." (Neurath 1935, 1981, Bd. II, S. 638) Diese Erschütterung erfolgt in dem hier skizzierten Dialog der Theorien, in dem jede Theorie ihre Stärken, Schwächen und blinden Flecken erkennen lässt. Es geht demnach nicht nur um Kritik und Selbstkritik der Theorien, sondern auch um ihr besseres Verständnis und um ihre Korrektur, ihre Verbesserung.

Unvereinbar ist diese Theorieauffassung mit dem ideologischen Monolog. Die Ideologie ist zwar – wie die Theorie – ein *Wertsystem,* das die sprachliche Form eines liberalen, konservativen, feministischen, anarchistischen oder marxistischen Soziolekts (einer Gruppensprache) annehmen kann. Als solche ist sie weder wahr noch falsch, sondern in einem besonderen gesellschaftlichen Umfeld verankert. Aus jedem *Soziolekt* kann jedoch ein ideologischer Diskurs im kritischen, restriktiven Sinne hervorgehen: *ein dualistisch strukturierter Monolog, der sich mit der Wirklichkeit identifiziert und sich daher für „natürlich" im Sinne von Althusser und Fairclough hält.*

Die folgende Definition der Ideologie stammt aus dem Buch *Soziologische Theoriebildung* (Zima 2020, S. 66):

> Die Ideologie ist ein Diskurs, dessen Aussagesubjekt Ambivalenzen und Vieldeutigkeiten in der Wirklichkeit im Rahmen von dualistischen Aktantenmodellen *(Gut/Böse, Held/ Antiheld)* tilgt, sich unreflektiert mit der Wirklichkeit identifiziert und dadurch einen Monolog hervorbringt, der ein dialogisches Verhältnis zu andersartigen Diskursen und zur Alterität allgemein unmöglich macht.

Es drängt sich die Frage auf, ob bestimmte Wertsysteme als Soziolekte diesen dualistischen Monolog, der sich mit der Wirklichkeit identisch wähnt, begünstigen. Diese Frage muss bejaht werden, denn es ist kaum vorstellbar, dass in den Sprachen des Fundamentalismus, des Faschismus, des Nationalsozialismus oder des Stalinismus, die *als Wertsysteme* Offenheit und Alterität *vorab negieren,* jenseits der Ideologie im restriktiven Sinne theoretische Diskurse entstehen könnten.

In diesem Zusammenhang wird Theorie als kritische Theorie der Gesellschaft wie folgt definiert (*Soziologische Theoriebildung,* 2020, S. 67):

> Die Theorie ist ein von ideologischen Interessen geleiteter Diskurs, dessen Aussagesubjekt über seine Relevanzkriterien, seine semantisch-narrativen Verfahren und seine Aktantenmodelle im soziolinguistischen Entstehungszusammenhang nachdenkt und sie als partikulare, kontingente Konstruktionen einer ambivalenten und vieldeutigen Wirklichkeit auffasst, deren empirisch fundierte Erkenntnis den Dialog mit anderen Theorien voraussetzt.

Die Ursprünge dieser Definitionen von „Ideologie" und „Theorie" in Bachtins und Adornos Denken sind nicht zu übersehen. Während die Kritik des Dualismus Bachtin, der Kritischen Theorie und dem Kritischen Rationalismus gemeinsam ist, geht die Kritik des Monologs auf Bachtin und das Plädoyer für Dialog auf Bachtin und Adorno zurück. Der Konstruktivismus ist semiotischen Ursprungs (Prieto), ist aber auch aus Adornos und Horkheimers Kritik am hegelianischen „Identitätsdenken" ableitbar: Das Nachdenken über den *Konstruktcharakter* der eigenen Theorie schließt eine Identifizierung des Diskurses mit der Wirklichkeit aus – und zusammen mit ihr den Monolog.

Die Frage, ob die Zusammenführung von Semiotik, negativer Dialektik und Bachtins Dialogizität nicht eine Gewalttour sei, kann mit gutem Gewissen verneint werden. Die dialogischen Elemente in Adornos Philosophie ergänzen seinen Essayismus und sind kaum zu übersehen. Der semiotische Konstruktivismus, der die Wirklichkeit als gesellschaftliche und sprachliche Konstruktion erscheinen lässt, ergänzt Adornos und Horkheimers Kritik am „Identitätsdenken", das den Konstruktionsvorgang nicht zur Kenntnis nimmt. Diese theoretischen Affinitäten zeugen nicht von einer eklektischen Gewalttour, sondern von einer Weiterentwicklung der Kritischen Theorie.

Literatur

Adorno, Th. W.: Der Essay als Form, in: Ders., *Noten zur Literatur I*, Frankfurt, Suhrkamp, 1958.
Adorno, Th. W.: Parataxis. Zur späten Lyrik Hölderlins, in: Ders., *Noten zur Literatur III*, Frankfurt, Suhrkamp, 1965.
Adorno, Th. W.: *Negative Dialektik*, Frankfurt, Suhrkamp, 1966.
Adorno, Th. W.: *Ästhetische Theorie. Gesammelte Werke*, Bd. 7, Frankfurt, Suhrkamp, 1970.
Adorno, Th. W.: *Kritik. Kleine Schriften zur Gesellschaft*, Frankfurt, Suhrkamp, 1971.
Adorno Th. W., *Horkheimer*, M.: *Dialektik der Aufklärung*, Amsterdam, Querido, 1947.
Autorenkollektiv: Zur Theorie des sozialistischen Realismus, Berlin, Dietz Vlg., 1974.
Bachtin, M. M.: *Probleme der Poetik Dostoevskijs*, München, Hanser, 1971.
Bachtin, M. M.: Problema avtora, in: *Voprosy filosofii* 30/7, 1977.
Barthes, R.: „Rasch", in: *Langue, discours, société. Pour Emile Benveniste* (Hrsg. J. Kristeva et al.), Paris, Seuil, 1975.
Bourdieu, P.: *Über das Fernsehen*, Frankfurt, Suhrkamp, 1998.
Fairclough, N.: *Language and Power*, Abingdon, Oxford, Routledge 2015.
Goldmann, L.: *Der Verborgene Gott*, Neuwied und Berlin, Luchterhand, 1973.
Greimas, A. J.: *Sémiotique et sciences sociales*, Paris, Seuil, 1976a.
Greimas, A. J.: *Maupassant. La sémiotique du texte: exercices pratiques*, Paris, Seuil, 1976b.

Habermas, J.: *Theorie des kommunikativen Handelns* (2 Bde.), Frankfurt, Suhrkamp, 1981.
Habermas, J.: *Der philosophische Diskurs der Moderne. Zwölf Vorlesungen*, Frankfurt, Suhrkamp, 1985 (2. Aufl.).
Habermas, J.: *Nachmetaphysisches Denken. Philosophische Aufsätze*, Frankfurt, Suhrkamp (1988), 1992.
Harris, Z.: Discourse Analysis, in: *Language*, Bd. 28, 1952.
Hegel, G. W. F.: *Wissenschaft der Logik I*, Frankfurt, Suhrkamp, 1970.
Hook, S.: *From Hegel to Marx. Studies in the Intellectual Development of Karl Marx*, Ann Arbor, University of Michigan Press, 1962, 1966.
Kallmeyer, W., *Klein*, W. u. a.: *Lektürekolleg zur Textlinguistik I: Einführung*, Frankfurt, Fischer-Athenäum, 1974.
Kittler, F. A., *Turk*, H. (Hrsg.): *Urszenen. Literaturwissenschaft als Diskursanalyse und Diskurskritik*, Frankfurt, Suhrkamp, 1977. (Darin: J. Lehmann, Ambivalenz und Dialogizität. Zur Theorie der Rede bei M. Bachtin.)
Linkenbach, A.: *Opake Gestalten des Denkens. Jürgen Habermas und die Rationalität fremder Lebensformen*, München, Fink, 1986.
Löwith, K.: *Von Hegel zu Nietzsche*, Hamburg, Meiner, 1977 (7. Aufl.).
Luhmann, N.: *Schriften zu Kunst und Literatur*, Frankfurt, Suhrkamp, 2008.
Marcuse, H.: *Kultur und Gesellschaft I*, Frankfurt, Suhrkamp, 1965.
Marin, L.: *Le Récit est un piège*, Paris, Minuit, 1978.
Morris, Ch.: *Writings on the General Theory of Signs*, Den Haag, Mouton, 1971.
Morris, Ch.: *Grundlagen der Zeichentheorie. Ästhetik und Zeichentheorie*, München, Hanser, 1972. (Darin vor allem: Kap. V: „Pragmatik".)
Neurath, O.: Pseudorationalismus der Falsifikation (1935), in: O. Neurath, *Gesammelte philosophische und methodologische Schriften*, Bd. 2 (Hrsg. R. Haller, H. Rutte), Wien, Hölder-Pichler-Tempsky, 1981.
Nietzsche, F.: *Jenseits von Gut und Böse*, Frankfurt, Fischer Studienausgabe, Bd. 3, 1968.
Nykrog, P.: *La Pensée de Balzac dans la ‚Comédie Humaine'* Kopenhagen, Munsgaard, 1965.
Passeron, J.-C.: *Le Raisonnement sociologique. L'espace non-poppérien du raisonnement naturel*, Paris, Nathan, 1991.
Rossi-Landi, F.: *Ideologia*, Mailand, Isedi, 1978.
Ruwet, N.: Parallélismes et déviations en poésie, in: *Langue, discours, société*, op. cit.
Schluchter, F.: *Grundlegungen der Soziologie*, Tübingen, Mohr Siebeck, 2015 (2. Aufl.).
Simonin-Grumbach, J.: Pour une typologie des discours, in: *Langue, discours, société*, op. cit.
Todorov, T.: Bakhtine et l'altérité, in: *Poétique* 40, 1979.
Verón, E.: Ideology and Social Sciences: A. Communicational Approach, in: *Semiotica*, Bd. 1, 1971.
Verón, E.: Sémiosis de l'idéologie et du pouvoir, in: *Communications*, Nr. 28, 1978.
Wienold, G.: Das Konzept der Textverarbeitung und die Semiotik der Literatur, in: *LiLi*, „Semiotik", Heft 27/28, 1977.
Zima, P. V.: Theodor Adorno: Dialectique en suspens, in: Ders., *L'Ecole de Francfort. Dialectique de la particularité*, Paris, Ed. Universitaires/Delarge, 1974, L'Harmattan, 2005 (2., erw. Aufl.).
Zima, P. V.: Libéralisme et Théorie critique, in: P. V. Zima, *L'Ecole Francfort*, op. cit.
Zima, P. V.: *Was ist Theorie? Theoriebegriff und Dialogische Theorie in den Kultur- und Sozialwissenschaften*, Tübingen, Francke-UTB, 2017 (2. Aufl.).
Zima, P. V.: *Soziologische Theoriebildung. Ein Handbuch auf dialogischer Basis*, Tübingen, Narr-Francke-Attempto-UTB, 2020.

Personenregister

A

Adorno, Th. W., 2, 3, 11–13, 18–21, 33–35, 39, 43, 44, 50, 51, 67, 81, 83, 85, 91, 94, 95, 103, 104, 110, 117, 120, 147, 158, 162, 165, 166, 168, 169, 176–178, 180–185, 187, 188, 190
Albert, H., 17
Albrecht, M. C., 18
Althusser, L., 1, 2, 4, 18, 23, 41, 43, 51, 67, 76, 170, 175, 180, 189
Apel, K. O., 5
Arnheim, P., 26
Asholt, W., 77, 78
Austin, J. L., 186
Ayer, A. J., 4
Azaña, M., 62
Azéma, J.-P., 147

B

Bachmann, D., 131, 132
Bachtin, M. M., 3, 5, 9, 11, 12, 14, 35, 40, 41, 43, 50, 56–61, 66, 67, 92–94, 96, 97, 99, 107, 119, 130, 154, 170, 177, 178, 187, 188, 190
Balibar, R., 74–76
Balzac, H. de, 38, 42, 47, 69, 105, 110, 113, 124, 125, 148, 152, 161, 162, 168
Barck, K. H., 21
Bardin, L., 96
Barnett, J. H., 18
Barth, J., 83
Barthes, R., IX, 11, 35, 62, 80, 83, 107, 155, 157, 180
Bartoli, S., 77, 78
Baudelaire, Ch., 158
Baudrillard, J., 95
Baudry, J.-L., 79
Becker, J., 45, 85–87, 149, 165

Beckett, S., 139
Bendix, R., 26
Benjamin, W., 3, 101
Bense, M., 29, 30, 175
Benveniste, E., 7, 172
Berg, A., 81
Bernstein, B., 60
Bibesco, P. de, 143
Bloomfield, L., 60
Boccaccio, G., 46
Boklund, K., 46
Booth, W., 47
Boscheinen, S., 104, 147
Boschetti, A., 75
Bouazis, Ch., 137
Bourdieu, P., 10, 19, 73–75, 84–87, 115, 149, 187, 188
Brecht, B., 22
Bremond, Cl., 106
Breton, A., 73, 118, 131, 153
Brinkmann, R., 162
Broch, H., 132
Brod, M., 156
Bubner, R., 5
Bürger, P., 44, 74, 76, 78, 81, 159
Butor, M., 86, 87, 110

C

Calvet, L. J., 58, 170
Calvino, I., 82–85, 87, 165
Camus, A., 75, 152, 153, 160
Carnap, R., 120
Castellane, M. de, 101
Céline, L.-F., 74
Cervantes, M. de, 69
Charvet, M., 80
Checconi, S., 128

Clemenceau, G., 62
Corneille, P., 140
Coser, L., 18
Coseriu, E., 12, 13, 43, 68, 165
Courtés, J., 7, 49, 63, 64
Coward, R., 39
Cross, R. K., 162

D
Deleuze, G., 127, 155, 156
Derrida, J., 67, 80, 100
Descartes, R., 161
Dilthey, W., 39
Döblin, A., 119
Dörner, A., 115
Dostojewskij, F. M., 92, 107, 119, 178
Doubrovsky, S., 140
Dubois, J., 74, 76
Ducrot, O., 64
Durkheim, E., 3, 57
Ďurišin, D., 98, 146

E
Eco, U., 11, 12, 28, 62, 63, 83
Eichendorff, J. von, 176
Eliade, M., 116
Ellis, J., 39
Engels, F., IX, 36, 37, 77
Erben, K. I., 57
Escarpit, R., 17, 22, 28

F
Fähnders, W., 77, 78
Fairclough, N., 170, 180, 189
Falk, W., 158
Flaubert, G., 47, 69, 110, 112, 160, 162, 168
Fleming, I., 28, 63, 68
Flermant, A., 102
Forster, E. M., 162
Foucault, M., 79
Freud, S., 80, 95, 130, 131, 137–139, 141, 142, 145, 158, 159
Friedrich, H., 51
Frisé, A., 100, 127
Fügen, H. N., 17–19, 21, 24, 25

G
Gassendi, P., 161
Gelgardt, P.P., 61
Genet, J., 40

Genette, G., 110, 111, 113, 128, 137
Giddens, A., 6
George, S., 3, 51, 169
Gide, A., 104, 168
Goethe, J. W., 45, 110
Goldmann, L., 6, 9, 13, 18, 27, 33–35, 39–44, 48–50, 55, 58, 91, 94, 135–139, 146, 151–153, 168, 169
Gombrowicz, W., 40
Goncourt (les), 69
Gordon, C., 141
Goux, J.-J., 67, 79, 94, 98
Gramont, E. de, 101, 102
Greimas, A. J., 3, 6–8, 24, 45, 46, 48, 49, 60, 61, 63–67, 106, 107, 137, 140, 151, 155, 157, 161, 168, 170, 173, 177, 180, 183–185
Grimaud, M., 111, 112
Grinberg, L., 145
Guattari, F., 127, 155, 156
Guesde, J., 171
Günther, H., 9

H
Haas, C., 101
Habermas, J., IX, 4, 5, 23, 185–187
Harkness, M., 37
Harris, Z., 2, 64, 170, 173, 176, 177
Haubert, G., 110
Haug, W., 95
Hegel, G. W. F., VII, 9, 29, 33–42, 95, 116, 154, 166–169, 177, 182
Heidegger, M., 2, 29, 169, 176
Hermant, A., 102, 103
Hesse, H., 14, 25, 99, 119, 131, 153, 154, 156–160, 167
Heyndels, R., 39
Hillmann, K.-H., 49, 75
Hobbes, Th., 98, 99, 161, 166
Hofmannsthal, H. von, VIII
Hölderlin, F., 68, 169, 176, 184
Hommes, J., 66
Hook, S., 167
Horkheimer, M., 3, 23, 29, 67, 117, 178, 181, 183, 185, 190
Houdebine, J.-L., 79
Huet, P. D., 110, 111
Hüppauf, B. R., 120

I
Ingarden, R., 18, 20

J

Jaeggi, U., 41
Jakobson, R., 12, 43
James Bond, 28
Jansen, C., 55
Jauß, H. R., 21, 34, 40, 84
Jenkins, R., 74
Joyce, J., 14, 47, 67, 81, 82, 102, 115, 116, 124, 126, 132, 152, 153, 158, 162, 165
Jullian, Ph., 144
Juvan, M., 68

K

Kafka, F., 7, 13, 14, 30, 47, 67, 82, 104, 107, 115, 116, 119, 120, 124, 127, 128, 131, 136, 152–156, 158, 159, 167–169, 174, 176, 177
Kaiser, G. R., 102
Kallmeyer, W., 49, 180
Kant, I., 35, 40, 166
Karrer, W., 69, 130
Kaube, J., 24
Kayser, W., 19
Klein, M., 145
Klein, W., 49, 180
Köhler, E., 44–46, 49, 50, 146, 161
Kohut, H., 145
Konrad, K., 56, 57
Kosik, K., 33
Kraus, K., 120
Kreutzer, L., 86
Kristeva, J., 11, 12, 20, 67, 79, 94, 123
Krotz, F., 140
Krumm, E., 80

L

Labov, W., 60
Lacan, J., 80, 100, 143
Lafayette, Mme de, 161
Langenbucher, W., 18
Lassalle, F., 36, 37
Lavis, J.-F., 74
Leenhardt, J., 136–138
Lefebvre, H., 41
Leibniz, G. W., 166
Lenin, V. I., 61, 179, 180
Lévi-Strauss, Cl., 48
Linkenbach, A., 187
Lipp, W., 75
Locke, J., 98
Lotman, Ju., 10, 11, 39, 62, 63

Louis-Philippe I, 101
Löwenthal, L., 137
Löwith, K., 166
Luhmann, N., IX, 10, 44, 74, 75, 115, 149, 187, 188
Lukács, G., VII, 7, 13, 18, 33–47, 50, 55, 100, 116, 135, 139, 146, 151, 162, 168, 169, 181
Lyotard, F., 81

M

Mach, E., 131
Macherey, P., 41–44, 50, 51, 166
Machiavelli, N., 97, 98
Mahler, G., 81
Maingueneau, D., 60, 61, 115, 149, 176
Mallarmé, S., 51, 83, 106
Malraux, A., 40
Mann, Th., 7, 38, 92, 93, 158, 159, 181
Marcellesi, J. B., 61
Marcuse, H., 4, 181
Marin, L., 172, 179
Marinetti, F. T., 77–79, 86
Marr, J., 61
Martin, J.-P., 75
Marx, K., IX, 1, 8, 22, 25, 36, 37, 41, 43, 57, 61, 62, 66, 77, 179, 180
Matoré, G., 60, 101
Maupassant, G. de, 151, 160, 162
Maurois, A., 140
Mauron, Ch., 135–139, 146
Maurras, Ch., 117, 171
Mc Pherson, C. B., 98
Medvedev, P. N., 3, 19, 57–59, 61, 63, 68, 177
Michel-Jones, F., 14
Miller, M., 140
Milly, J., 114
Montesquiou, R. de, 101, 144, 148
Montinari, M., 131
Mörike, E., 3
Morris, Ch., 64, 170–172, 174, 175
Morson, G. S., 58
Mouillaud, G., 152
Mukařovský, J., 11, 12, 35, 40, 43, 56, 57, 59, 76, 77, 110
Müller, M., 10
Musil, R., VII, VIII, 12–14, 19, 25, 26, 30, 35, 47, 63, 66–68, 70, 82, 87, 93, 97–100, 102–104, 115, 117–120, 122, 124–128, 130–132, 152–154, 156–161, 165, 167, 169, 174, 176, 178, 181, 182
Mussolini, B., 118

N
Naumann, M., 21
Neruda, J., 56, 57
Neubert, W., 116
Neurath, O., 189
Neymeyr, B., 125
Nietzsche, F., 14, 47, 66, 67, 95, 97–100, 103, 110, 118–120, 157, 166–168
Nöth, W., 95, 96
Nykrog, P., 168

P
Painter, G., 140
Pareto, V., IX
Parsons, T., 23, 177
Pascal, B., 40, 169
Passeron, J.-C., 187
Pasternack, G., 6
Pêcheux, M., 1, 6, 41, 175
Peirce, Ch., 175
Perrella, S., 83
Plato, 166
Ponge, F., 139
Popper, K. R., 120, 186, 189
Pracht, E., 116
Prieto, L., 6, 8–10, 24, 38, 170, 171, 174, 175, 185, 190
Prokop, D., 95
Propp, V., 7, 64, 106
Prost, A., 61
Proust, M., VII, VIII, 13, 14, 22, 25, 29, 30, 47, 67–70, 78, 80–83, 85, 87, 91, 93, 97–100, 102–107, 109–111, 113–115, 117, 119, 124, 126, 128, 131, 132, 135, 139–141, 143–149, 153, 154, 156, 157, 159–162, 165, 168, 169, 174, 176, 177

R
Rabau, S., IX
Rabelais, F., 92, 93
Racine, J., 40, 55, 136–138
Rauch, W., 66
Ricardou, J., 110, 114
Robbe-Grillet, A., 45, 79, 80, 82, 86, 87, 116, 139, 149, 152
Roche, M., 45
Rochefoucauld (duc de la), 97, 98
Roloff-Häni, F., 63
Rosengren, K. E., 17, 18, 20, 24, 25
Rossi, P., 23, 27
Rossi-Landi, F., 166, 168, 170, 172–175, 185
Roth, O., 97, 98
Rubinstein, S. L., 180

Ruwet, N., 177

S
Safouan, M., 142
Sagan, D. von, 101
Saint-John Perse, 48
Sainte-Beuve, Ch. A., 145
Sand, G., 141
Sartre, J. P., 40, 139, 152, 153, 160
Sassanelli, G., 146
Saussure, F. de, 49, 57, 62, 130, 170
Scharfschwerdt, J., 19
Schluchter, W., 186
Schmidt, Alfred, 41
Schmidt, Arno, 45
Schmitt, H.-J., 179
Schneider, M., 140
Schober, R., 43
Schönberg, A., 81
Schopenhauer, A., 47
Schulte-Sasse, J., 49
Schulz-Buschhaus, U., 84, 85
Scott, W., 47
Searle, J. R., 186
Segre, C., 83
Seidler, G. H., 145
Sévigné, Mme de, 140
Shakespeare, W., 37
Shukman, A., 11, 63
Sickingen, F. von, 37
Silbermann, A., 17, 20, 21, 25
Simmel, G., 93
Simonin-Grumbach, J., 172
Skalička, V., 60
Sohn-Rethel, A., 91, 94–96, 98, 165, 166, 168
Sollers, Ph., 45, 79, 80, 86, 110
Spencer, H., 75
Spinoza, B., 41, 166
Staël, Mme de, 160
Staiger, E., 19
Starobinski, J., 97
Stegmüller, W., 6
Steinwachs, G., 157
Stendhal (Beyle, Henri), 76, 105, 109, 110, 161
Striedter, J., VII, 74
Sutschkow, B., 116
Svevo, I., 81, 82

T
Tadié, J.-Y., 111
Tarski, A., 5

Thibaudeau, J., 79
Thierry, A., 140
Thomasius, Ch., 160
Tieck, L., 46
Titunik, I. R., 58
Todorov, T., 106, 108, 111, 123–125, 155, 156, 161, 187
Tolstoi, L., 38, 42, 47
Troyes, Chrestien de, 45
Tynjanov, J., VII, 56, 69, 74

U
Uyttersprot, H., 127

V
Veblen, T., VII, 101, 147
Ventadour, B. de, 49
Verón, E., 69, 173, 174, 178
Villon, F., 22
Vogt, L., 115
Vološinov, V. N., 3, 57–60, 66, 170
Voßkamp, W., 152

W
Wagner, R., 81

Wahl, F., 155
Wahrenburg, F., 160
Warneken, B. J., 19
Watt, I., 160
Weber, M., 4, 17, 22–29, 120, 174
Werner, R., 49
Wienold, G., 21, 171, 172, 175
Wilde, O., VIII, 148
Winock, M., 147

Y
Yaguello, M., 57

Z
Zalamansky, H., 27, 28
Zarathustra, 100
Zéraffa, 130
Zima, P.V., VIII, 7, 9, 20–22, 24, 28, 30, 35, 38, 40, 41, 48, 49, 52, 68, 81, 82, 100–102, 104, 112, 118, 126, 135, 142, 145, 152, 153, 160, 161, 169, 179, 183, 189
Žmegač, V., 94, 98
Zola, E., 37, 47, 162, 168

The manufacturer's authorised representative in the EU is Springer Nature Customer Service Centre GmbH, Europaplatz 3, 69115 Heidelberg, Germany. If you have any concerns regarding our products, please contact ProductSafety@springernature.com

Printed and bound by CPI Group (UK) Ltd, Croydon, CR0 4YY
25/03/2026
02078225-0011